개정판

홍성파 자미두수 육조론

2021년 6월 28일 개정 1쇄

글 전진우

펴낸곳 도서출판 홍묘

펴낸이 전진우

출판등록 2021년 3월 3일 제2021-000052호

주소 서울특별시 서초구 동산로14길 2, 2층(양재동)

이메일 master_red@naver.com

ISBN 979-11-974944-0-6 03150

정가 26,800원

홍성파 자미두수 육조론

紅城派
紫微斗數
六組論

개정판

目次
홍성파 자미두수 육조론 목차

홍성파 자미두수 육조론이란?

01

홍성파 자미두수 육조론이란?

홍성파는 자미두수의 '논명'을 중시하는 학파로, 개창인은 필자이며, 수많은 상담의 사례를 통해 자미두수의 각 별들이 '현대에 적용되어 일으키는 현상'을 위주로 재정립하여 논명하는 학파입니다. 그렇기에 논명을 하기위한 이론이 특화되어 기존의 학파에는 없는 홍성파만의 이론인 '홍성파 자미두수 육조론'을 사용하는 것이 특징입니다.

홍성파에서 주로 사용하는 육조론이란, 자미두수 명반의 작성 규칙에 따라 어떤 생년월일시를 기반으로 작성해도 14주성의 배치는 여섯 가지 종류로만 나뉩니다. 그리고 다시 여섯 가지 명반이 각각 음양으로 나뉘어 열 두가지의 명반으로 정리가 되는데 이렇게 나타난 명반의 자미성 위치에 따라 자오궁에 자미성이 있으면 1조, 축미궁에 자미, 파군성이 있으면 2조, 인신궁에 자미, 천부성이 있으면 3조, 묘유궁에 자미, 탐랑성이 있으면 4조, 진술궁에 자미, 천상성이 있으면 5조, 사해궁에 자미, 칠살성이 있으면 6조로 부릅니다. 이렇게 나뉜 여섯 개의 조는 개인 명반을 작성할 때의 명궁 위치와 상관없이 일정한 패턴의 본성을 지니게 되는데 이는 각 조마다 생기는 쌍성과 별의 밝기 차이에 의해 생기며, 태어나 죽을 때까지 12궁을 1년에 한 칸씩 시계방향으로 옮겨가며 살기에 각 조는 주성배치의 순서에 따라 일정한 삶의 패턴에 의해 습관을 가지게 됩니다.

그래서, 아무리 명궁의 위치가 다르고 사화가 달라도 같은 조는 같은 본성을 지니며, 그 본성으로 인해 '조별 궁합'이 발생하여 동업이나 부부 궁합, 사업이나 가족, 또는 여타의 조직구성에도 서로에게 미치는 밀접한 길흉의 영향을 판단할 수 있습니다.

이런 각 조의 차이를 2014년 '홍성파 자미두수 육조론'으로 출판하게 되었으나 이듬해엔 출판사 측의 결정으로 절판하게 되었고, 이제 7년이 지난 2021년이 되어 초판 원고의 부족한 부분을 채우고 추가로 정립된 이론 중 공개할 수 있는 부분을 채워 홍성파 자미두수 육조론 개정판을 출판하게 되었습니다.

이번 개정판에서는 각 조에 추가로 '명반 해설과 요약'이 더 추가되어 독자 여러분들이 조금 더 쉽게 명궁과 삼방을 기준으로 보좌성, 흉성, 공망성, 잡성 및 사화의 배치 없이 '14주성을 기준으로 이렇다.'라고 판단할 수 있도록 만들었습니다. 그래서 여러분들이 이 책을 참고하면서 논명 할 때는 보좌성 및 좋은 사화가 더해지면 평가된 글보다 좋아지고, 만약 흉성, 공망성과 흉한 사화가 더해지면 서술된 내용보다 더욱 나빠진다고 기준을 삼아야 합니다. 그리고 대운궁의 흐름과 유년의 흐름에 따라 세세한 부분들은 바뀌기에, 육조론은 선천명반을 판단하는 데에 사용해야 하고, 각 명궁을 위주로 명반해설과 요약한 부분은 주성이 만들어 내는 삶의 태도로만 참고해야 합니다.

그리고 이 책의 단원 2부터 5까지는 구술적 내용이 아니어서 문어체를 사용합니다.

단원 1과 6의 부록1, 2는 구술적 표현을 하고 싶어서 구어체로 작성했습니다. 이점 오해가 있을까 미리 적습니다.

2021년 5월

홍성파 자미두수 개창인 전 진 우 RED S JOHN

육조의 자미성 배치도와 구분

02

1조는 자미성이 자(子), 오(午)궁에 배치된다.

<table>
<tr><td>太陰陷
巳</td><td>貪狼旺
午</td><td>巨門陷
天同陷
未</td><td>天相廟
武曲平
申</td></tr>
<tr><td>天府廟
廉貞旺
辰</td><td colspan="2" rowspan="2">紫微在子</td><td>天梁地
太陽閑
酉</td></tr>
<tr><td>卯</td><td>七殺廟
戌</td></tr>
<tr><td>破軍陷
寅</td><td>丑</td><td>紫微平
子</td><td>天機平
亥</td></tr>
</table>

<table>
<tr><td>天機平
巳</td><td>紫微廟
午</td><td>未</td><td>破軍陷
申</td></tr>
<tr><td>七殺旺
辰</td><td colspan="2" rowspan="2">紫微在午</td><td>酉</td></tr>
<tr><td>天梁廟
太陽廟
卯</td><td>天府廟
廉貞旺
戌</td></tr>
<tr><td>天相廟
武曲閑
寅</td><td>巨門旺
天同陷
丑</td><td>貪狼旺
子</td><td>太陰廟
亥</td></tr>
</table>

2조는 자미성이 丑, 未궁에 파군성과 함께 배치된다.

貪狼陷 廉貞陷 巳	巨門旺 午	天相閑 未	天梁陷 天同旺 申
太陰閑 辰	紫微在丑		武曲旺 七殺閑 酉
天府平 卯			太陽陷 戌
寅	破軍旺 紫微廟 丑	天機廟 子	亥

巳	天機廟 午	破軍廟 紫微廟 未	破軍 申
太陽旺 辰	紫微在未		天府陷 酉
武曲陷 七殺陷 卯			太陰旺 戌
天梁廟 天同閑 寅	天相廟 丑	巨門旺 子	貪狼陷 廉貞陷 亥

3조는 자미성이 寅, 申궁에 천부성과 함께 배치된다.

巨門平巳	天相旺午 廉貞平	天梁旺未	七殺廟申
貪狼廟辰	紫微在寅		天同平酉
太陰陷卯			武曲廟戌
紫微廟寅 天府廟	天機陷丑	破軍廟子	太陽陷亥

太陽旺巳	破軍廟午	天機陷未	紫微平申 天府廟
武曲廟辰	紫微在申		太陰旺酉
天同廟卯			貪狼廟戌
七殺廟寅	天梁旺丑	天相廟子 廉貞平	巨門旺亥

4조는 자미성이 卯, 酉궁에서 탐랑성과 함께 배치된다.

天相平 巳	天梁廟 午	廉貞廟 七殺旺 未	申
巨門平 辰	紫微在卯		酉
紫微旺 貪狼地 卯			天同平 戌
太陰閑 天機旺 寅	天府廟 丑	太陽陷 子	破軍平 武曲平 亥

破軍閑 武曲平 巳	太陽廟 午	天府廟 未	太陰平 天機平 申
天同平 辰	紫微在酉		紫微平 貪狼平 酉
卯			巨門旺 戌
寅	廉貞旺 七殺廟 丑	天梁廟 子	天相平 亥

5조는 자미성이 辰, 戌궁에서 천상성과 함께 배치된다.

天梁陷 巳	七殺旺 午	未	廉貞廟 申
紫微陷 天相旺 辰	紫微在辰		酉
巨門廟 天機旺 卯			破軍旺 戌
貪狼平 寅	太陽廟 太陰陷 丑	天府廟 武曲旺 子	天同廟 亥

天同廟 巳	天府旺 武曲旺 午	太陽平 太陰平 未	貪狼平 申
破軍旺 辰	紫微在戌		巨門廟 天機旺 酉
卯			紫微閑 天相閑 戌
廉貞廟 寅	丑	七殺旺 子	天梁陷 亥

6조는 자미성이 巳, 亥궁에서 칠살성과 함께 배치된다.

紫微平 七殺平 巳	午	未	申
天機廟 天梁旺 辰	紫微在卯		破軍陷 廉貞平 酉
天相陷 卯			戌
巨門廟 太陽旺 寅	武曲廟 貪狼廟 丑	天同旺 太陰廟 子	天府旺 亥

天府平 巳	天同陷 太陰陷 午	武曲廟 貪狼廟 未	巨門廟 太陽閑 申
辰	紫微在酉		天相陷 酉
破軍旺 廉貞閑 卯			天機廟 天梁旺 戌
寅	丑	子	紫微旺 七殺平 亥

이렇게 앞의 명반 6가지(음양으로 12개)를 육조라 부르며, 논명을 하기위해 명반을 14정성으로 작성하는 제일 처음의 모습이다.

이 기본 구조에서 1, 3, 5조는 기본 격국으로 자부염무상을 구성하고 2, 4, 6조는 기본 격국을 자미성과 동궁하는 살파랑으로 구성하게 되어있다. 이 육조 기본명반을 통해 각 조의 본성을 빠르게 파악할 수 있으며, 본성을 기반으로 보좌성·흉성·공망성·잡성을 배치하여 세세한 해설이 가능해지는 것이다.

- 육조론은 인간의 본성을 파악하기 위한 논법이지 각 조의 길흉을 파악하는 것이 아니다.
- 육조론 내의 명반들은 육살성과 사선성, 사화 등 개인이 가진 길흉을 논할 수 있는 별들은 없으므로 그것을 제외하고 이해해야 한다.
- 육조론으로 해설할 수 있는 것은 어떤 직종과 어떤 재능에서 유리한지 또, 어떤 성향이 부각되고 어떤 성향이 부족한지를 파악할 수 있는 것이다.
- 조를 우선시하여 명반의 길흉을 우선 판단하는 것은 선입견을 가지게 되어 위험한 논명을 하게 되므로 반드시 주의해야 한다.

육조의 구조와 각조의 본성,
그리고 명궁 위치에 따른 논명

03

제1조의
본성과 명궁 위치에 따른 논명

1조의 명반

太陰 陷 巳	貪狼 旺 午	巨門陷 天同陷 未	武曲平 天相廟 申
廉貞旺 天府廟 辰	紫微在子		太陽閑 天梁地 酉
卯			七殺 廟 戌
破軍 陷 寅	丑	紫微 平 子	天幾 平 亥

天幾 平 巳	紫微 廟 午	未	破軍 陷 申
七殺 旺 辰	紫微在午		酉
太陽廟 天梁廟 卯			廉貞旺 天府廟 戌
武曲閑 天相廟 寅	巨門旺 天同陷 丑	貪狼 旺 子	太陰 廟 亥

1조의 본성

1조는 다른 조(2조~6조)와 달리 궁 안에 오직 자미성만 있어서 '자미독좌'라는 표현을 많이 사용한다.

자미성이 혼자 있는 모습은 홀로 고고해지는 모습과 같아 스스로 고독하며, 동료나 친구라 느낄 수 있는 사람이 적다. 사상의 기본은 명분과 명예에 치우쳐져 있기에 명분과 명예보다 현실적인 이익을 중시하는 사람들에게는 이해할 수 없는 사람으로 보이기도 한다.

그리고 자미성의 바로 앞 칸, 즉 자궁에서는 축궁이, 오궁에서는 미궁이 공궁이 된다. 이는 부모궁이 비었다는 뜻으로,

첫째는 당사자에게 부모의 영향이 적다고 판단한다. 어떤 이들은 유년기에 부모보다는 조부모의 손에 자라기도 한다.

둘째는 사회적인 면에서 윗사람과의 인연이 약하다. (타인에게 조언을 듣는 것을 불쾌하게 느낀다. 단, 자신이 좋아하는 사람의 조언은 귀담아듣는 편이다.) 자미성 자체가 14주성중에 가장 지위가 높은 별이어서 더욱 그런 경향이 생긴다. 그래서 독선적인면이 강하며 자존심으로 인해 대인관계가 좋지 않다.

셋째로 자미성이 명궁이면 삼방의 구조는 염정·천부·무곡·천상성을 삼방에서 바라보게 된다. 즉, '자부염부상'이라는 구조를 갖게 되는데, 이때 살파랑의 위치는 자부염무상이 있는 궁을 만나지 않고 파군은 힘이 부족한 함의 밝기를 가진다. 이는 행동력과 변화, 개혁을 상징하는 살파랑의 힘을 사용하지 못하는 것을 의미한다. 그래서 아무리 계획이 많고 사회적인 명예나 자신이 창안한 아이템이 있어도 스스로 활동을 통해 좀처럼 현실화하지 못한다. 그래서 원할하게 뜻을 이루기 위해 가장 중요한 것을 뽑으라면 명궁을 기준으로 반드시 삼방·대궁·협궁에서 행동을 대신해 줄 보좌성을 보는 것이다.

여기서 문창·문곡·록존·천마는 인맥과 관련한 조력성이 아니므로 논외한다.

1조의 본성 요약

1. 자미독좌(紫微獨坐)의 형태라는 점에서 다른 조에 비해 조 자체의 본성에 자미성의 성의(星意)특징이 강하게 나타난다.
2. 선비같은 고결함, 타인과 자신 사이에 격(格)을 두는 점이 성격이 도드라진다.
3. 자신에게 남들보다 드러낼 것이 없을 때 남을 따르기보다는 은둔해 버리는 점이 비슷한 다른 조(3, 5조)에 비해 강하게 나타난다.
4. 심리적으로 우월한 상대(동료)가 아니라면 함께 다니길 꺼린다.
5. 역학을 공부해도 역학 전문인으로 나서는 경우는 현저히 적은 편이며(생계가 아니라면 나서지 않는 편) 오히려 역학부분에서 비평가 역할을 좋아한다.
6. 명예에 관심이 많아 정치에 입문하는 사람들이 많고 조그만 단체의 급여가 없는 명예직도 좋아한다.
7. 타인과 섞이는 것에 경계심이 많아서 어떤 모임에서도 처음엔 자신을 드러내지 않고 모임 자체를 관찰하는 습관이 있다.
8. 대인관계를 수평적으로는 잘 넓히지 못한다. 그래서 자신과 상대의 관계에 우선적인 서열을 부여하려는 습성이 있다.
9. 대인관계에서 서운함을 쉽게 가지는 편이며, 표정을 감추지 못해 오해와 분쟁을 자주 일으킨다.
10. 옳든, 틀리든 타인의 의견보다는 자신의 주장을 굽히지 않는 고집이 강하다.
11. 대체로 겉으로 드러나는 면모는 온화하고 점잖으며 부드러워 보여 사람들과 쉽게 친해지지만, 조금 친해진 후에는 권위적인 면이 많이 드러나 친해진 사람들이 다시 거리를 두는 일이 많다.
12. 다른 조에 비해 육살성 중에 영성·경양·타라·천형·천요·다섯 가지 별과 지공·지겁성에 대한 면역력이 부족하여 흉성과 공망성의 영향을 심하게 받는다.
13. 다른 조에 비해 보좌성의 영향도 많이 받는 편이어서 보좌성(좌보, 우필, 천괴, 천월)이 삼방에 골고루 있는 경우 많은 이들의 존경을 받거나 우두머리 격으로

집단에서 명예를 올린다.

14. 사람을 믿으면 끝까지 믿으려는 습성이 있어 권모술수가 난무하는 곳에서의 활동은 적합하지 않다.
15. 사기를 당하는 경우 오랜 인연에 의해 당하는 경우가 많은데, 처음 만난 사람의 감언이설은 경계하여 잘 속지 않는 편이지만, 오랜 인연의 거짓말은 잘 믿기 때문이다.
16. 체면을 위주로 판단하기에 남들보다 손해를 많이 보며, 타인과의 사소한 돈 문제가 생길 때는 자신이 손해를 봐도 포기하는 경우가 많다.
17. 그래서 지인에게 피해를 입었을 경우 보상을 쉽게 포기한다.
18. '폭력적인 다툼'보다는 '체면에 관한 다툼'에 민감하여 명예와 체면에 얽힌 분쟁에서는 물러서지 않는다.
19. 어떤 일을 하든 신중한 편이며, 충동적인 행동은 잘 하지 않는다. 그러나 파군이 유년의 명궁이 되면 돌발적인 행동을 한다.
20. 타인의 시선을 많이 의식하는 탓에 대의명분이 서지 않으면 쉽게 움직이지 못하고 소극적으로 변한다.
21. 어떤 사건에 당면했을 때 스스로 해결하기 보다 주변의 도움을 통해서 해결하려는 면이 있다. 그래서 무책임하다는 평가를 듣는다.
22. 유시무종의 상황에 자주 놓이게 되는데 이는 시작하는 입장에서 자신의 형편과 능력을 고려하지 못하고 큰 뜻만 품은 체 일을 추진하기에 그렇다.
23. 사업 실패나 동료 간의 배신을 심하게 경험하게 되면 사회적응이 힘들어져 초야에 묻혀 살게 되거나 집에서 은둔하는 외톨이형 삶으로 바뀌는 경우가 많다.
24. 1조가 다른 조에 비해 극단적인 삶이 일어나는 이유는 타인의 쓴 소리를 받아들이지 못하는 인성에서 비롯된다. 자신이 하는 타인에 대한 비평은 많으면서도 자신에게 향한 비평을 받아들이지 못하는 마음이 사회적응을 더욱 힘들게 하는 것이다.

1. 자오궁 자미성의 명반 해설과 요약

자오궁의 자미성은 1조의 기본 구조와 같으므로 생략하고 명반의 12사항궁만 소개한다.

太 陰 陷 巳 [奴]	貪 狼 旺 午 [遷]	巨 天 門 同 陷 陷 未 [疾]	天 武 相 曲 廟 平 申 [財]
天 廉 府 貞 廟 旺 辰 [官]	命宮在子		天 太 梁 陽 地 閑 酉 [子]
卯 [田]			七 殺 廟 戌 [夫]
破 軍 陷 寅 [福]	丑 [父]	紫 微 平 子 [命]	天 機 平 亥 [兄]

天 機 平 巳 [兄]	紫 微 廟 午 [命]	未 [父]	破 軍 陷 申 [福]
七 殺 旺 辰 [夫]	命宮在午		酉 [田]
天 太 梁 陽 廟 廟 卯 [子]			天 廉 府 貞 廟 旺 戌 [官]
天 武 相 曲 廟 閑 寅 [財]	巨 天 門 同 旺 陷 丑 [疾]	貪 狼 旺 子 [遷]	太 陰 廟 亥 [奴]

2. 축미궁 공궁의 명반 해설과 요약

太 陰 陷 巳 [官]	貪 狼 旺 午 [奴]	巨 天 門 同 陷 陷 未 [遷]	天 武 相 曲 廟 平 申 [疾]
天 廉 府 貞 廟 旺 辰 [田]	命宮在丑		天 太 梁 陽 地 閑 酉 [財]
卯 [福]			七 殺 廟 戌 [子]
破 軍 陷 寅 [父]	丑 [命]	紫 微 平 子 [兄]	天 機 平 亥 [夫]

天 機 平 巳 [夫]	紫 微 廟 午 [兄]	未 [命]	破 軍 陷 申 [父]
七 殺 旺 辰 [子]	命宮在未		酉 [福]
天 太 梁 陽 廟 廟 卯 [財]			天 廉 府 貞 廟 旺 戌 [田]
天 武 相 曲 廟 閑 寅 [疾]	巨 天 門 同 旺 陷 丑 [遷]	貪 狼 旺 子 [奴]	太 陰 廟 亥 [官]

• 축미궁 공궁 명반 해설

축미궁의 공궁은 좌우 협궁에 파군성과 자미성을 두어 가족이나 인맥 관계에서 도움을 많이 받는다. 자신은 공궁이어도 좌우 협궁에 의해 유년(幼年)에 좋은 집안에서 자라거나 뛰어난 형제가 있다. 하지만 현대(1990년생 이후)에는 형제가 뛰어나도 예전처럼 자신에게는 도움이 되지 못하므로 그 영향은 크지 않다. 배우자와의 관계는 좋은 편이나 배우자가 재정을 관리하는 경우 재정에 문제가 생길 수 있으며, 배우자의 이기심으로 인해 결혼생활에서 마음에 상처가 많다.

관록궁에는 태음성이 직장인(급여생활)의 형태를 보여준다. 다만 직장인에게 꼭 필요한 별인 천동성과 천기성이 삼방에서 회조하지 못하는 탓에 잦은 이직이나 비정규직, 또는 작은 상점의 주인으로 지내기도 한다. 변화를 추구하지 않는 성격이라 안정적인 것을 꾸리려 하지만 태음성이 어두운 탓에 오히려 잦은 변화가 많다. 업종을 자주 바꾸는 것 보다, 직장인이었다가 다시 사업을 하는 등의 변화가 자주 일어난다.

재백궁에는 태양성, 천량성을 두어 재물을 관리하고 밝히는데 이롭다.

차성안궁의 이론에 따라 대궁을 차지하는 거문성, 천동성의 영향에 의해 역학, 신문방송기자, 비평가로 발전할 수 있고, 각 주성에 길한 사화가 들어 변화하면 대기업의 감사직, 연구직, 또는 정치 계통에 있을 수 있다. 다만 자신의 명예를 올리는 것 보다는 자신의 상관을 보조하여 함께 명예를 올리는 것이 더 유리하다.

• 축미궁 공궁 명반 요약

1. 똑똑하고 의지가 강해 보이지만 어딘가 남의 말에 솔깃해지면 주변의 만류를 듣지 않는 고집을 부린다.
2. 공궁 명궁의 영향으로 자수성가는 힘들고 자신의 상관이나 동료와 함께 해야 자신의 꿈을 이룰 수 있다.
3. 만약 부모가 재물이 많은 부호에 속한다면 이 명반의 주인은 그 집안의 재물에 큰 손실을 입히게 된다. (공겁이 명궁에 있는 경우)

4. 종교계로 입문하는 경우가 많은데 이는 대궁의 어두운 거문성, 천동성이 인간 관계의 번뇌를 일으키기 때문이다.
5. 대운의 방향이 부모궁으로 흐르는 사람은 유년기에서 청년기까지 파란이 많고, 형제궁으로 흐르는 사람은 유년기에서 청년기까지 유복하다.
6. 자녀궁의 칠살성 영향으로 자녀와의 관계가 좋지 않은 편이라 다정함 보다는 강압적인 성향을 가진다.
7. 태양성과 천량성이 재백궁에 있기에 재물에 대한 관심은 작은 돈을 모으는 것 보다는 큰 돈을 호령하는 것을 바란다. 그러나 그런 성격과는 반대로 자금의 유지와 관리에 대한 고민이 항상 따른다
8. 직업은 불안정한 개인사업보다는 대기업이나 공기업, 공무원 준공무원에 더 어울리나 유년기가 불리하여 그만한 학력을 갖추지 못한 경우에는 기술에 의존하여 비슷한 지위를 갖추기도 한다.

3. 인신궁 파군성의 명반 해설과 요약

太 陰 陷 巳 [田]	貪 狼 旺 午 [官]	巨 天 門 同 陷 陷 未 [奴]	天 武 相 曲 廟 平 申 [遷]
天 廉 府 貞 廟 旺 辰 [福]	命宮在寅		天 太 梁 陽 地 閑 酉 [疾]
卯 [父]			七 殺 廟 戌 [財]
破 軍 陷 寅 [命]	丑 [兄]	紫 微 平 子 [夫]	天 幾 平 亥 [子]

天 幾 平 巳 [子]	紫 微 廟 午 [夫]	未 [兄]	破 軍 陷 申 [命]
七 殺 旺 辰 [財]	命宮在申		酉 [父]
天 太 梁 陽 廟 廟 卯 [疾]			天 廉 府 貞 廟 旺 戌 [福]
天 武 相 曲 廟 閑 寅 [遷]	巨 天 門 同 旺 陷 丑 [奴]	貪 狼 旺 子 [官]	太 陰 廟 亥 [田]

- 인신궁 파군성 명반 해설

1조 인신궁 파군성의 경우 양쪽 모두 어둡게 배치된다는 특징이 있다. 이로 인해 명궁 파군성인 사람은 주변의 도움 없이 홀로 움직이지 못한다. 그래서 동업 형식의 사업을 하는 경우가 많은데 명궁을 도와야 하는 좌우궁이 모두 공궁이 되어있어 밝기가 어두운 파군성은 어렵게 기술과 아이템을 개발해서 독립한다고 해도 큰 사업을 하기 어려워지는 것이다. 또, 어두운 파군성은 운이 흘러가면서 흉성을 만나는 때에 사업 실패의 가능성이 있는데, 파군성에서 사업을 시작해도 흉성(지공, 지겁, 경양, 타라, 화성, 영성)을 만나 3~4년 내에 손망(損亡) 가능성이 있으므로 조심해야 한다.

이렇게 파군성이 사업에 불리해지는 이유는 파군성이 어두울 때 일으키는 실수가 드러나기 때문인데 첫째는 우유부단 함이고, 둘째는 위아래사람들의 조언을 겸허히 받아들이지 않고, 셋째는 잘못된 길도 고집을 부려 끝까지 가기 때문이다.

직업을 따져 보면, 단독 아이템의 큰 사업가는 위험하고 수입은 적어도 꾸준한 작은 회사 정도가 적합한데 자신이 다니는 회사의 조직이 커서 한 분야의 전체를 맡는 책임자로는 아주 좋다. (다만 불평이 많고 자꾸 독립하려 하기에 윗사람의 고민거리가 된다.) 40~50대에 작은 가게를 여는 경우가 많고 특히, 관록궁에 탐랑성을 두었기에 예술 계통에서도 두각을 나타내는 경우도 있다. 그래서 이 명반은 패션 산업, IT 관련, 디자인 계통 등 여러 분야에서 발견된다. 서비스 계통에 속하는 식당이나 헤어샵 등은 일시적으로 하다가 그만두게 되므로 명반에 적합한 직업으로 볼 수 없으며 조의 특성에 따라 어느 직업군에 속해도 타인을 가르치는 직업이나 위치에는 적응을 잘하고 종종 작은 학원을 경영하는 모습이 발견할 수 있다.

- 인신궁 파군성 명반 요약

1. 인신궁 파군성은 좌우 협궁이 공궁으로 자수성가를 취해야 하는 별의 구조를 가지고 있으면서도 파군성이 어두워 자수성가가 어려운 구조를 가지고 있다.

평생에 파란이 많아 이민같이 아주 멀리 태어난 곳을 멀리 떠나 사는 경우도 있으며 매번 직업이 바뀌며 적응해야 하는 고통도 따른다.

2. 직업을 구하는데 있어서 재능이 많기에 이것저것 새로운 것을 한다고 해도 적응이 빠르며, 배우는 것이 빠른 만큼 배운 것의 단점도 빠르게 알게 되기에 금방 그 일을 그만두게 되는 경우가 많다.
3. 타인의 지시를 받는 것을 힘들어 하는데, 그것은 자신의 논리에 맞지 않다고 생각이 들면 그 일을 하기 싫어하기 때문이다. 그래서 직장생활을 길게 하기 힘든 이유도 상사의 지시를 묵묵히 따를 수 없는 성격이기에 그렇다.
4. 직업의 형태는 예체능, 예술, 창작 또는 넓게 본다면 자신이 호기심을 가질만한 것, 이라고 할 수 있는데 이것은 자신만의 것이 자기의 직업이 되기 때문이다.
5. 배우자는 대부분 재산이나 명예, 외모부분에서 자신의 형편보다 나은 사람을 들이게 되며, 세월이 갈수록 관계가 멀어진다. 젊을 때는 서로 이해할 수 있었던 부분들이 나이가 들면서 고집이 강해져 더이상 받아들일 수 없기에 관계가 점점 멀어지는 것이다.
6. 자녀와 관계도 타협보다는 자기의 주장으로 양육하기에 노년에 들어 자녀와 왕래가 적게 된다.
7. 재물은 자신이 원하는 만큼은 아니지만 자신이 노력한 만큼은 벌어들이는 수준이다.
8. 대운이 부모궁 쪽으로 흐르는 사람은 명예와 형이상학적인 것에 관심이 많은 편이고 유년기는 안정적인 편이 많다. 단, 부모의 형편이 어려운 곳에서 태어난 사람이라면 어려운 형편 속에서도 자신이 공부하고자 하는 것을 익힐 수 있다.
9. 대운이 형제궁 쪽으로 흐르는 사람은 자라면서 집안이 기울어 어려운 형편에서 자라는 경우가 많다. 이 경우 초년이 고생이지만 청년기를 지나면서 운이 성장해간다. 다만 어려운 형편의 부모에게서 태어났다면 오히려 무능 해지거나 우유부단함이 극대화되어 사회성이 도드라지게 떨어지는 현상도 있으며 이런 경우 동료들과 어울리지 못해 실제 친구는 적다.

4. 묘유궁 공궁의 명반 해설과 요약

太 陰 陷 巳 [福]	貪 狼 旺 午 [田]	巨 天 門 同 陷 陷 未 [官]	天 武 相 曲 廟 平 申 [奴]
天 廉 府 貞 廟 旺 辰 [父]	命宮在卯		天 太 梁 陽 地 閑 酉 [遷]
卯 [命]			七 殺 廟 戌 [疾]
破 軍 陷 寅 [兄]	丑 [夫]	紫 微 平 子 [子]	天 幾 平 亥 [財]

天 幾 平 巳 [財]	紫 微 廟 午 [子]	未 [夫]	破 軍 陷 申 [兄]
七 殺 旺 辰 [疾]	命宮在酉		酉 [命]
天 太 梁 陽 廟 廟 卯 [遷]			天 廉 府 貞 廟 旺 戌 [父]
天 武 相 曲 廟 閑 寅 [奴]	巨 天 門 同 旺 陷 丑 [官]	貪 狼 旺 子 [田]	太 陰 廟 亥 [福]

- 묘유궁 공궁 명반 해설

묘유궁 공궁은 공궁이지만 좌우의 협궁이 좋아 성공의 기회가 있는 궁에 속한다. 하지만 자신이 공궁이기에 항상 엉뚱한 면에 고집을 부리고, 1조 자미성의 형상을 따라가기에 자미성 명궁보다 더 자미성 독좌의 행동을 보이는 것을 생각해야 한다.

관록궁에는 거문성, 천동성이 들고 재백궁에는 천기성이 자리한다. 직업은 거문성을 사용해서 비평가, 논술가, 대변인, 무역 및 영업직, 협상가 등이 적절하다. 하지만 거문성이 어두운 경우에는 부정적 언어표현이 문제가 되어 논술가나 무역직, 영업직에는 적합하지 않기에 양쪽의 배치에서 거문성의 밝기를 유심히 살피고 직업의 적성을 확인해야 한다.

특히, 다른 조가 아닌 1조의 거문성은 타인을 비하하거나 아래로 내려보며 판단하는 습성이 있다는 것을 염두에 두어야 하며, 타인과 오래 어울리기 힘든 점, 믿을 만한 주변사람을 얻기 힘들다는 부분도 포함한다.

재물을 구하는 대는 천기성이 배치되어 있어 머리를 많이 써야 재물을 구하고, 그 재물을 유지, 관리하는 데도 머리 쓸 일이 많다. 특히 주식 투자나 투기에 약한 면모가 있는데, 자신이 한 번이라도 이익을 보면 그 방식대로만 이어가려 하여 타인의 의견을 받아들이지 않는 고집이 강하기에 단기적 이익을 봤다 하더라도 그 이익을 오래 끌어가지 못하는 경우가 많다.

묘유궁 공궁의 경우 부모궁의 주성이 염정성과 천부성으로 좋은 별들이 배치되어 있기에 실제 부모, 또는 윗사람의 도움을 많이 받을 수 있는 기회가 있다. 그러므로 조금만 자존심을 낮추고 대인관계를 잘 유지하며, 겸손한 태도로 자신의 마음을 감추면 사회적인 성공도 가능하다.

- 묘유궁 공궁 명반 요약

1. 명궁이 공궁이 되어 주변의 영향을 쉽게 받으며 각 대운의 명궁 주성의 성향을 많이 따라간다.

2. 대궁의 천량성과 태양성을 차성안궁하는 경우, 부정적인 성격이 더 강해진다.
3. 관록궁 거문성 천동성의 어두운 힘을 사회적으로 '어떻게 사용하는가?'가 인생의 성패를 나누기에 직업 선택에 유의해야한다.
4. 재백궁의 천기성을 주의해야 하는데 '자신의 감'을 너무 믿으면 실패가 커진다는 것을 항상 마음에 두어야 큰 실패를 피할 수 있다.
5. 과거와는 다르게 현대에는 나이가 40이 넘어서도 정식으로 결혼 또는 동거하지 못하는 경우가 많은데 이는 부처궁 공궁의 영향 때문이다.
6. 만약 혼인이 가능해서 자녀를 낳게 되는 경우 명궁, 부처궁 공궁이어서 가까운 육친궁인 자녀궁의 영향을 받아 그 자녀 위주의 삶을 살게 된다.
7. 낮빛이 어둡거나 비 활동적이어서 유년, 청년기에 은둔형 외톨이가 되는 경우가 있다.
8. 어두운 거문성과 복덕궁의 어두운 태음성은 부정적인 말과 부정적인 생각을 만들며 재물에 대한 이기심이 많으니 본인 스스로 주의해야 한다.
9. 살면서 윗사람에 대한 조언을 보석으로 여겨야 하며 동기들의 아첨을 독으로 여겨야 삼방과 대궁의 흉한 힘을 이겨낼 수 있다.

5. 진술궁 염정성 천부성 명궁의 명반 해설과 요약

<table>
<tr><td>太
陰
陷
巳 [父]</td><td>貪
狼
旺
午 [福]</td><td>巨 天
門 同
陷 陷
未 [田]</td><td>天 武
相 曲
廟 平
申 [官]</td></tr>
<tr><td>天 廉
府 貞
廟 旺
辰 [命]</td><td colspan="2" rowspan="2">命宮在辰</td><td>天 太
梁 陽
地 閑
酉 [奴]</td></tr>
<tr><td>卯 [兄]</td><td>七
殺
廟
戌 [遷]</td></tr>
<tr><td>破
軍
陷
寅 [夫]</td><td>丑 [子]</td><td>紫
微
平
子 [財]</td><td>天
幾
平
亥 [疾]</td></tr>
</table>

<table>
<tr><td>天
幾
平
巳 [疾]</td><td>紫
微
廟
午 [財]</td><td>未 [子]</td><td>破
軍
陷
申 [夫]</td></tr>
<tr><td>七
殺
旺
辰 [遷]</td><td colspan="2" rowspan="2">命宮在戌</td><td>酉 [兄]</td></tr>
<tr><td>天 太
梁 陽
廟 廟
卯 [奴]</td><td>天 廉
府 貞
廟 旺
戌 [命]</td></tr>
<tr><td>天 武
相 曲
廟 閑
寅 [官]</td><td>巨 天
門 同
旺 陷
丑 [田]</td><td>貪
狼
旺
子 [福]</td><td>太
陰
廟
亥 [父]</td></tr>
</table>

• 진술궁 염정성 천부성 명궁 명반 해설

우선 염정성은 관직과 외모를 상징하고, 천부성은 재력과 자신의 외모를 빛내는 별이기도 하며 해액성(解厄星) 이기도 하다. 그래서 염정성의 영향으로 남자든 여자든 외모가 부족하면 사회적 지위가 높고, 외모가 출중하면 연예인이 되거나 외모를 통해 살아가는 직업을 갖게 된다.

관록궁은 무곡성과 천상성이므로 활동적인 일들이나 문서에 관련된 일을 하는 것이 합당하다. 또, 복덕궁의 탐랑성과 명궁의 염정성, 천부성 영향으로 외모가 수려하다면 많은 사람들에게 주목받는 사람이 된다. 활동이 많은 연예인이나 스포츠를 하기도 하고, 명궁 천부성과 관록궁 천상성의 힘으로 금융권에서 일하는 사람들도 있다. 그 외로 정치인, 연예인, 대기업이나 공무원, 경영인, 창작인 등 자신의 이름을 알리고 대중과 교류하는 형태의 직업이 적절하다.

재백궁은 자미성이 혼자 있어 많이 벌고 많이 쓰는 습관을 가진다. 또, 자미성은 재백(財帛)의 '백(帛)'과 연관이 있어서 가진 것이 없는 시기에도 빈곤함이 잘 드러나지 않으며 재물의 양과 상관없이 자신의 체면을 우선하여 지출의 기준을 두기에 타인이 보기에 쓸데없는 지출이 많아 보이는 편이다.

• 진술궁 염정성, 천부성 요약

1. 명궁 염정성, 천부성을 기준으로 자부염무상을 구성한 격으로 귀한 격이긴 하지만 보필, 괴월이 삼방이나 협궁에서 회조하지 않는다면 꿈과 이상만 높고 현실에 이루지 못하는 경향이 있다.
2. 염정성이 가진 목기와 화기의 '선택적인 면' 때문에 사회적 지위와 육체적인 외모 중 한가지로만 발전하는 성향을 보인다.
3. 대운의 흐름이 부모궁으로 흐르는 사람은 유년기에 부모로 인해 파산 파재를 경험하는 경우가 많은데 어떤 경우에는 40대가 되어서야 어려운 집안에서 자수성가하는 이도 있다.

4. 대운의 흐름이 형제궁으로 흐르는 사람은 유년기에 친구를 사귀지 못하는 성향이 있는데 또래의 아이들과 다른 행동을 많이 하기 때문이다. 다만 이 경우 현실적인 감각보다 형이상학적 감각이 더 발달 되어있는 경우가 많아 40대 이후 성취가 없다면 역학, 철학, 종교 계통에 눈을 뜨게 되는 경우가 많다.
5. 삼방의 별의 구성이 좋은 만큼 록권과의 사화가 있다면 사회적인 성취가 드러나지만 화기와 흉성에 민감해 화기와 흉성이 삼방에 회조하면 삶에 장애가 많아 성취가 어렵다.
6. 또, 삼방에 록존이 있는 경우 신체에 장애가 있어 국가 보조금을 받는 경우가 있는데 이것은 업력에 의해 사회적으로 공무를 보고 록을 받는 사람은 될 수 없으나 록을 받는 운을 가지고 있으므로 업과 함께 엉겨 장애를 가지고 태어나는 상황이라 할 수 있다.
7. 부처궁 파군성의 영향으로 배우자와의 관계에 변화가 많다. 때로 결혼을 두 번 이상하는 이들도 있고 어떤 이는 잦은 연애와 동거 후에 결혼하는 경우도 있다.

6. 사해궁 태음성의 명반 해설과 요약

<table>
<tr><td>太
陰
陷
巳 [命]</td><td>貪
狼
旺
午 [父]</td><td>巨 天
門 同
陷 陷
未 [福]</td><td>天 武
相 曲
廟 平
申 [田]</td></tr>
<tr><td>天 廉
府 貞
廟 旺
辰 [兄]</td><td colspan="2" rowspan="2">命宮在巳</td><td>天 太
梁 陽
地 閑
酉 [官]</td></tr>
<tr><td>卯 [夫]</td><td>七
殺
廟
戌 [奴]</td></tr>
<tr><td>破
軍
陷
寅 [子]</td><td>丑 [財]</td><td>紫
微
平
子 [疾]</td><td>天
機
平
亥 [遷]</td></tr>
</table>

<table>
<tr><td>天
機
平
巳 [遷]</td><td>紫
微
廟
午 [疾]</td><td>未 [財]</td><td>破
軍
陷
申 [子]</td></tr>
<tr><td>七
殺
旺
辰 [奴]</td><td colspan="2" rowspan="2">命宮在亥</td><td>酉 [夫]</td></tr>
<tr><td>天 太
梁 陽
廟 廟
卯 [官]</td><td>天 廉
府 貞
廟 旺
戌 [兄]</td></tr>
<tr><td>天 武
相 曲
廟 閑
寅 [田]</td><td>巨 天
門 同
旺 陷
丑 [福]</td><td>貪
狼
旺
子 [父]</td><td>太
陰
廟
亥 [命]</td></tr>
</table>

• 사해궁 태음성의 명반 해설

사해궁의 태음성이 명궁인 사람은 어두운 태음성의 영향으로 숨기는 일이 많고 자기도 모르게 하는 거짓말이 잦거나 낯빛이 어둡다. 이는 태음성의 속성이 달처럼 변화하는 속성 때문에 당사자는 그렇지 않다고 하지만 타인이 볼 때는 그런 행동과 말이 잦은 편이다. 고정되고 안정적인 삶을 추구하지만 사해궁이 가지는 역마의 힘이 머물지 못하게 하여 노상 자신의 삶에 불만을 가지기 쉽다.

관록궁은 태양성과 천량성이 있지만 음반과 양반의 변화에 따라 어두운 경우에는 두 별 모두 힘이 없어 불길하고, 밝은 경우에는 명궁의 태음성도 밝아져 오히려 안정적인 삶을 살기도 한다. 명궁이 태음성이므로 보육, 유아교육 학원강사, 간호사, 또는 조무사와 같은 직업이 좋다. 어두운 태양성과 천량성이 인명에 흠이 될 때는 자신의 역량보다 사회적인 성취욕이 많아서 자신의 현실을 비관하고 매사에 비판적인 성향을 가질 수 있기 때문이다. 비관과 비판적 사고의 영향은 복덕궁의 거문성과 천동성의 영향으로 나타난다.

재백궁은 공궁이 되므로 큰돈을 모으기는 어렵고 재물에 대한 욕구가 강하여 재물에 대한 불만이 많다. 재백궁이 공궁이 되는 경우 대궁의 복덕궁에서 비추어 그 영향을 판단할 수 있는데 복덕궁에서도 거문성과 천동성이 어둡게 비춰지는 경우에는 그 재물의 크기가 적으며 꾸준하게 들어오는 힘이 부족하여 모으기도 힘들다. 다만, 어떤 방향으로 흐르는 대운에 이르든, 살파랑에 닿는 때보다 자부염무상에 닿아야 일시적으로 부족한 운이 풀려 재물이나 명예를 성취할 수도 있다.

• 사해궁 태음성 명궁 요약

1. 명궁 태음성의 성향은 밝기에 따라 극명하게 차이를 드러낸다. 밝으면 긍정적 성향을 어두우면 부정적 성향을 극단적으로 가진다.
2. 복덕궁의 거문성, 천동성의 어두움은 부정적인 성향을 나타내는데 만나보지도 못한 타인에 대한 부정적인 생각을 먼저 할 정도로 매사 부정적인 생각을 우선

으로 한다.

3. 체형이 마르면 거문성의 영향이 강해 부정적 사상과 편향적 사고가 심하고, 체형이 비만하면 천동성의 영향이 강해 겉보기엔 둥그런 성격 같아 보이지만 의외로 너그럽지 않다.
4. 부처궁은 공궁이어서 혼인이 쉽지 않으나 여자는 연애가 잦은 편이다. 만약 대궁인 관록궁의 거동성을 차성안궁하여 결혼한다면 악부악처를 얻거나 관계가 불편할 수 있다.
5. 자녀를 갖는다면 자녀는 부모로부터 일찍 독립하게 된다.
6. 대운이 부모궁으로 흐르는 이들은 어릴 때부터 삶이 바쁘고 고단한 이들도 있다. 이들은 30대에 도달해야 삶이 순탄해질 수 있다.
7. 대운이 형제궁으로 흐르는 이들은 유년기에는 안정적인 가정에서 자라지만 20대 이후부터 삶의 높낮이가 수시로 바뀌게 된다.

7. 자오궁 탐랑성의 명반 해설과 요약

太 陰 陷 巳 [兄]	貪 狼 旺 午 [命]	巨 天 門 同 陷 陷 未 [父]	天 武 相 曲 廟 平 申 [福]
天 廉 府 貞 廟 旺 辰 [夫]	命宮在午		天 太 梁 陽 地 閑 酉 [田]
卯 [子]			七 殺 廟 戌 [官]
破 軍 陷 寅 [財]	丑 [疾]	紫 微 平 子 [遷]	天 機 平 亥 [奴]

天 機 平 巳 [奴]	紫 微 廟 午 [遷]	未 [疾]	破 軍 陷 申 [財]
七 殺 旺 辰 [官]	命宮在子		酉 [子]
天 太 梁 陽 廟 廟 卯 [田]			天 廉 府 貞 廟 旺 戌 [夫]
天 武 相 曲 廟 閑 寅 [福]	巨 天 門 同 旺 陷 丑 [父]	貪 狼 旺 子 [命]	太 陰 廟 亥 [兄]

• 자오궁 탐랑성의 명반 해설

자오궁 탐랑성이 명궁이 되는 경우, 감성적인 면과 직감력, 그리고 무언가 목표를 정하면 주변의 상황을 무시하고 달려드는 성향 등이 드러난다. 탐랑성의 성향이 강해 타인과 동업도 오래 유지하기 힘들고 일을 배우는 기간이 아니라면 남 아래에서 일을 하는 것도 힘들다. 그런 성향으로 예전에는 전체주의와 권위주의 사회에서 살기 힘든 성격들이었지만 요즘 같은 사회에서는 오히려 자신의 능력이나 개성으로 독자적인 일을 추진해 나갈 수 있다. 다만 탐랑성이 자존심은 상당히 강하다.

관록궁은 칠살성의 영향으로 그때그때 상황에 맞춰가는 즉흥적 성향이 강하며 작은 규모의 사업을 하는 것이 적당하다. 단, 자영업을 할 때에는 자기 분야의 기술을 모두 가지고 있어야만 실패하지 않고 오래 할 수 있으며, 기술은 없는데 자본이 있어서 사업을 하는 경우에는 사람들에게 휘둘려 실패를 맛보게 된다. 적성에 맞는 일들은 자영업, 디자인, 건설(인테리어분야)업, 역술인, 대리점, 요식업(잡성의 상황에 따라), 학원 등으로 대부분 1인 기업이나 사업자 스스로가 대부분의 일을 해결해야하는 일이라면 분야는 다양하게 넓어진다. 그래서 '혼자서 할 수 있다면 업종은 별로 중요하지 않다.'고 표현된다.

재백궁은 파군성이 함이 되어 자금을 축적하는 힘이 없기에 들어오는 자금을 계속 소비시켜 결국 자금이 부족한 상태가 된다. 그래서 항상 자금의 압박에 시달린다. 또는, 동업을 하는 경우라면 일은 자신이 혼자하고 이익은 자금을 댄 사람이 차지하는 상황이 생겨 이 역시 오래 유지하기 힘들게 되기에 되도록 꿈을 작게, 자신의 그릇 크기에 맞추어 작게 천천히 키워 나가는 지혜가 필요하다. 그래서 1조의 명궁 탐랑성이 사업을 할 때 가장 필요한 부분은 '자금관리를 어떻게 하는가?'와 '그 사업의 중요한 기술을 내가 가지고 있는가?'가 성패의 열쇠라고 할 수 있다.

- 자오궁 탐랑성 명궁 요약

1. 명궁의 탐랑성은 다양한 재능을 말하기에 마음을 먹으면 대부분의 기술을 익히기에 이롭다.
2. 관록궁의 칠살성은 행동력이 중요하며 파군성과는 달리 대국적인 관망이 필요한 사업보다는 자신이 일한 만큼 주어지는 일이 더 적성에 맞다.
3. 활동적인 일을 하지 않는 시기에는 오히려 실직자나 실업자가 되기도 하며 근근이 파트타임 일로 살아가는 이도 있다.
4. 탐랑성은 아이디어는 많고 하고자 하는 일도 속성으로 배워 할 수 있지만, 자금이 부족하여 항상 타인과 억지로라도 함께 일해야 하는 상황에 놓이는 경우가 많다.
5. 재백궁의 파군성은 일을 추진할 때마다 자금이 부족한 상태를 이야기한다. 이는 선천적으로 자금관리를 잘 못하는 성격이라는 것에 중점을 두어야 한다.
6. 재백궁에서 파군성이 어두운 것은 들어오는 돈의 규모가 작은 것이라는 표현보다는 들어오는 돈의 운영이 잘못되어 지출이 줄지 않고 자금이 항상 모이지 않는 것이 더 정확한 표현이다.
7. 20대 중 후반에서 30대 사이에 결혼하는 경우 선천 배우자의 운이 좋아 배우자가 곳간의 역할을 해줄 수 있어 평생의 문제거리인 자금력에 대한 고민을 풀 수 있다.
8. 대운이 부모궁으로 흐르는 사람은 유년기에 친구가 적고 20대 후반, 30대 중반에 걸쳐 사회생활에서 사람들과 어울릴 수 있다. 직업을 일찍 찾는 편이며 명예를 중시하게 된다. 이시기에 자신의 직업이 정해지지 않는 경우 30대 중반에서 40대 중반까지 방황하는 시기가 이어진다.
9. 대운이 형제궁으로 흐르는 사람은 20대 중반부터 직업이 안정될 수 있다. 그러나 8항과는 다르게 약간 현실주의이며 명예보다는 급여나 대우에 관련하여 선택하는 태도를 보인다.

8. 축미궁 거문성 천동성의 명반 해설과 요약

太 陰 陷 巳 [夫]	貪 狼 旺 午 [兄]	巨 天 門 同 陷 陷 未 [命]	天 武 相 曲 廟 平 申 [父]
天 廉 府 貞 廟 旺 辰 [子]	命宮在		天 太 梁 陽 地 閑 酉 [福]
卯 [財]			七 殺 廟 戌 [田]
破 軍 陷 寅 [疾]	丑 [遷]	紫 微 平 子 [奴]	天 幾 平 亥 [官]

天 幾 平 巳 [官]	紫 微 廟 午 [奴]	未 [遷]	破 軍 陷 申 [疾]
七 殺 旺 辰 [田]	命宮在		酉 [財]
天 太 梁 陽 廟 廟 卯 [福]			天 廉 府 貞 廟 旺 戌 [子]
天 武 相 曲 廟 閑 寅 [父]	巨 天 門 同 旺 陷 丑 [命]	貪 狼 旺 子 [兄]	太 陰 廟 亥 [夫]

• 축미궁 거문성 천동성의 명반 해설

축미궁의 거문성, 천동성이 명궁일 때 천동성의 커뮤니케이션 기능과 거문성의 평가, 비평, 관문의 기능이 함께 작용한다. 그래서 겉으로는 친해 보이는 사람이 많아 보이지만 의외로 타인과 잘 어울리지 못하는데 이런 현상은 거문성의 힘이 천동성의 역할에 '관문'을 만들기 때문이다. 이 관문은 명주가 대인관계에서 상대를 평가하는 기준이 되기에 어느 것이 '옳다, 나쁘다'고 판단하기 보다는 관계에서 '어느 선을 넘을 수 있는 관계인가? 아닌가?'가 더 중요한 판단 기준이 된다.

그래서 남들이 보기에 어려운 사람이 되기도 하는데, 특히 거문성과 천동성이 어두운 사람은 타인과 어울리기 더욱 힘들어진다.

관록궁은 천기성이 평이 되어 타인의 것을 운영하거나 비서처럼 관리할 수 있는 능력은 있지만, 자신이 대표가 되어 운영할 수 있는 능력은 없다. 그 때문에 사업가, 자영업자가 되기 힘들다. 사업에서 대표가 되기 위해서는 자본력이나 기술 이외에도 사람들을 모으고 따르게 하는 통솔 능력이 중요한데 그 부분의 능력이 부족한 것이 이유이다.

재백궁은 공궁이기에 재백의 형태를 명궁과 관록궁의 회조하는 조력으로 판단하거나 대궁의 태양성, 천량성을 비추어 판단한다. 태양성과 천량성이 밝은 경우에는 재물의 관리를 잘해서 겉으로 나타나는 실적이 좋은 편이지만 태양성과 천량성이 어두우면 적은 재물에 만족하지 못하고 항상 큰돈을 바라보며 쫓는 허무한 삶이 되기도 한다. 그 때문에 월급생활을 포기하고 프리랜서 또는 자영업 등에 뛰어드는 사람들이 있는데, 불운한 대운에 들면 사업을 유지하지 못하고 포기한다. 또 직장 생활을 하는 이들은 바로 위의 상사와 잦은 충돌에 이직을 경험하고 사는 경우가 많다.

• 축미궁 거문성, 천동성 명궁 요약

1. 관록궁의 천기성으로 인해 사업자, 자영업자는 부족하고 직장인으로 살기는 원활하나 직장을 불편 해한다.

2. 보필, 괴월이 명궁 삼방에서 돕지 않으면 직장에서 이끌어 줄 수 있는 사람을 만날 운이 적으니 윗사람에게 이용만 당하고 버림받는 일이 잦다.
3. 재백궁의 공궁은 대궁의 영향 또는 삼방 회조의 영향 중에 한가지만 선택해서 파악한다.
4. 삼방회조의 영향력으로만 재백궁을 판단할 때는 '큰 돈을 벌기는 힘들지만 적은 돈을 꾸준히 모을 수는 있다.'고 판단한다. 다만 공궁의 성질은 유지되기에 '주변의 유혹에 넘어가 재물을 탕진할 가능성이 높다.'라는 면도 함께 생각해야 한다.
5. 대운이 부모궁으로 흐르는 경우 유년기에 좋은 운을 지나치기에 중년과 장년에 고생과 파란이 많은 편이다.
6. 대운이 형제궁으로 흐르는 경우에는 가족으로부터 일찍 독립하거나 자신이 가족을 부양해야 하는 입장에 놓이는 경우가 많다.
7. 배우자와는 합은 잘 맞으나 배우자로 인한 재산상 손실 또는 배우자의 잦은 거짓말을 감안해야 한다. 그로 인해 일찍 결혼한 사람은 중년 이후 관계가 소원해지거나 별거하는 경우가 많다.
8. 자녀운이 좋기에 고생스러운 시기에도 자녀를 의지해서 살기도 하며, 보통은 둘 정도의 자녀를 두지만 하나를 두는 경우 자녀로 인해 만년이 안정되기도 한다.

9. 인신궁 천상성, 무곡성의 명반 해설과 요약

太 陰 陷 巳 [子]	貪 狼 旺 午 [夫]	巨 天 門 同 陷 陷 未 [兄]	天 武 相 曲 廟 平 申 [命]
天 廉 府 貞 廟 旺 辰 [財]	命宮在申		天 太 梁 陽 地 閑 酉 [父]
卯 [疾]			七 殺 廟 戌 [福]
破 軍 陷 寅 [遷]	丑 [奴]	紫 微 平 子 [官]	天 幾 平 亥 [田]

天 幾 平 巳 [田]	紫 微 廟 午 [官]	未 [奴]	破 軍 陷 申 [遷]
七 殺 旺 辰 [福]	命宮在寅		酉 [疾]
天 太 梁 陽 廟 廟 卯 [父]			天 廉 府 貞 廟 旺 戌 [財]
天 武 相 曲 廟 閑 寅 [命]	巨 天 門 同 旺 陷 丑 [兄]	貪 狼 旺 子 [夫]	太 陰 廟 亥 [子]

제1조

- 인신궁 천상성, 무곡성의 명반 해설

천상성과 무곡성이 명궁이면 활동에너지를 가진 무곡성이 있지만, 무곡성이 밝지 못하기에 천상성의 계획을 감당하지 못해 유시무종이 되는 일이 잦다. 말투는 안정되고 신뢰감이 있는 편이다. 그러나 자부염부상의 조합이 완전히 이루어져 있기에 꿈이 크고 뜻이 높아 그것을 따르지 못하는 현실에 대한 불만이 많을 수 있다.

관록궁은 자미성의 영향으로 명예가 직업선택의 기준이 된다. 즉 자신이 하는 분야의 선택도 재물 적인 면보다는 어느 정도의 명예를 우선시하게 된다. 그리고 자미성의 밝기에 따라 정치, 신문, 방송, 평론 등으로 활동하지만 자미성이 어두우면 역학, 철학, 종교 쪽으로 진출하게 되는 경우가 많다.

재백궁이 염정성, 천부성이 되므로 이미 가진 재물에 관해서는 민감하고 욕심을 부리기도 한다. 마치 청렴과 체면을 중시하는 정치인이 뒤로는 뇌물을 받는 모습과 유사하다. 그리고 웬만하면 섣부른 정보로 투자나 사업을 하지 않는 자세를 하고 있지만 평생에 한 두 번 가장 친한 사람을 통해 투자하거나 동업하는 경우 재산을 모두 잃기도 한다. 특히 재산은 자신이 살면서 모으는 것도 있지만 대부분 물려받은 재산을 기반으로 불려 나가는 형태를 가진다.

- 인신궁 천상성, 무곡성 명궁 요약

1. 인신궁의 천상성, 무곡성은 관록궁의 자미성의 밝기에 따라 성향이 극단적으로 바뀐다.
2. 유년기 유복한 집에서 태어난 사람은 10~20세 사이에 집안의 변화가 커서 흥망이 일어나는 일이 잦다.
3. 20대가 되면서 조기에 집안에 기대지 못하고 독립해야 하는 상황도 생기는데 이것은 부모나 형제궁에 어두운 별들이 들어있을 때 가정의 어려움으로 인해 발생한다.
4. 인궁 무상은 무곡성이 한하기 때문에 천상성의 힘만 사용할 수 있다. 그러므로

행동보다는 기획, 관리에 적합하다.

5. 인궁 무상은 부부관계가 문란하며, 두 번 이상 재혼을 경험하기도 한다.
6. 인궁 무상은 형제와 동료 간의 우애가 특별히 좋지 않다.
7. 신궁 무상은 보좌성이 부족해도 혼자 일을 진행하는 힘이 있다.
8. 신궁 무상은 외부의 함께 일하자는 사람은 많으나, 동업을 하면 불리하다.
9. 신궁 무상은 자녀와의 관계가 좋지 않다. (자녀의 거짓말 또는 변덕에 의해서 문제가 생긴다.)
10. 인신궁 모두 재물운은 좋으나 재물을 겉으로 드러내면 그것을 이용하고자 하는 사람들이 늘어난다. 그러므로 재물을 드러내기 보다는 자신의 지혜를 드러내는 것이 사람들과 섞이기 이롭다.

10. 묘유궁 태양성, 천량성의 명반 해설과 요약

太 陰 陷 巳 [財]	貪 狼 旺 午 [子]	巨 天 門 同 陷 陷 未 [夫]	天 武 相 曲 廟 平 申 [兄]
天 廉 府 貞 廟 旺 辰 [疾]	命宮在酉		天 太 梁 陽 地 閑 酉 [命]
卯 [遷]			七 殺 廟 戌 [父]
破 軍 陷 寅 [奴]	丑 [官]	紫 微 平 子 [田]	天 幾 平 亥 [福]

天 幾 平 巳 [福]	紫 微 廟 午 [田]	未 [官]	破 軍 陷 申 [奴]
七 殺 旺 辰 [父]	命宮在卯		酉 [遷]
天 太 梁 陽 廟 廟 卯 [命]			天 廉 府 貞 廟 旺 戌 [疾]
天 武 相 曲 廟 閑 寅 [兄]	巨 天 門 同 旺 陷 丑 [夫]	貪 狼 旺 子 [子]	太 陰 廟 亥 [財]

• 묘유궁 태양성, 천량성의 명반 해설

묘유궁의 태양성과 천량성이 명궁이 되는 사람은 태양성, 천량성의 밝기가 전반적으로 큰 영향을 미친다.

명궁 태양성의 역할이 음반 양반에 따라 극명하게 갈리는데 태양성이 밝으면 어떤 것이든 명명백백함을 좋아하고 매사 긍정적인 판단과 세심함이 있지만 태양성이 한이 되면 그 장점이 사라지고 오히려 타인의 일에 도움되지 않는 시비만 가린다고 본다. 또 천량성은 밝을 때 태양성의 기능을 보조하여 도움이 세심한 부분까지 꼼꼼하게 관리하는 능력과 성향을 만들어 주지만 어두울 때는 매사에 걱정이 많고 부정적이며 의욕을 꺾어 버리는 성향으로 바뀌어 버린다. 그리고 이런 두가지 성향은 음적인 학문(역학, 종교 등)이든 양적인 학문(각종 연구, 논문 등)이든 오랜 기간 유지하면 성취할 수 있는 성향으로 볼 수 있다.

관록궁은 공궁이 되어 한 가지 직업을 오래 가지기 어렵다. 그래서 안정적인 직장을 항상 가지려 하지만 여러 분야의 계약직을 전전하는 경우가 많다. 때로 안정된 취업을 고민하여 여러가지 사회단체의 자격증을 수집하듯이 취득하는 사람도 있는데 이런 현상들은 안정적인 직장을 가지고자 하는 마음이 행동으로 드러나는 것이다. 특히 직업에 관해서는 직장을 중요시하지 말고 자신의 능력, 즉 기술을 더 중시한다면 삶에서 직장 때문에 고민하며 살지는 않을 것이다.

재백궁은 태음성으로 밝은 이는 매월 수입이 안정되고 타인에게 드러나지 않는 부동산을 약간 모을 수 있다. 그러나 어두우면 생계는 어렵지 않을 만큼 수입이 있겠지만 부동산도 어렵고 마음의 불안이 커서 재물이 충분하다고 느끼지 못한다. 또 재물의 순환이 불규칙하여 불운한 대운에는 타인에게 돈때문에 아쉬운 소리를 하게 되는 운에 쉽게 빠진다.

- 묘유궁 태양성, 천량성 명궁 요약

1. 유궁 명궁 양량은 태양성이 한하여 이름을 널리 알리기 부족하고 타인을 이롭게 하고자 하는 마음은 강하나, 뜻과 다르게 실천하기 어렵다.
2. 유궁 명궁 양량은 천량성이 어두워 쓸데없는 것까지 걱정하는 성향이 있다.
3. 유궁 명궁 양량은 부부궁에 거문성, 천동성이 어두워 부부관계가 원만하지 않다. 그러나 이혼은 하지 않고 서로 멀리 떨어져 지내는 경우가 많다.
4. 유궁 명궁 양량은 안정적인 직업을 원하지만 관록궁 공궁으로 인해서 2-3년에 한 번씩 직업을 바꾸게 되거나 직업은 꾸준하지만 정규직이 되지 못하는 경향이 있다.
5. 유궁 명궁 양량은 자신의 일에 비해 소득이 적은 편이며 평생 모으는 재산 역시 일확천금 보다는 적은 돈을 저축해서 꾸준히 모으는 것이 이롭다.
6. 유궁 명궁 양량의 재백궁은 태음성이 함이므로 그릇의 크기가 작기에 일시적으로 대운이 좋아서 큰 돈을 모은다 해도 다음 대운에 그 재물을 잃는 경우도 있다.
7. 묘궁 명궁 양량은 자신의 이름을 널리 알리기는 이로우나 자신의 직업보다는 자신의 품격이 알려지는 경우가 더 많다. (예: 소설가 이외수, 유시민 등 자신의 직업보다 이름이 더 알려지는 경우)
8. 묘궁 명궁 양량은 적은 돈을 크게 쌓을 수 있으나 외부로 알려지면 금방 사라진다. 그러므로 자신의 재물을 부동산 등에 투자하는 것이 더 이롭다.
9. 묘궁 명궁 양량의 배우자는 배우자의 몸이 마르면 말이 많고, 배우자의 몸이 뚱뚱하면 부부간에 다툼이 잦다. 또는 같이 사는 기간은 짧으나 주말부부처럼 멀리 떨어져 지내는 사람들이 많다.
10. 묘유궁 명궁의 직업은 방송, 기자, 기고가 등 글을 쓰는 직업이나 어떤 사실을 사람들에게 널리 알리는 직업 등이 이롭다.

11. 진술궁 칠살성의 명반 해설과 요약

太陰陷 巳 [疾]	貪狼旺 午 [財]	巨門陷 天同陷 未 [子]	天相廟 武曲平 申 [夫]
天府廟 廉貞旺 辰 [遷]	命宮在戌		天梁地 太陽閑 酉 [兄]
卯 [奴]			七殺廟 戌 [命]
破軍陷 寅 [官]	丑 [田]	紫微平 子 [福]	天機平 亥 [父]

天機平 巳 [父]	紫微廟 午 [福]	未 [田]	破軍陷 申 [官]
七殺旺 辰 [命]	命宮在辰		酉 [奴]
天梁廟 太陽廟 卯 [兄]			天府廟 廉貞旺 戌 [遷]
天相廟 武曲閑 寅 [夫]	巨門旺 天同陷 丑 [子]	貪狼旺 子 [財]	太陰廟 亥 [疾]

- 진술궁 칠살성의 명반 해설

칠살성이 명궁인 사람은 파군성 함이 관록궁이 되므로 대부분 동업의 형태를 띈다.

동업이 되는 이유는 스스로 독립해 일어설 힘의 역량이 작거나, 혼자서 사업을 하면 잘못된 길로 빠지기 쉽고, 행동력이 과도하게 많아지기 때문이다. 재백궁은 탐랑성이라 잘 모으기도 하지만 자신이 좋아하는 것에 빠지면 재물이 흩어지고 체면과 도화가 만나면 재물을 지키기 어려운데, 바로 여기서 이런 현상이 일어나는 것이다.

칠살성과 파군성은 똑같이 행동력을 가진 별이지만 두 별의 차이는 바로 일이나 사건에 대해 판단하는 시야가 넓고 좁음에 있다. 파군성을 왕으로 보면 왕은 국가간 전쟁의 흐름을 보고 판단하지만 칠살성인 장군은 전쟁의 규모가 아닌 전투의 규모로 판단하기에 파군성과 시야의 차이가 분명히 존재하는 것이다.

그렇기에 똑같은 '행동력의 별'이어도 행동패턴이나 규모에서 차이가 나는 것이다. 칠살성이 명궁이 되면 조급하게 일을 시작하는 경향이 있으며, 관록궁의 파군성 함은 일을 시작하는 힘이 부족하여 타인의 힘을 빌린다고 볼 수 있다. 그래서 이 경우는 직업과 사업의 방향이 다양해도 큰 규모로 키우기는 어려운 것이다.

대부분 독자적인 사업이나 가게를 운영하지만, 항상 시작자금이 부족하여 주변에 돈을 빌려 오거나 도움을 받아가며 자영업을 한다.

또 직장인인 경우 직장을 다니는 기간이 짧다. 만약 윗사람을 잘 만나 칠살성의 힘을 발휘할 수 있는 직업 또는 지위라면 그 직장을 오래 다닐 수 있다.

- 진술궁 칠살성 명궁 요약

1. 진궁 명궁 칠살성은 관록에 파군성이 함하여 혼자 무언가를 이루기 어려워 항상 동업을 해야 하는 처지에 놓이게 된다.
2. 그로 인해 자신은 행동하는 분야를 맡게 되고 타인은 자본을 맡게 되는 경우가 많다.
3. 진궁 명궁은 투자에 대한 호기심이 많으며 안정적인 투자보다는 일확천금의

투자를 노리는 경우가 많다.

4. 진술궁 명궁은 양쪽 모두 상황을 파악하는 것에 있어서 타인의 말을 듣지 않고 행동을 우선시해서 항상 문제를 일으킨다.
5. 진궁 명궁은 행동력이 강해 대궁의 염부성을 만나 항상 자신이 하고자 하는 일을 성취할 수는 있으나 그들과 3-4년 이내 분쟁으로 인해 대부분 독립하게 된다.
6. 진궁 명궁은 부처궁의 천상성으로 인해 초년에 사업에 실패한다면 다음 사업은 배우자의 이름으로 진행하는 경우가 많다.
7. 진궁 명궁은 자녀와의 관계가 일방적인 소통을 하기 때문에 자녀와의 거리가 멀어진다.
8. 술궁 명궁의 배우자는 조력의 힘이 강한 편이며 어려운 상황에 있을 때 배우자의 도움을 받게 될 것이다.
9. 진술궁 명궁의 공통적인 문제는 복덕궁의 자미성으로 인해 자신의 정신세계에 대한 고집이 강하여 만사에 자신의 뜻이 옳다고 주장하는 경향이 있다. 그로 인해 타인과의 동업이 오래 이어지는 경우가 적은 편이다.
10. 진술궁 명궁이 주의해야 할 것은 40대와 50대에 자기 자존심과 신념이다. (이 두가지를 드러내지 않고 숨긴다면 진술궁 칠살성에 상당히 이롭다.)

12. 사해궁 천기성의 명반 해설과 요약

太陰 陷 巳 [遷]	貪狼 旺 午 [疾]	巨門 天同 陷陷 未 [財]	天相 武曲 廟平 申 [子]
天府 廉貞 廟旺 辰 [奴]	命宮在亥		天梁 太陽 地閑 酉 [夫]
卯 [官]			七殺 廟 戌 [兄]
破軍 陷 寅 [田]	丑 [福]	紫微 平 子 [父]	天幾 平 亥 [命]

天幾 平 巳 [命]	紫微 廟 午 [父]	未 [福]	破軍 陷 申 [田]
七殺 旺 辰 [兄]	命宮在巳		酉 [官]
天梁 太陽 廟廟 卯 [夫]			天府 廉貞 廟旺 戌 [奴]
天相 武曲 廟閑 寅 [子]	巨門 天同 旺陷 丑 [財]	貪狼 旺 子 [疾]	太陰 廟 亥 [遷]

• 사해궁 천기성의 명반 해설

천기성이 명궁이 되는 경우 관록궁은 공궁, 재백궁은 거문성, 천동성이 된다. 어두운 거동 조합이니 재물로 인한 시비와 그 사람들과 커뮤니케이션의 단절이 생겨난다. 예를 들어 친구의 소개로 투자가 있으나 시비로 인해 인연이 끊기는 등의 일들이 발생한다.

천기성의 숙명처럼 스스로 2인자의 위치에 내려가면 부모궁의 자미성이 힘을 발휘해 천기성을 이끌어 주지만 "자신이 일을 다 하고 윗사람은 돈만 대고 말만 하는데 이익은 다 가지더라."라는 생각으로 윗사람을 쉽게 등지거나 배신하기도 한다. 그렇기에 처음엔 윗사람에게 지극하게 대하다가 갑자기 돌아서서 다른 곳으로 옮겨 간다. 이 역시 흉성이 많이 들수록 그런 성향이 강해져 직업이 일정치 못한 경우가 많다. 그래서 천기를 명궁에 둔 1조의 사람은 자신의 생각을 억누르는데 상당히 많은 수련이 필요하다.

관록궁은 공궁이라 명궁의 천기성과 재백궁의 거문성, 천동성을 회조하여 전문직에 강하다. 회계나 은행, 보험사, 관리, 기획 등에 뛰어난 재능을 보이며, 방송 분야에서는 기획, 대본, 구성으로, 주식이나 투기 사업에도 철저히 계산적인 면모를 보인다. 다만 육살성, 공망성이 삼방에 없어야 하고, 만약 있는 경우 그 분야에서 두각을 나타내지 못하고 세상을 원망하는 목소리만 높아진다.

• 사해궁 천기성 명반 요약

1. 사해궁 명궁은 논리적이며 지혜롭지만 항상 타인에게 이용당한다는 마음을 감출 수 없다. 그로 인해 자신의 윗사람과의 관계가 시간이 지날수록 나빠질 수밖에 없다.
2. 사해궁 명궁은 재백궁의 거동으로 인하여 자신의 노력에 비해 수익이 항상 적다고 불평한다.
3. 사궁 명궁은 배우자의 조력으로 어려운 상황을 헤쳐 나갈 수 있으나, 해궁 천기

성은 배우자로부터 도움을 받기 어렵다.

4. 사궁 명궁은 남을 이롭게 하거나 칭찬하는 글을 쓰면 이롭고, 해궁 명궁은 남을 비평하거나 문제점을 드러내는 글을 쓰는 것이 자신에게 이롭다.
5. 그러므로 사해궁 명궁의 직업은 비평가, 평론가, 자유기고가 등이 좋으며 창곡이 없어서 문예 계통으로 가지 못하는 경우 대기업보다는 중소기업이 오히려 이롭다.
6. 사해궁 명궁은 여명에서는 비서, 관리 등으로 일하는 것이 좋고 남명에서는 기획자로 활동하는 것이 좋다. 양쪽 모두 기획, 관리 쪽으로 능하다.
7. 해궁 명궁의 배우자는 외모가 노숙하며 말을 천천히 하는 편이고, 사궁 명궁의 배우자는 낯빛이 밝으며 매사 긍정적인 성향이 많다.
8. 사해궁 명궁은 자신을 이끌어줄 사람을 반드시 만나야 성공할 수 있으며 해궁 명궁은 귀인의 규모가 작고, 사궁 명궁은 귀인의 규모가 크다. (규모란 능력이다.)
9. 사해궁 명궁이 스스로 사업을 할 수 없는 이유는 정신세계를 상징하는 복덕궁이 공궁이 되어서 혼자 힘으로 신념을 지키기 어렵기 때문이다. (별 외의 경우 자신이 닮고자 하는 일을 찾으면 굳이 만나지 않더라도 스스로 사업을 할 수 있는 경우도 있었다.)
10. 사해궁 명궁은 자신이 계획을 하면 행동해줄 동료가 있으므로 혼자 고민하지 말고 자신의 계획을 주변에 알려 동료를 만드는 것이 중요하다.

제2조의
본성과 명궁 위치에 따른 논명

2조의 명반

廉貞陷 貪狼陷 巳	巨門旺 午	天相閑 未	天同旺 天梁陷 申
太陰閑 辰			七殺閑 武曲旺 酉
天府平 卯	紫微在丑		太陽陷 戌
寅	紫微廟 破軍旺 丑	天機廟 子	亥

巳	天機廟 午	紫微廟 破軍廟 未	申
太陽旺 辰			天府陷 酉
七殺陷 武曲陷 卯	紫微在未		太陰旺 戌
天同閑 天梁廟 寅	天相廟 丑	巨門旺 子	廉貞陷 貪狼陷 亥

2조의 본성

자미성이 파군성과 함께 축궁과 미궁에 배치된 모습을 의미한다.

2조의 특징은 자미성의 행동력이 부족한 면을 동궁한 파군성이 보완해 준다는 점이다. 명예와 행동력, 특히 파군성의 지휘력이 합쳐진 좋은 조합으로, 이들 중에는 현금 위주의 자산가이거나 성공한 정치인이 많다. 물론 사화배치나 겁공, 흉성의 배치에 따라 다르나 대부분 어느 정도 성공을 거두는 조합이다.

별외로 뜻이 너무 높은 사람들은 오히려 기회를 찾지 못하고 게을러져서 실패한 인생이 되기도 한다. 관록궁에는 염정성과 탐랑성이, 재백궁에는 무곡성과 칠살성이 들어가므로 자미성이 살파랑과 결합된 조합을 가진다.

재백궁은 무곡성, 칠살성으로 돈에 대한 선이 분명하며 금전 대차에 관해 민감하여 금전적인 사고가 있다면 쉽게 인연을 끊는다.

관록궁은 염정성, 탐랑성이라 자기 욕심대로 옳다고 생각한 일에 전부를 걸어 승부하려고 하나, 사업이나 투자에 실패를 하면 큰 빚을 진다. 사업을 하는 사람 중에는 의류, 패션, 디자인, 연예활동 등 염정과 탐랑성의 재능을 빌려 일하는 경우가 많고, 그런 쪽에 재능을 발휘하지 않는 사람은 향락산업 쪽의 일을 하게 된다.

단, 2조들은 대운의 명궁에 들어있는 별의 영향을 다른 조보다 많이 받으므로 항상 대운의 명궁 주성이 어떤 별인지부터 판단하고 논명해야 한다. (자미성, 파군성의 경우 대운 주성에 따라 직업이 바뀌기도 한다.)

재백궁은 무곡성, 칠살성으로 돈에 관련해서 재력이 부족해도 자신이 하고자 하는 길로 가는 성향이 짙다. 그 때문에 항상 주변의 도움이 필요하고, 과한 책임의식을 가지고 있어서 남에게 베풀고도 나중에 돌려받기는 커녕 욕을 먹는 경우가 많다.

또, 행동력에 있어 재백궁은 무곡성과 칠살성이 동궁해 1조(무곡성, 천상성)보다 행동력이 뛰어난 대신 그 두 별은 항상 어두워지는 특징이 있다. 그래서 행동에너지가 바른 곳에서부터, 부정적인 곳까지 쓰인다. 예를 들면 경찰이나 운동선수, 또는 건달 등으로 이어지기도 한다.

2조의 특징 중 하나는 보좌성이 없다 해도 인생이 극단적으로 나빠지지 않는다. 그것은 자미성과 파군성이 대의명분과 지휘를 함께하고 있기 때문인데, 그래서 흉성만 없다면 보좌성 없이 주성의 힘만으로도 작든 크든 간에 원하는 일을 남의 도움 없이 성취해낼 가능성이 높은 조라고 볼 수 있다.

관록궁을 살펴보면 관록을 상징하는 염정성, 호기심 탐랑성이 어둡게 동궁 했기에, 명궁 자파의 명예와 행동만큼이나 이곳에 욕심을 낸다. 즉, 관직에 대한 집착도 매우 강하다.

삼방을 자세히 살펴보면 명궁을 제외하고 재백궁과 관록궁이 모두 어두워지는데, 우선 어두운 염정성과 탐랑성으로 인한 관록의 폐해(뇌물, 비리, 암합)가 있다. 수백 억대의 자산가가 표면적으로 드러나는 자선사업가 같은 모습과는 달리 그 실체는 수십 개의 유흥업소를 거느리고 있었다는 사례가 대표적이다. 실제로 크든 작든 유흥업소를 직접 운영하는 경우가 많다.

자미성, 파군성이 동궁한 2조 역시 1조처럼 부모궁을 상징하는 신궁과 인궁은 비어 있다. 그래서 윗사람 말을 듣지 않고 고집이 센 편이다. 다만 1조는 자기 명예를 기준으로 다른 이의 말이 명령으로 들린다면 끝까지 거부하여 고집을 부리나, 2조는 하고 싶은 일을 추천받으면 거절하지 않고 그 일을 기꺼이 한다. 그런데 2조에게 큰 약점은 바로 동궁한 별의 속성 때문인데, 자미성이 파군성과 같이 있으면 생각을 즉시 행동에 옮기거나, 주변의 아첨에 약해지고, 귀가 얇아 남의 말에 자기중심 없이 잘 홀린다는 단점이다. 그래서 이들은 겁공과 흉살성 배치가 삼방에서 보는 운에 들면 갑작스러운 추락으로 파산하는 경우도 많고, 특히 동업자에게 토사구팽의 꼴을 자주 당하는 등 손해가 많다. 또 육친이 약하다는 특징을 가져 결혼을 해도 만혼을 하고, 대운으로 따지면 오궁 천기성, 진궁 태양성일 가능성이 높으며, 반대로 대운이 흐른다면 유궁 천부성, 술궁 태음성에서 결혼한다. 또, 한두 칸 건너뛰어 자녀궁에서 결혼하는 경우가 많다.

살파랑과 동궁하면서 자부염무상을 흩어 놓은 구조기 때문에 중년이 되면 모든 이권에 집착이 강해지며, 타인에게 보이지 않는 욕심이 강해져 종종 나쁜 소리를 듣거나 향락사업을 직업으로 갖기도 한다. 록권과의 사화가 배치되면 현대 사회에서는 1조보다 더 높은 지위까지 올라갈 수 있는데, 만약 흉사화(화기-化忌) 나 공겁이 동궁한다면 오히려 삶의 터전을 잃고 떠도는 경우가 더 많다.

2조의 본성 요약

1. 좌우 협궁이나 명궁, 부처궁 또는 관록궁, 재백궁, 천이궁의 일곱 궁에 보좌성(좌보, 우필, 천괴, 천월)이 들어가면 위기마다 귀인을 만나는 일이 많다.
2. 반대로 일곱 궁에 육살성과 공겁이 들어가면 평생 자리잡지 못하고 떠도는 운이 된다.
3. 태어날 때부터 고집이 세고, 내면세계에 많이 치중한다. 어린아이가 자파의 대운에 들어가면 오히려 사회적인 고립을 뜻한다.
4. 상담시에 겉으로는 말을 잘하는 듯 보여도 속에는 말하지 못한 응어리가 많고, 유년기에 대한 기억이 또렷한 편이다.
5. 태음성 대운에 들어갔을 때 대운이나 유년이 다음 궁에서 염탐성으로 인한 변화를 가장 주의해서 봐야 하는데 만약 염탐성이 흉성, 화기와 같이 동궁했다면 남한테 사기를 당하면서 동업을 하게 되는 경우가 있다. 반대로 동업을 한 후에 사기를 당하기도 한다.
6. 한 가지 일에 잘 집중하고, 누군가가 칭찬해 주면 일을 잘 해낸다. 그는 자신이 하고자 하는 일만큼은 집착하는 경향이 있다.
7. 염정성, 탐랑성이 명궁인 경우 향락산업을 운영하는 사람이 많다.
8. 기월동량을 사용하는 경우 일시적인 대운과 유년이라면 취업 활동, 직장인 등이지만, 선천이면서 사화가 길하게 들어있는 경우에는 대기업에서 꽤 높은 지위에 오른다.

9. 정치인으로 2조에서 성공하는 사람은 기월동량을 만들고 사화에 록권과 중 최소한 두 개 이상을 지녀야 한다.
10. 사업을 하는 경우에 갈팡질팡하기도 하고 남에게 말 못할 자금난을 겪기도 하는데 이것은 중간에 도화운을 지나면서 불륜 관계나 유흥에 빠지면서 스스로 자금난을 일으킨 결과다.
11. 그렇지 않은 경우에는 대부분 투자로 인해 손실을 겪는데, 가까운 이에게 사기를 당한다.
12. 그럼에도 손실에 대한 책임을 스스로 지는 편이며, 타인에 대한 원망은 있으나 실제 복수하는 경우는 드물다.
13. 성격은 전체적으로 원만해 보이나 '자신의 것'이라 생각하는 부분에는 집착이 강해 주변인들의 원망을 듣는다.
14. 명궁에 자미성, 파군성이 들었을 때와 염정성, 탐랑성이 들었을 때, 그리고 무곡성, 칠살성이 들었을 때 드러나는 외모와 분위기가 완전히 다르다.
15. 그 외의 명궁들은 대부분 자미성, 파군성의 형태를 따라가며 온순해 보인다.
16. 무곡성, 칠살성이 명궁인 사람들은 대부분 몸을 쓰는 직업으로 운동선수, 레크레이션 등에 종사한다. 하지만 자미성, 파군성의 경우 대체로 움직임이 적은 쪽에 종사하며 작게 라도 개인사업을 하던가 프리랜서로 일한다.
17. 대부분 낯빛이 밝고 유순해 보인다.

1. 축미궁 자미성, 파군성의 명반 해설과 요약

축미궁의 자미성, 파군성은 2조의 기본 구조와 같으므로 생략하고 명반의 12사항궁만 소개한다.

貪 廉 狼 貞 陷 陷 巳 [官]	巨 門 旺 午 [奴]	天 相 閑 未 [遷]	天 天 梁 同 陷 旺 申 [疾]
太 陰 閑 辰 [田]	命宮在丑		武 七 曲 殺 旺 閑 酉 [財]
天 府 平 卯 [福]			太 陽 陷 戌 [子]
寅 [父]	破 紫 軍 微 旺 廟 丑 [命]	天 幾 廟 子 [兄]	亥 [夫]

巳 [夫]	天 幾 廟 午 [兄]	破 紫 軍 微 廟 廟 未 [命]	申 [父]
太 陽 旺 辰 [子]	命宮在未		天 府 陷 酉 [福]
武 七 曲 殺 陷 陷 卯 [財]			太 陰 旺 戌 [田]
天 天 梁 同 廟 閑 寅 [疾]	天 相 廟 丑 [遷]	巨 門 旺 子 [奴]	貪 廉 狼 貞 陷 陷 亥 [官]

2. 인신궁 공궁의 명반 해설과 요약

<table>
<tr><td>貪 廉
狼 貞
陷 陷
巳 [田]</td><td>巨
門
旺
午 [官]</td><td>天
相
閑
未 [奴]</td><td>天 天
梁 同
陷 旺
申 [遷]</td></tr>
<tr><td>太
陰
閑
辰 [福]</td><td rowspan="2" colspan="2">命宮在寅</td><td>武 七
曲 殺
旺 閑
酉 [疾]</td></tr>
<tr><td>天
府
平
卯 [父]</td><td>太
陽
陷
戌 [財]</td></tr>
<tr><td>寅 [命]</td><td>破 紫
軍 微
旺 廟
丑 [兄]</td><td>天
機
廟
子 [夫]</td><td>亥 [子]</td></tr>
</table>

<table>
<tr><td>巳 [子]</td><td>天
機
廟
午 [夫]</td><td>破 紫
軍 微
廟 廟
未 [兄]</td><td>申 [命]</td></tr>
<tr><td>太
陽
旺
辰 [財]</td><td rowspan="2" colspan="2">命宮在申</td><td>天
府
陷
酉 [父]</td></tr>
<tr><td>武 七
曲 殺
陷 陷
卯 [疾]</td><td>太
陰
旺
戌 [福]</td></tr>
<tr><td>天 天
梁 同
廟 閑
寅 [遷]</td><td>天
相
廟
丑 [奴]</td><td>巨
門
旺
子 [官]</td><td>貪 廉
狼 貞
陷 陷
亥 [田]</td></tr>
</table>

• 인신궁 공궁 명반 해설

인신궁 공궁인 경우 자신의 궁에 아무 별이 없기에 살아가려면 오른쪽 궁 자파를 투영시킨다. 또, 좌우 협궁에서 천부성이 부모궁에서 해액시키고 그 힘으로 살아갈 수도 있다. 다른 해석으로는 차성안궁하는 것으로 대궁의 힘으로 살아가는 것인데, 해외로 돌아다니거나 해외(또는 자신이 살던 곳과 아주 멀리 떨어진 곳)의 인연을 만들어서 뚫고 나갈 때 그 힘이 생긴다.

관록궁에 거문성, 재백궁에 태양성이므로 남을 가르치거나, 통신사업 같은 분야나, 예능인으로 치면 가수나 MC, 앵커이며 무역처럼 먼 곳의 것을 옮겨 이익을 취하는 업종을 하는 경우에 잘 적응할 수 있다.

그래서 이 구조의 경우에는 말하는 것, 또는 평가하는 것, 말로써 협상하는 것을 직업으로 삼고 재물 수익은 꾸준하게 들어오는 월급이 아니라 한 번에 목돈으로 들어오는 인센티브의 형태로 가지게 된다. 다만, 타인의 꼬임에는 무방비한 것이 약점이어서 초, 중년에 타인과 동업하는 것은 주의해야 하며, 어떤 상황이든 스스로 판단하고 조사할 때 이익을 가질 수 있다.

같은 공궁이라도 보좌성, 사화에 따라 삶의 결과가 다르니 이 공궁 명궁의 경우에는 특히 그것을 더 살펴야 한다.

• 인신궁 공궁 명반 요약

1. 인신궁 공궁은 관록과 재백궁에 거일을 두어 방송, 연예 등을 하고자 하는 사람이 많고 가수 지망생들도 많다. 그러나 태양이 어둡다는 단점이 있어서 연예인을 하기엔 이름을 널리 알리기 힘든 편이다.
2. 그러나 대운과 사화의 상황에 따라 특정 대운에 발복하는 경우도 있다.
3. 연예인보다는 학원강사 등으로 성공하는 사람들이 많은데, 처음엔 학원을 운영하는 단계에서 실패가 잦다.
4. 그러므로 초기엔 강사의 직업을 갖는 것은 좋으나 학원을 운영하는 것은 이룹

지 않다.

5. 인신궁 공궁은 부처궁에 천기성으로 인해 현명한 배우자를 얻게 된다.
6. 인신궁 공궁은 자녀궁이 공궁이기 때문에 배우자의 명반에서 자녀가 특정되지 않는다면 자녀 없이 지내는 경우가 많다.
7. 차성안궁의 경우 동량을 끌어 직장인 생활을 하는 사람들이 있는데 이들은 대부분 일반 사무직보다는 관리직 또는 연구, 분석 등의 분야에서 일한다.
8. 인신궁 공궁은 금전적인 기복이 심한 편이어서 적은 돈을 모으는 것에는 불리하고 큰 돈을 계획하는 것이 이롭다.
9. 흉살성과 겁공성이 명궁에 배치되면 요절하거나 매사에 성취 없이 떠돌 수도 있다.
10. 인신사해궁이 명궁인 경우 역마가 발동하게 되는데 인신궁 공궁은 삼방에 거일이 회조하고 있어서 모든 분야에서 돌아다니는 것을 업으로 삼는 경우가 많아진다. 그래서 사화가 없고 사선성이 없을 때, 방문판매원이나 방문교사 등 떠도는 것을 업으로 삼는다.

3. 묘유궁 천부성 명반 해설과 요약

貪 廉 狼 貞 陷 陷 巳 [福]	巨 門 旺 午 [田]	天 相 閑 未 [官]	天 天 梁 同 陷 旺 申 [奴]
太 陰 閑 辰 [父]	命宮在卯		武 七 曲 殺 旺 閑 酉 [遷]
天 府 平 卯 [命]			太 陽 陷 戌 [疾]
寅 [兄]	破 紫 軍 微 旺 廟 丑 [夫]	天 幾 廟 子 [子]	亥 [財]

巳 [財]	天 幾 廟 午 [子]	破 紫 軍 微 廟 廟 未 [夫]	申 [兄]
太 陽 旺 辰 [疾]	命宮在酉		天 府 陷 酉 [命]
武 七 曲 殺 陷 陷 卯 [遷]			太 陰 旺 戌 [父]
天 天 梁 同 廟 閑 寅 [奴]	天 相 廟 丑 [官]	巨 門 旺 子 [田]	貪 廉 狼 貞 陷 陷 亥 [福]

• 묘유궁 천부성의 명반 해설

묘유궁 천부성 명궁인 경우 관록궁 천상성으로 인해 부상격이 되는데 둘 다 부동성이므로 활동력이 저하된다. 그래서 활동력이 많은 일보다는 창고관리, 금전관리, 금융업 등 관리의 역할을 직업으로 삼는다. 하지만 위에 언급한 직업을 갖지 못하면 백수의 시간을 오래 갖게 된다.

성품은 온화하고 타인에 대한 배려가 많으나 남들에게 드러나지 않는 욕심과 고집이 상당한 편이다. 그것을 드러내지 않는 이유는 천부성의 체면을 중시하는 특성 때문에 손가락질 받을 일을 하지 않으려 노력하는 것이다.

여명에서는 겉으로는 현모양처로 보이고 순진해 보이지만 마음 속으로는 음란하거나 질투가 심하고 이기심이 강한 경우가 많다. 남명에서는 체구가 작으나 낯빛이 밝고 목소리가 가늘거나 또는 낮고 묵직한 경우로 극단적으로 나뉜다.

부처궁에는 자미성과 파군성이 들어 자미성과 천부성의 경향과 같이 비슷한 성품의 친구같은 사람을 배우자로 들인다. 단, 이 경우에 파군성이 들었다 해도 이혼하거나 재혼하는 일은 드물다.

재백궁은 공궁이지만 복덕궁의 염탐의 영향으로 재물에 욕심은 많은 편이나 그것을 성취하는 방법을 잘 모르고, 그 재물을 유지하기 어렵다. 이 명궁이 재물을 모으기 위해서는 대운이 유리한 방향에 도달해야 가능하다. (재백궁 공궁의 특성상 대운 재백궁 주성의 영향을 많이 받는다.)

• 묘유궁 천부성 명반 요약

1. 직업으로는 금융업창고관리, 주식, 세무사, 회계사, 출납, 우체국, 은행, 보험회사 등 서류를 필요로 하는 모든 분야에 취업이 가능하다.
2. 부처궁에 자미성, 파군성의 영향으로 정식으로 소개를 받거나 중매를 받는 일은 드물다. 또 처음부터 연애를 통해 결혼하는 경우 역시 드물다.
3. 이들은 이성을 일하는 곳에서 만나거나 사업 파트너로 만나 일을 하는 도중 편

의에 의해서 결혼하는 경우가 상당히 많다.

4. 외형은 힘이 없고 선해 보이나 내적으로는 탐욕적이고 집착이 강한 편이어서 대인관계에서 갈등이 심하다.
5. 자녀궁은 현명한 아이를 자식으로 둘 수 있으며 남아일 가능성이 비율적으로 높다.
6. 사회적 인맥으로는 동료보다는 윗사람이 이롭다.
7. 재백궁은 공궁이기 때문에 각 대운의 재백궁의 영향을 많이 받는 편이며 그 시기에 따라 투자로 인해 고수익에 집착할 수 있다.
8. 그러나 명궁의 천부성이 어두우므로 곳간의 기능이 줄어들어 큰 돈을 오래 유지하기 힘들다. 그래서 자신의 대운의 크기보다 많은 재물을 가지고 있으면 사기·투자의 손실로 재물을 잃게 된다.

4. 진술궁 태음성의 명반 해설과 요약

貪 廉 狼 貞 陷 陷 巳 [父]	巨 門 旺 午 [福]	天 相 閑 未 [田]	天 天 梁 同 陷 旺 申 [官]
太 陰 閑 辰 [命]	命宮在辰		武 七 曲 殺 旺 閑 酉 [奴]
天 府 平 卯 [兄]			太 陽 陷 戌 [遷]
寅 [夫]	破 紫 軍 微 旺 廟 丑 [子]	天 機 廟 子 [財]	亥 [疾]

巳 [疾]	天 機 廟 午 [財]	破 紫 軍 微 廟 廟 未 [子]	申 [夫]
太 陽 旺 辰 [遷]	命宮在戌		天 府 陷 酉 [兄]
武 七 曲 殺 陷 陷 卯 [奴]			太 陰 旺 戌 [命]
天 天 梁 同 廟 閑 寅 [官]	天 相 廟 丑 [田]	巨 門 旺 子 [福]	貪 廉 狼 貞 陷 陷 亥 [父]

- 진술궁 태음성 명반 해설

진술궁 태음성 명궁의 경우 직장생활을 대표하는 격국인 '기월동량'을 구성하게 된다. 진술궁 명궁 태음이 기월동량을 구성하면 직장인으로 오랜 기간을 다니게 되며, 만약 사화가 받쳐주지 못하면 중소기업 수준의 직장인으로 지내고 길한 사화가 있으면 고위직 공무원이나 대기업 중역에도 이른다.

관록궁의 천동성, 천량성은 꾸준한 인맥과 커뮤니케이션, 관리를 상징하는 별들이기에 직장인으로 손색이 없다.

재백궁의 천기성은 재물을 관리함에 있어서 신경을 많이 쓰고 계획이 많으며 미리 예산을 짜고 움직이는 타입이라는 것을 보여준다. 그러므로 즉흥적인 지출이 적은 편이며, 적은 돈이라도 먼 미래를 살펴 저축하거나 운영하여 이익을 만들어 낸다.

만약 이 명궁이면서 사업을 하는 사람이 있다면 대부분 살파랑의 영향으로 약 10년 정도만 하는 것으로 생각해야 한다. 10년이 지나면 적성이 맞지 않아 그만두는 경우가 많기 때문이다. 그러므로 상담시 내담자가 사업을 하고 있다고 해서 시를 보정하거나 별을 다른 방법으로 해석할 필요는 없다.

경험상 대부분 그 경우에 속했으며, 그렇지 않은 경우 대기업의 하청을 받는 회사들 중에서도 월급 수준의 수익을 얻는 작은 크기의 회사를 운영하는 사람들이 가끔 있었다.

- 진술궁 태음성 명반 요약

1. 술궁 태음성 명궁은 남녀 모두 외모를 꾸미는 것을 좋아하며 변화가 많고 꼼꼼한 성격을 가진다. 외모에 관심이 없다면 자신이 좋아하는 캐릭터·연예인 등에 관심이 많다.
2. 술궁 태음성 명궁은 부처궁이 공궁이 되어 여명의 경우 결혼을 하면 직업을 잃고 결혼을 하지 않은 사람은 오랫동안 직업을 유지한다.
3. 남명의 경우 결혼한 대운에서 일시적으로 운세가 기울어 직장을 옮기게 되는

제2조

경우가 있다. 그러나 운세가 기우는 것은 약 4년 정도의 기간에 해당한다.

4. 겉으로는 선한 말과 부드러운 눈길을 갖고 있지만 마음속으로는 눈 앞에 있는 사람을 비평하며 선을 그어 자신의 도덕적 기준으로 가까이할 사람인지 멀리할 사람인지를 빠르게 판단한다.
5. 술궁 태음성 명궁은 재물에 대한 관심이 많아 같은 적금을 들어도 은행마다 이율을 꼼꼼히 확인하고 보험을 들어도 무엇이 이익인지 따져보는 성격이다.
6. 술궁 태음성 명궁은 위험성이 있는 고수익 투자보다는 안정성이 높은 투자를 원한다.
7. 진궁 태음성 명궁은 태음성이 한하여 외모가 순해 보이지 않는다. 일부 얼굴에 흠이 있으며 탈모가 있거나 낯빛이 어둡거나 눈이 아주 작은 편이다.
8. 진궁 태음성 명궁은 태음성이 한하지만 그 부정적 영향이 남아 거짓을 쉽게 말하거나 말이 자주 바뀌거나 약속을 지키지 않는 성향이 있다.
9. 진궁 태음성 명궁은 술궁과 같은 기월동량을 구성했으면서도 태음이 한하여 한 직장을 오래 다니고자 하는 의지가 없어서 직업에 대한 갈등이 항상 따른다.
10. 진궁 명궁 여명은 태음성이 한이 되어 있는 영향으로 결혼을 아주 늦게 한다.

5. 사해궁 염정성, 탐랑성의 명반 해설과 요약

貪 廉 狼 貞 陷 陷 巳 [命]	巨 門 旺 午 [父]	天 相 閑 未 [福]	天 天 梁 同 陷 旺 申 [田]
太 陰 閑 辰 [兄]	命宮在巳		武 七 曲 殺 旺 閑 酉 [官]
天 府 平 卯 [夫]			太 陽 陷 戌 [奴]
寅 [子]	破 紫 軍 微 旺 廟 丑 [財]	天 機 廟 子 [疾]	亥 [遷]

巳 [遷]	天 機 廟 午 [疾]	破 紫 軍 微 廟 廟 未 [財]	申 [子]
太 陽 旺 辰 [奴]	命宮在亥		天 府 陷 酉 [夫]
武 七 曲 殺 陷 陷 卯 [官]			太 陰 旺 戌 [兄]
天 天 梁 同 廟 閑 寅 [田]	天 相 廟 丑 [福]	巨 門 旺 子 [父]	貪 廉 狼 貞 陷 陷 亥 [命]

• 사해궁 염정성, 탐랑성 명반 해설

사해궁 염정성, 탐랑성이 명궁인 2조들의 경우 도화가 중첩되면서 다른 조에 비해 극단적인 도화를 사용한다. 극단적인 도화란 바로 유흥 업종에 속하는 것인데 필자가 만나본 사람들 중에는 룸살롱을 두세 개씩 운영하는 사람부터 노래방, 매춘 등 주로 밤에 일하는 형태를 많이 띠었고, 그로 인해 관록궁의 무곡성, 칠살성을 '주먹계'와 연결한 사람들이 많았다. 예체능 계통으로 만난 사람들 역시 발레, 누드모델 등 몸매를 많이 드러내는 직종을 가지고 있었다. 또, 염정성과 탐랑성이 동궁 했기에 도화의 속성이 두드러져 집착과 소유욕이 강하여 남들이 이해하지 못할 정도로 자신이 가지지 못한 것에 대하여 집착이 심하다.

때문에 길한 사화가 많을수록 재물이 커지고 성취가 많으며, 현실적인 감각이 뛰어나고, 공겁이 삼방에서 비켜나가면 재물이 흩어지는 현상이 줄어들어 이익이 더욱 많아진다. 특히 재물궁의 자미성과 파군성은 큰돈을 운영하는 능력을 보여주기도 하고, 자신의 욕심과 욕구에 비해 적절하게 체면치레도 할 줄 아는 모습을 나타낸다.

만약, 삼방에 '록권과'가 없이 '기(化忌)'만 있는 경우는 사회활동이 어려우며 하는 일마다 시비가 걸려 유시무종으로 고생만 하고 수확을 거두지 못하는 경우가 된다. 화기와 다른 사화가 삼방에서 서로 회조하는 경우도 있는데 이 경우에는 화기가 있는 궁에 시비가 많으며 길한 사화가 있는 궁에 성취가 있는 것으로 판단하면 된다.

• 사해궁 염정성, 탐랑성 명반 요약

1. 사궁 명궁이 관록궁의 칠살성이 한이 되어 폭력적인 성향은 줄어들고 무곡성의 긍정적인 힘이 강해진다. 그래서 해궁 염탐이 갖는 부정적인 영향(유흥업, 폭력계, 범죄 등)이 많이 줄어든다.
2. 사해궁 명궁의 경우 천형성을 삼방에 두면 군인·경찰 등으로 종사하는 사람이 있으며 그와 반대로 법에 쫓기는 범죄자가 될 수도 있다. 천형성을 자신이 이롭

게 쓰는지 불리하게 쓰는지에 따라 인생이 격변한다.

3. 사궁 명궁의 부처궁은 천부성이기에 자신의 흠을 감싸줄 수 있는 자애로운 배우자를 만난다.
4. 사궁 명궁이 염정성을 목기(학문. 명예)로 사용하는 경우 왕성한 활동력으로 정치계에 입문하는 사람들이 많다. 그러나 염정성의 탐욕으로 인해 뇌물·청탁 등을 거절하지 못하여 대운에서 천형성을 볼 때 망신을 당할 수 있다.
5. 사궁 명궁의 특수성은 인성이 없다는 것인데 복덕궁에 천상성이 한 하기에 문창 문곡이 삼방에 들지 못하면 남에게 기대서 뜻을 이루어야 하는 괴로움이 생긴다.
6. 해궁 명궁은 씀씀이가 큰 편이며 어두운 계통(폭력·범죄·불법)의 일에 쉽게 유혹당한다.
7. 해궁 명궁은 사궁 명궁과는 달리 복덕궁의 천상성이 밝기에 문서에 관련된 문제가 생기면 우연히 타인이 도와주는 경우가 많다.
8. 해궁 명궁이 예능계로 진출할 경우 스폰을 받거나 접대를 많이 하는 편이 된다. 만약 스포츠 계통으로 나간다면 대성하는 경우가 많다.
9. 해궁 명궁이 정치를 할 수는 있으나 앞에 나서는 것보다는 뒤에서 운영하는 것이 어울린다.
10. 해궁 명궁이 사업을 하는 경우에는 작은 사업체를 여러 개 운영하며 사궁 명궁 염탐은 한 사업체를 크게 키우는 것이 더 관심이 많다. 두 명궁 모두 일시적인 상황을 제외하고는 급여생활을 하기는 힘든 성격을 가지고 있다.

6. 자오궁 거문성의 명반 해설과 요약

貪 廉 狼 貞 陷 陷 巳 [兄]	巨 門 旺 午 [命]	天 相 閑 未 [父]	天 天 梁 同 陷 旺 申 [福]
太 陰 閑 辰 [夫]	命宮在午		武 七 曲 殺 旺 閑 酉 [田]
天 府 平 卯 [子]			太 陽 陷 戌 [官]
寅 [財]	破 紫 軍 微 旺 廟 丑 [疾]	天 機 廟 子 [遷]	亥 [奴]

巳 [奴]	天 機 廟 午 [遷]	破 紫 軍 微 廟 廟 未 [疾]	申 [財]
太 陽 旺 辰 [官]	命宮在子		天 府 陷 酉 [子]
武 七 曲 殺 陷 陷 卯 [田]			太 陰 旺 戌 [夫]
天 天 梁 同 廟 閑 寅 [福]	天 相 廟 丑 [父]	巨 門 旺 子 [命]	貪 廉 狼 貞 陷 陷 亥 [兄]

• 자오궁 거문성의 명반 해설

거문성이 명궁인 경우 항상 거문성이 태양성을 따라가는 것이지, 태양성이 거문성을 따라 가는 것이 아니므로 구류술사들에 많은 조합이다. 직업으로는 프리랜서 학원강사, 무역업, 세일즈, 비정규 교수, 텔레마케터, 보험영업이 많다.

거문성과 태양성이 사해궁에서만 역마의 기능을 가지는 것이 아니라 다른 위치에서도 역마의 기능을 가지게 되는데, 역마가 발동할 때는 대부분 거문성을 기준으로 발동하는 것을 확인할 수 있었고, 대궁으로 놓인 거일 보다 삼방에 놓인 거일이 그 역마의 거리가 짧다는 것도 참조할 만하다. (대궁거일-해외 등 먼 거리, 삼방거일-국내, 또는 짧은 거리)

거문성은 말을 하는 기능이 탁월해서 전공 분야에서 되도록 말을 많이 하는 분야로 옮겨야 한다. 설령 귀찮다고 해도 자신의 적성과 능력이 거기에 있기 때문이다.

• 자오궁 거문성 명반 요약

1. 자오궁 명궁은 삼방에 거일이 배치되므로 역마의 거리가 짧다. 또, 대운이라고 해도 역마의 기간이 짧다.
2. 명궁이 거문성이므로 어느 분야에서든 설득하거나 구분하거나 협상하는 것을 직업으로 삼을 때 자신의 특성과 어울려 오랫동안 일을 할 수 있다.
3. 오궁 명궁은 관록의 태양성이 어두워 이름을 알리기 어려우며 자신이 이룬 것을 남들이 알기 어렵다. 반대로 자궁 명궁 거문성은 관록궁 태양성이 밝아 자신의 이름을 알리기 쉽다. 그것은 마치 병원에서 환자를 치료할 때 수술하는 의사보다 회복을 돕는 간호사가 더 오래 일을 하지만 간호사가 유명해지지 않는 것과 같은 이치이다.
4. 만약 연예인을 한다면 언더그라운드 활동이 주가 되는데 공중파, 케이블 보다는 인터넷방송 쪽으로 흐르는 경우가 많다. 자궁 명궁의 경우는 반대로 자신의 이름을 알릴 수 있는 기회가 있다.

5. 오궁 명궁은 유통업을 한다면 외국보다는 국내에서 먼 거리로 거래하는 것이 이롭다.
6. 오궁 명궁은 부처궁에 태음이 한이 되어 배우자가 자기 역할을 하기 어렵다. 그래서 주말 부부가 되거나 별거하는 부부가 많다.
7. 오궁 명궁은 매사에 걱정이 많으며 확실하지 않은 것을 두려워하는 성격 때문이다. 반대로 자궁 명궁은 배우자가 안정적이며 조력자의 역할을 할 수 있다.
8. 자궁 명궁은 복덕궁에 천량성이 밝아 걱정이 있다해도 스스로 해결책을 찾아내는 편이다.

7. 축미궁 천상성의 명반 해설과 요약

貪 廉 狼 貞 陷 陷 巳 [夫]	巨 門 旺 午 [兄]	天 相 閑 未 [命]	天 天 梁 同 陷 旺 申 [父]
太 陰 閑 辰 [子]	命宮在未		武 七 曲 殺 旺 閑 酉 [福]
天 府 平 卯 [財]			太 陽 陷 戌 [田]
寅 [疾]	破 紫 軍 微 旺 廟 丑 [遷]	天 機 廟 子 [奴]	亥 [官]

巳 [官]	天 機 廟 午 [奴]	破 紫 軍 微 廟 廟 未 [遷]	申 [疾]
太 陽 旺 辰 [田]	命宮在丑		天 府 陷 酉 [財]
武 七 曲 殺 陷 陷 卯 [福]			太 陰 旺 戌 [子]
天 天 梁 同 廟 閑 寅 [父]	天 相 廟 丑 [命]	巨 門 旺 子 [兄]	貪 廉 狼 貞 陷 陷 亥 [夫]

• 축미궁 천상성 명반 해설

실제 상담 시 보기에 드문 명반이지만, 대부분은 일이 없는 실직 상태다. 대표적인 '무직(無職)'이라는 현상이 많이 나타난다. 2조 자체에 고집이 세고, 자기 마음에 드는 일만 한다는 특징이 있고, 천상은 기획의 별 임에도 불구하고 실제로 제힘을 발휘하기 어렵다. 살파랑의 구조처럼 행동력을 부여하는 별이 삼방 어디에도 없고, 사회활동을 상징하는 관록궁도 공궁이 되기 때문이다. 가끔씩 이 부상격이 은행, 일반 회사 경리, 사무 등의 일을 하는 것을 본적이 있는데, 직장을 번번이 옮겨 다니며 직장에 대한 자부심이나 미래에 대한 확신 없이 단지 돈을 모으기 위해 다니는 경우가 많다. 또, 도움을 주고받아야 할 협궁의 주성 자체가 원만한 성향의 별들로 배치되기에, 별의 기운으로 볼 때 스스로 성공하기에 어려운 조합이다.

명궁의 천상성은 스스로 많은 계획을 하고 크든 작든 체계적으로 관리하는 것을 좋아하며, 논리적인 것을 잘 믿고 똑똑하며 사람들과 잘 어울린다. 예전 같으면 귀한 격의 사람이다. 하지만 사람의 마음을 움직일 '욕망'이라는 단계에 필요한 별이 없기에 삶이 약간은 추상적이고 이상적이어서 남들이 볼 때 대책 없이 사는 사람으로도 보인다.

권장하는 직업으로는 은행원과 공무원 또는 중소기업 관리직 등이 있고, 여자의 경우 경리직, 일반사무직, 그리고 가정주부로 평생 살아가는 사람들도 있다.

• 축미궁 천상성 명반 요약

1. 미궁 명궁은 천상성이 한하기 때문에 인성의 역할을 하지 못하므로 취업이 어려운 편이며 매사 무주공산이 될 가능성이 높다.
2. 미궁 명궁은 관록궁이 공궁이 되어 결혼하지 않은 경우 20대 후반부터 부처궁의 염탐을 관록궁으로 사용할 수 있게 되는데, 이 경우 밤에 일하는 직업에 종사할 수 있다.
3. 미궁 명궁이 위의 경우가 아니라면 각 대운에 배치된 관록궁의 별의 영향을 최

대한 받아서 취업하는 경우도 있다. 그러나 선천 관록궁 공궁의 영향으로 그 일을 오래하지는 못한다.

4. 미궁 명궁은 자신이 일하는 것보다 배우자가 일해서 협력하는 관계로 사업하는 경우가 많다.
5. 미궁 명궁은 재물을 모으려 노력하지만 생각 외로 지출에 품위가 커서 잘 모으지 못한다.
6. 축궁 명궁은 명궁의 천상성이 밝아 인성의 역할을 최대로 할 수 있으며 이로 인해 관록궁이 공궁이어도 각 대운마다 취업을 잘할 수 있다.
7. 축궁 명궁은 직업으로 주식, 은행, 회계, 세무 등을 하며 다른 쪽으로는 계약 관련한 직업인 부동산 중계업, 매니지먼트 등 계약을 대리해주는 것을 직업으로 삼기도 한다.
8. 축궁 명궁은 부처궁의 염탐을 관록궁으로 차성안궁하는 경우 배우자의 도움을 얻어 자신이 직접 투기사업에 뛰어들기도 한다.
9. 축미궁 명궁은 이성관이 음란한 편이다. 그렇지 않다면 배우자가 음란한 경우도 있다.
10. 축미궁 명궁은 겉으로는 온화하나 성격은 날카롭고 마음에 들지 않는 상대는 단칼에 잘라낸다.

제2조

8. 인신궁 천동성, 천량성의 명반 해설과 요약

貪 廉 狼 貞 陷 陷 巳 [子]	巨 門 旺 午 [夫]	天 相 閑 未 [兄]	天 天 梁 同 陷 旺 申 [命]
太 陰 閑 辰 [財]			武 七 曲 殺 旺 閑 酉 [父]
天 府 平 卯 [疾]	命宮在申		太 陽 陷 戌 [福]
寅 [遷]	破 紫 軍 微 旺 廟 丑 [奴]	天 機 廟 子 [官]	亥 [田]

巳 [田]	天 機 廟 午 [官]	破 紫 軍 微 廟 廟 未 [奴]	申 [遷]
太 陽 旺 辰 [福]			天 府 陷 酉 [疾]
武 七 曲 殺 陷 陷 卯 [父]	命宮在寅		太 陰 旺 戌 [財]
天 天 梁 同 廟 閑 寅 [命]	天 相 廟 丑 [兄]	巨 門 旺 子 [夫]	貪 廉 狼 貞 陷 陷 亥 [子]

- 인신궁 천동성, 천량성 명반 해설

인신궁 천동성, 천량성 명궁은 관록궁이 천기성, 재백궁이 태음성이다.

이들은 항상 불평불만이 많아서 회사를 자주 옮겨 다닌다. 관록궁이 천기성이라 '내가 머리를 써서 일을 다 하지만 사장이 그 돈을 모두 가져간다'고 생각하기 때문이다. 그래서 자신은 늘 부당한 대우를 받는다고 여기게 되는데, 이는 천기성이 2인자의 별이면서 1인자보다 재능이 뛰어나기 때문에 그렇다. 그리고 이들은 좀 더 나은 대우를 해주는 윗사람을 찾아다니고, 또 매번 직장을 잘 구해 이직한다.

그 힘은 바로 커뮤니케이션의 별인 천동성에서 나오는데 직장을 옮겨다니면서 윗사람 험담을 하는 사람들은 대부분 2조의 동량이 명궁인 경우에 많이 나타난다.

재백궁이 태음성이라는 것은 월주기[滿月循環]마다 들어오는 재물을 뜻해서 월급을 받는 형태로 본다.

이 명궁에서 주의해야 할 점은 명궁의 천량성이 집착의 힘을 발휘할 때이다.

만약 잘못 발휘되면 배우자에 대한 의부, 의처증으로 발전할 수도 있고, 동료 간에 지나친 간섭으로 오히려 주변인들에게 따돌림을 받을 수도 있다.

그러므로 천량성에 대한 에너지를 스스로 잘 절제해야 한다.

- 인신궁 천동성, 천량성 명반 요약

1. 신궁 명궁은 천량성이 어두워 매사에 걱정이 많으며 낯빛이 어두운 편이나 대인관계는 부드러운 편이다.
2. 신궁 명궁은 관록궁 천기성의 영향으로 기획, 계산, 관리 등의 직업을 갖게 되며 만약 다른 일을 한다 해도 40대 대운이 지나면 천기성의 특징에 해당하는 것을 직업으로 삼는다.
3. 신궁 명궁은 부처궁의 거문성이 악성의 역할을 하여 부부간 매사에 다툼이 많고 떨어져 지내는 일도 많다. 그렇지 않다면 밝은 거문성의 영향을 배우자가 직업으로 해소하는 경우 악성의 힘이 줄어들어 가정이 편안 해진다.

4. 신궁 명궁 동량은 복덕궁에 태양성이 어두워 사회복지 또는 타인을 돕는 것, 종교 등에 관심이 많으나 실천하기는 어렵다.
5. 인궁 명궁은 천량성이 밝아 얼굴은 노숙하나 낯빛은 밝다.
6. 인궁 명궁은 사회복지, 종교, 장애인단체 등에 취업하는 경우가 많은데 이는 복덕궁에 태양성이 밝아 타인을 위해 봉사하는 것에 대한 관심이 많기 때문이다. 단, 명궁에 천동성이 한이기에 대인관계는 생각보다 원만하지 않다.
7. 인궁 명궁은 명궁에 천량성이 밝아 부처궁의 거문성을 잘 다룰 수 있어 가정사가 어렵지 않다.
8. 인궁 명궁은 대기업과 공무원까지는 어렵지만 중소기업, 준 공무원 정도는 쉽게 취업할 수 있다. 만약 정치로 진출한다면 높은 자리의 비서 역할로 경력을 쌓아 노후쯤에는 자신이 높은 자리에 오를 수 있다.

9. 묘유궁 무곡성, 칠살성의 명반 해설과 요약

<table>
<tr><td>貪 廉
狼 貞
陷 陷
巳 [財]</td><td>巨
門
旺
午 [子]</td><td>天
相
閑
未 [夫]</td><td>天 天
梁 同
陷 旺
申 [兄]</td></tr>
<tr><td>太
陰
閑
辰 [疾]</td><td rowspan="2" colspan="2">命宮在酉</td><td>武 七
曲 殺
旺 閑
酉 [命]</td></tr>
<tr><td>天
府
平
卯 [遷]</td><td>太
陽
陷
戌 [父]</td></tr>
<tr><td>寅 [奴]</td><td>破 紫
軍 微
旺 廟
丑 [官]</td><td>天
機
廟
子 [田]</td><td>亥 [福]</td></tr>
</table>

<table>
<tr><td>巳 [福]</td><td>天
機
廟
午 [田]</td><td>破 紫
軍 微
廟 廟
未 [官]</td><td>申 [奴]</td></tr>
<tr><td>太
陽
旺
辰 [父]</td><td rowspan="2" colspan="2">命宮在卯</td><td>天
府
陷
酉 [遷]</td></tr>
<tr><td>武 七
曲 殺
陷 陷
卯 [命]</td><td>太
陰
旺
戌 [疾]</td></tr>
<tr><td>天 天
梁 同
廟 閑
寅 [兄]</td><td>天
相
廟
丑 [夫]</td><td>巨
門
旺
子 [子]</td><td>貪 廉
狼 貞
陷 陷
亥 [財]</td></tr>
</table>

• 묘유궁 무곡성, 칠살성 명반 해설

묘유궁 무곡성, 칠살성 명궁은 활동 에너지가 강한 별이 두 개나 동궁 했기에 몸집이 크거나, 폭력적 성향이 될 가능성이 높다. 그래서 형사, 운동선수, 레저 스포츠 강사, 건달, 군인, 건축관련 사업 등을 하는데, 그 성공 유무는 삼방에 드는 록권과를 통해 성공을 하는지 중도에 포기하는 지로 알 수 있다. 삼방에 사화가 두 개 이상 들어있는 경우 군의 장성에 이르는 사람도 있었고, 어떤 사람은 그 정도의 사화로 중견기업의 회장도 되어 있었다.

명궁 염정성, 탐랑성인 사람과 차이가 나는 이유는 무곡성, 칠살성이 명궁일 때 관록궁이 자미성, 파군성이 되면서 사회적인 명예와 행동의 결실을 얻을 수 있는 구조를 만들기 때문이다.

재백궁의 염정성, 탐랑성은 자신의 목적을 위해서 뒷거래나 뇌물 등을 거리낌 없이 주고받을 수 있는 형태로 현대사회에서 적응력이 뛰어나기 때문이다.

그러나 이들의 특징은 어렸을 때는 두각을 나타내지 못하고 30대 중 후반부터 자신의 길을 찾아 시도하며 40대 후반에서 50대에 성취가 가능하다.

그래서 어렸을 때의 모습은 오히려 그릇이 작아 보이고 경쟁에 쳐지는 듯하다가 중년이 넘어서면 남들보다 훨씬 앞서 나가기도 한다.

이 명궁에서 불길한 것은 화기와 천형인데 화기는 시비를 통해 기회를 놓치거나 성취한 것을 흩어 놓고, 천형은 손발을 묶어 신체장애를 입거나 송사(訟事)가 많아 일을 무산되게 만드는 것으로 작용한다. 활동 에너지가 넘치는 명궁이기에 그 두 가지가 삼방에 들면 그로 인해 성취가 1/3으로 줄어든다.

• 묘유궁 무곡성, 칠살성 명반 요약

1. 묘유궁 명궁은 30대까지는 매사에 성취가 어렵다. 무곡성과 칠살성이 어두워 매사 시작은 할 수 있지만 끌고 가는 힘이 부족해서 타인의 도움이 필요하기 때문이다.

2. 그러나 20대 중 후반, 30대 초반에 결혼을 하는 경우 부처궁 천상성인 배우자의 도움을 얻어 성취를 시작할 수 있다.
3. 관록궁의 자미성, 파군성으로 인해 자신이 하는 일의 뜻은 높으나 그것을 현실화하는 것은 40대 중반이 되어야 가능하다.
4. 묘유궁 명궁은 복덕궁이 공궁이 되어 생각보다 행동을 우선시하며 자신이 살아온 모습에 따라 얼굴이 쉽게 바뀐다.
5. 묘유궁 명궁은 재백궁에 염정성과 탐랑성이 있어 재물에 대한 태도가 집착 적이며 염탐이 어두우므로 비리, 뇌물 등 정상적이지 않은 이익도 죄책감 없이 추구하는 편이다.
6. 유궁 명궁은 칠살성이 한이 되어 성격이 묘궁 명궁 무살보다 부드러운 편이다.
7. 유궁 명궁은 부처궁의 천상성이 한이 되어 배우자의 역할이 부족하므로 모든 문제를 자신이 해결해야 하는 피곤함이 있다.
8. 유궁 명궁은 묘궁 명궁보다 사업에 대한 성취가 높은 편이며 밤에 일하는 것보다는 낮에 일하는 직종을 많이 갖는다.
9. 묘유궁 명궁 모두 직장생활보다는 개인사업을 하는 경우가 많은데 그 중에 특히 유궁 명궁은 일시적으로 직장생활을 하는 것도 어렵다.

10. 진술궁 태양성의 명반 해설과 요약

貪 廉 狼 貞 陷 陷 巳 [疾]	巨 門 旺 午 [財]	天 相 閑 未 [子]	天 天 梁 同 陷 旺 申 [夫]
太 陰 閑 辰 [遷]	命宮在戌		武 七 曲 殺 旺 閑 酉 [兄]
天 府 平 卯 [奴]			太 陽 陷 戌 [命]
寅 [官]	破 紫 軍 微 旺 廟 丑 [田]	天 機 廟 子 [福]	亥 [父]

巳 [父]	天 機 廟 午 [福]	破 紫 軍 微 廟 廟 未 [田]	申 [官]
太 陽 旺 辰 [命]	命宮在辰		天 府 陷 酉 [奴]
武 七 曲 殺 陷 陷 卯 [兄]			太 陰 旺 戌 [遷]
天 天 梁 同 廟 閑 寅 [夫]	天 相 廟 丑 [子]	巨 門 旺 子 [財]	貪 廉 狼 貞 陷 陷 亥 [疾]

• 진술궁 태양성 명반 해설

진술궁 명궁의 경우 앞서 말했듯이 역마의 에너지가 되기 위해서는 거문성과 태양성이 대궁배치가 되어야 하지만, 이 경우에는 태양성이 중심으로 삼방으로 회조했기에 역마의 기운이 크지 않다.

태양성은 자신의 빛을 비추어 주는 힘이기에 이것저것 자신이 도와주거나 해결해줘야 할 일이 많다. 그에 따라 당연히 걱정도 많다.

천량성이 관리의 차원에서 부족하거나 필요한 자원 때문에 걱정하는 별이라면, 태양성은 타인을 위하거나 남에게 도움을 주기 위해 걱정을 한다.

이 두 별은 분명한 차이가 있다. 그래서 돌봐야 할 일과 주변에 사람이 많은 것이 특징이다.

재백궁은 거문성이 되고, 관록궁은 공궁이 된다. 이런 경우에는 직업은 주체가 없고, 단지 돈을 벌기 위해서는 말을 많이 하거나 그만큼 알려져야 한다. 그렇기에 말을 하는 능력을 타고나 관련 업종에서는 꽤 유능 하지만, '관록궁 공궁'이란 약점 때문에 일생 동안 직장이나 업종을 계속 옮겨 다닌다. 성격은 온순하지만 대충 넘어가는 일이 없고 일일이 파헤치기 때문에 인간관계가 넓으나 오래가지 않고 사람을 믿는데 시간이 많이 걸리는 편이다. 대신 사람을 믿기 시작하면 웬만한 일로는 관계가 쉽사리 바뀌지 않는다.

• 진술궁 태양성 명반 요약

1. 술궁 명궁은 태양성이 어둡기 때문에 자신의 능력이 부족하여 생각하는 만큼 움직이기 어렵고 혼자서는 자신을 알리기 힘들다.
2. 술궁 명궁은 재백궁의 거문성으로 인해 직업은 말을 하는 것으로 삼으며 그와 관련된 직종이라면 어느 것에도 어울린다.
3. 술궁 명궁은 부처궁의 천량성이 어둡기 때문에 배우자와의 관계가 원만하지 않으며 흉성이 있는 경우 의처증, 의부증으로 드러나기도 한다. 때로는 청소년

기에 스토커를 만나 고생하기도 한다.

4. 술궁 명궁의 관록궁은 공궁이 되기에 매 대운마다 직업의 형태가 바뀌지만 직업을 말 하는 것으로 삼는다면 직장만 바뀌고 직종은 바뀌지 않는다.
5. 진궁 명궁은 태양성이 밝기 때문에 술궁 명궁보다 성취가 높으며 사화(화기)가 방해하지 않는다면 대운 관록궁이 살파랑과 마주칠 때 뜻을 이룰 수 있다.
6. 진궁 명궁은 부처궁의 천량성이 밝아서 배우자와의 문제가 적으며 오히려 도움을 받는 경우가 많다.
7. 진술궁 명궁 모두 복덕궁의 천기성이 밝기에 매사에 논리적이며 탁월한 아이디어를 생각해낸다. 그렇지 않은 경우 얼굴이 노숙해진다.
8. 진술궁 명궁 모두 만약 취업하여 오래 다니고자 한다면 그 업종을 조사직, 감찰직, 연구직, 감별직, 사회봉사직, 의술 등 무언가의 숨겨진 것을 밝히거나 평가하거나 보살피는 것을 일로 삼아야 한다.

11. 사해궁 공궁의 명반 해설과 요약

貪 廉 狼 貞 陷 陷 巳 [遷]	巨 門 旺 午 [疾]	天 相 閑 未 [財]	天 天 梁 同 陷 旺 申 [子]
太 陰 閑 辰 [奴]	命宮在亥		武 七 曲 殺 旺 閑 酉 [夫]
天 府 平 卯 [官]			太 陽 陷 戌 [兄]
寅 [田]	破 紫 軍 微 旺 廟 丑 [福]	天 幾 廟 子 [父]	亥 [命]

巳 [命]	天 幾 廟 午 [父]	破 紫 軍 微 廟 廟 未 [福]	申 [田]
太 陽 旺 辰 [兄]	命宮在巳		天 府 陷 酉 [官]
武 七 曲 殺 陷 陷 卯 [夫]			太 陰 旺 戌 [奴]
天 天 梁 同 廟 閑 寅 [子]	天 相 廟 丑 [財]	巨 門 旺 子 [疾]	貪 廉 狼 貞 陷 陷 亥 [遷]

- 사해궁 공궁 명반 해설

사해궁 공궁이 명궁이 되면 천부성 천상성의 구조를 가진다.

삼방에 보좌성인 문창 문곡과 귀인성을 보지 못하면 힘이 부족해 공궁 명궁을 살리기 어렵게 된다. 명궁이 공궁이면 그 자체로도 귀가 얇은 편에 속하고, 중심 없는 고집이 강한데 2조의 자미성, 파군성의 형태는 공궁과 유사하여 두 가지 영향이 더욱 강하게 나타난다.

다만 관록궁이 공궁이 아니어서 천부성의 특징인 창고, 금고, 관리, 보살핌 등의 에너지가 작용하여 직업으로는 간호사, 간호조무사, 어린이집 근무, 은행원, 일반 사무직 등이 있다.

재백궁의 형태는 천상성의 영향을 받아 재물을 불리는데 관심이 많고 계획이 많은 편이지만 실행력이 부족하여 사화나 보좌성의 도움 없이는 이득을 얻기 힘들다.

차성안궁의 경우 대궁의 염탐이 명궁으로 이동해야 하는데 첫 번째 조건은 해외로 이민 가서 사는 경우에 해당하고 두 번째 조건은 이 사람이 염탐에 해당하는 사건을 힘들게 겪어내는 대운에서 염탐의 기운을 사용할 수 있게 된다.

- 사해궁 공궁 명반 요약

1. 해궁 명궁은 재백궁의 천상성이 한하여 타인의 조력이 없이는 재물운이 부족하다. 그래서 타인의 재물을 관리하는 것이 이 사람의 직업이 될 수 있다.
2. 해궁 명궁은 부처궁의 칠살성이 한하고 무곡성이 왕하여 배우자의 도움으로 재백궁을 보완할 수 있다.
3. 사해궁 명궁은 천이궁의 염탐을 차성안궁하기 위해서는 이민을 가거나 혹은 이성으로 인한 난 또는 비리에 연관된 사건 등을 호되게 겪은 후에 사용하는 경우도 있다.
4. 해궁 명궁은 관록궁의 천부성이 평하여 큰 금융회사보다는 작은 회사를 다니게 된다.

5. 해궁 명궁은 복덕궁의 자미성, 파군성 때문에 인상이 선하고 눈이 크며 낯빛이 밝아 자파 명궁으로 오인하는 경우가 흔하다.
6. 사궁 명궁은 관록궁의 천부성이 함하여 금고의 크기가 작아 작은 규모의 창고, 금융, 주식 등을 관리하게 되고 재백궁의 천상성이 밝아 경리, 재정관리 등의 일을 할 때 이익이 많다. 또는 계약을 대행하는 직업을 갖기도 한다.
7. 사궁 명궁은 부처궁의 무곡성, 칠살성이 모두 함하여 배우자와의 관계가 좋지 않다.
8. 인신사해궁이 명궁이 될 때 모두 역마의 기운을 가지고 태어나는데 사궁 명궁의 경우 길게는 이민, 짧게는 출장 및 이동하는 것이 직업이 될 수 있다.
9. 사해궁 명궁 공궁은 2조 임에도 불구하고 관록궁, 재백궁에 부동성이 배치됐기 때문에 활동적이지 않다. 오히려 개인사업보다는 급여 생활을 좋아한다.

12. 자오궁 천기성의 명반 해설과 요약

<table>
<tr><td>貪 廉
狼 貞
陷 陷
巳 [奴]</td><td>巨
門
旺
午 [遷]</td><td>天
相
閑
未 [疾]</td><td>天 天
梁 同
陷 旺
申 [財]</td></tr>
<tr><td>太
陰
閑
辰 [官]</td><td colspan="2" rowspan="2">命宮在子</td><td>武 七
曲 殺
旺 閑
酉 [子]</td></tr>
<tr><td>天
府
平
卯 [田]</td><td>太
陽
陷
戌 [夫]</td></tr>
<tr><td>寅 [福]</td><td>破 紫
軍 微
旺 廟
丑 [父]</td><td>天
機
廟
子 [命]</td><td>亥 [兄]</td></tr>
</table>

<table>
<tr><td>巳 [兄]</td><td>天
機
廟
午 [命]</td><td>破 紫
軍 微
廟 廟
未 [父]</td><td>申 [福]</td></tr>
<tr><td>太
陽
旺
辰 [夫]</td><td colspan="2" rowspan="2">命宮在午</td><td>天
府
陷
酉 [田]</td></tr>
<tr><td>武 七
曲 殺
陷 陷
卯 [子]</td><td>太
陰
旺
戌 [官]</td></tr>
<tr><td>天 天
梁 同
廟 閑
寅 [財]</td><td>天
相
廟
丑 [疾]</td><td>巨
門
旺
子 [遷]</td><td>貪 廉
狼 貞
陷 陷
亥 [奴]</td></tr>
</table>

• 자오궁 천기성 명반 해설

천기성이 명궁인 사람은 계획과 운영에 뛰어나며 아이디어나 기획, 모사에 능하다. 또, 2인자의 일을 할 때 부담 없이 능력을 발휘한다. 그런데 천기성이 밝지 않은 경우(묘와 왕의 아래 밝기인 경우) 다른 사람의 입장에서는 배신자가 된다. 화기까지 붙게 되면 반드시 배신자의 명이라고 할 수 있는데, 이쪽이 싫어 저쪽으로 옮길 때 자신이 속했던 곳의 비밀이나 정보 등을 끌고 가기에 그런 말을 듣는다.

관록궁은 태음성이 되기에 꾸준한 직업을 가져야 하고, 재백궁이 천동성 천량성이라 돈에 대한 걱정이 많은 편인데 그래도 천동성의 힘으로 인해 꾸준한 돈을 버는 힘이 있다. 만약 삼방에 흉성이나 공겁이 회조하면 이들은 직업을 몇 개월, 매년마다 바꾸고, 흉성이나 공겁이 없다면 규모가 작은 회사에 꾸준히 다니며 성실함을 인정받기도 한다. 길한 사화와 보좌성이 많이 회조된 사람은 오히려 높은 공무원이나 기업체 중역이 되기도 하므로 이 명에 대해서는 명궁의 별만으로 선입견을 갖는 것을 조심해야 한다.

직업으로는 일반 관리직, 사무, 기획, IT, 주식 투자, 재무관리, 비서 등이 잘 맞고, 운영하면 불리한 직업은 식당, 독립사업, 소규모의 장사 등이다. 실제로 운영이 안 되기보다는 적성이 맞지 않아 중도에 포기하게 된다.

• 자오궁 천기성 명반 요약

1. 자궁 명궁은 관록궁의 태음성이 한이 되어 정규직보다는 비정규직으로 시간을 많이 보낸다.
2. 자궁 명궁 천기성은 재백궁의 천량성이 함이 되어 재물에 대한 고민과 노후생활에 대한 걱정이 많아 투자나 투기에 대한 관심이 많다.
3. 천동성의 힘으로 매번 재물로 인한 위기를 이겨낼 수 있다.
4. 자궁 명궁은 부처궁의 태양성이 함이 되어 배우자가 노숙하거나 잔소리가 많다.
5. 자궁 명궁은 이론과 지식에는 탁월하나 복덕궁이 공궁이 되어 자기의 의지보다

는 타인의 의지에 이용당하는 경우가 흔하다.

6. 오궁 명궁은 재백궁의 천동성이 한이 되어 기월동량의 형식만 갖출 수 있으므로 정규직은 할 수 있지만 자신의 지위나 급여가 높지 않다.
7. 자오궁 명궁은 모두 서로 대궁에 거문성을 두었기에 항상 외부로부터 비평을 듣는 입장에 처할 수 있다.
8. 오궁 명궁은 재백궁의 천량성이 밝아 적은 돈을 부풀리는데 관심이 많고 적은 돈에 투자해도 활동적으로 행동한다.
9. 오궁 명궁은 부처궁의 태양성이 밝아 배우자로부터 위안을 받거나 도움을 받을 수 있다.

제3조의
본성과 명궁 위치에 따른 논명

3조의 명반

巨門平巳	天相旺午 廉貞平	天梁旺未	七殺廟申
貪狼廟辰	紫微在寅		天同平酉
太陰陷卯			武曲廟戌
紫微廟寅 天府廟	天機陷丑	破軍廟子	太陽陷亥

太陽旺巳	破軍廟午	天機陷未	紫微廟申 天府平
武曲廟辰	紫微在申		太陰旺酉
天同廟卯			貪狼廟戌
七殺廟寅	天梁旺丑	天相廟子 廉貞平	巨門旺亥

3조의 본성

3조는 자미성이 도표와 같이 인(寅)궁과 신(申)궁에 배치된 모습이다.

3조의 명반 특징은 공궁이 하나도 없는 것인데, 14개의 주성이 모두 각 궁에 들어가고 자미성과 천부성, 천상성과 염정성만 한궁에 동궁한다. 그래서 모든 궁에 주성들이 들어 있고 그 궁의 주성에 영향을 강하게 받기에 매 대운, 매년 이들의 성격과는 무관하게 변화를 일으킨다.

3조의 경우 남두와 북두의 제왕인 자미성과 천부성이 동궁했다. 이 두 주성 은 활동하지 않는 부동성이면서도 정신적인 면에서는 가장 강력한 별들이다. 그래서 마치 태양성, 태음성이 동궁한 것과 같이 자미성과 천부성 간의 갈등이 많이 생기고, 각 유년과 대운의 주성에 따라 자미성과 천부성의 의지를 나누어 쓴다.

3조는 대인 관계에서 아주 강력한 에너지를 가지고 있다. 다만 그 관계를 오래 유지하기가 힘든 것이 문제가 되는데, 운의 흐름에 따라 목표가 달라지는 경향이 있어서 함께 움직이는 사람들과 목표 의식이 자주 바뀌기 때문이다.

또, 자미성과 천부성의 공통점은 남에게 베푸는 것과 해액하는 힘을 가지고 있다는 것이다. 그래서 주변 사람의 부탁을 많이 들어주고, 주변의 분쟁에 자주 휘말려 들어가며, 기꺼이 본인이 책임을 지려 한다. (사실 약삭빨라야 살아남는 현대에 3조가 가진 이런 면은 상당히 부정적인 역할을 한다.) 이들은 많은 고통을 겪은 후에야, 비로소 자신의 운명적 문제점을 이해하기 시작한다.

3조의 사람은 활동성이 주성이 되는 대운이나 유년에는 작은 성공을 하지만, 그 시기가 아닐 때는 사회적 체면치레와 현실적인 욕심이 충돌되는 과정이 반복되기만 할 뿐 결국 일이 잘 풀리지 않는다.

3조의 살파랑 역시 이상과 현실에서 갈등하는 모습이어서 다른 조의 격렬하고 역동적인 모습의 살파랑과 달리 고집스러워 보이기만 한다. 예를 들어 장사를 시작하면, 기꺼이 체면을 불구해야 하지만 그것을 극복하지 못하여 장사를 한다 해도 별로 소득이 없다.

그래서 차라리 3조는 진로에 있어 정신계, 예술, 창작, 개발, 기술 전문직, 상담가, 역학, 종교인, 프리랜서로 가는 것이 이롭다. 천부성의 영향으로 자신의 에너지로 남을 해액 시켜 줄 수 있는 장점과 더불어 남들과 커뮤니케이션을 잘 하고, 상대의 문제점을 잘 이해해 조언한다. 또 고급 교육의 기회를 얻지 못한 어떤 이들은 사회봉사나 역학과 같은 일에 종사한다.

3조의 본성 요약

3조에 해당하는 사람들은 아래의 특징을 잘 이해하고 자신의 명반을 관찰하며 흐름을 파악해야 한다. 특징이 다양하여 어느 것에 어울리고 어느 것에 좋다고 규정짓기 어려운 조이기 때문이다.

1. 대인 관계에서 손해 보는 입장에 놓이기 쉽기에 동업을 하는 경우 종내에는 손해를 입는다.
2. 일을 진행함에 있어서 따라오는 사람들의 입장을 헤아리지 않으면 부하들로부터 배신당하기 쉽다.
3. 미래에 관한 불안감과 더불어 '어떻게든 되겠지'라는 생각을 항상 하기 때문에 쉽게 게을러지고 대비하는 능력이 떨어진다.
4. 주변 사람들의 고민을 들어주는 일이 많으며 그 때문에 쓸데없는 시간 낭비, 남의 일에 끼어 욕 먹는 일이 많다.
5. 선한 분위기와는 달리 내면에 폭력적인 감성이 숨어 있어 화를 내는 경우에 극단적인 판단을 하는 경우도 많다.
6. 사회적인 위기(파산, 고소 등)에 빠져도 항상 구제를 받는 우연이 있어서 무책임한 면이 많다.

7. 타인이 볼 때 우유부단한 면이 많으므로 어떤 것을 계획하면 타인에게 먼저 말을 꺼내지 말고 혼자서 진행해야 한다. 타인들과 함께 하는 경우 유시무종으로 끝날 때가 많다.
8. 작은 이익을 쉽게 포기하기에 밑천이 부족하며, 작은 이익에 집착하기엔 체면이 서지 않는다는 생각으로 이익을 쉽게 포기한다.
9. 재능 부분에서 자신이 하는 일에 빠져들 때는 무섭게 빠져들고, 포기할 때는 너무 빠르게 포기한다.
10. 꿈을 너무 크게 가져 현실적인 감각이 부족한 편이다.
11. 모든 사람들과 거리낌 없이 친해지며, 여러 사람을 중재하는 능력은 탁월하다.
12. 거의 모든 분야에 쉽게 익숙해지고 금방 배우며, 어느 정도의 실력까지는 놀라울 정도로 빠르게 성장한다. 대신 그 때문에 한 분야에 끝까지 가는 이가 드물다.
13. 타인과 비교하여 자신이 불리할 때는 그 일을 빨리 포기해 버린다.
14. 3조의 직업은 다양해서 어느 한쪽을 직업으로 갖는다고 표현할 수는 없다. 다만 흐르는 대운의 방향에 따라 조금 더 현실적인 감각이 있는지 없는지를 구분하는 정도이다.
15. 머리를 쓰는 계통에서는 적성만 어느 정도 맞으면 두각을 나타내는 데, 단지 자신이 꿈꾸는 그림이 커서 동료들과 문제가 불거진다. 인간관계가 좋은 조에 해당하지만 일에 있어서 동료 간에 시기를 많이 받는다.
16. 직업은 한의학을 포함해 의료 계통으로 가는 경우 가장 안정적이다.
17. 사이비 종교나 정신세계에 빠지는 경우가 있으니 항상 경계해야 한다.
18. 사업을 할 때는 자신의 명의로 하는 것보다 타인의 사업을 보조하는 입장이 좋다.
19. 독립적인 사업을 하는 것보다 큰 직장에서 오랜 기간 다니는 것이 좋으나 스스로 이를 거부한다.
20. 유년 각 궁의 주성 영향에 따라 직업과 성격이 수시로 바뀐다.

1. 인신궁 자미성, 천부성의 명반 해설과 요약

巨 門 平 巳 [田]	天 廉 相 貞 旺 平 午 [官]	天 梁 旺 未 [奴]	七 殺 廟 申 [遷]
貪 狼 廟 辰 [福]	命宮在寅		天 同 平 酉 [疾]
太 陰 陷 卯 [父]			武 曲 廟 戌 [財]
紫 天 微 府 廟 廟 寅 [命]	天 機 陷 丑 [兄]	破 軍 廟 子 [夫]	太 陽 陷 亥 [子]

太 陽 旺 巳 [子]	破 軍 廟 午 [夫]	天 機 陷 未 [兄]	紫 天 微 府 廟 平 申 [命]
武 曲 廟 辰 [財]	命宮在申		太 陰 旺 酉 [父]
天 同 廟 卯 [疾]			貪 狼 廟 戌 [福]
七 殺 廟 寅 [遷]	天 梁 旺 丑 [奴]	天 廉 相 貞 廟 平 子 [官]	巨 門 旺 亥 [田]

• 인신궁 자미성, 천부성의 명반 해설

자미성, 천부성이 명궁인 경우, 3조의 장단점이 모두 드러나는데, 인궁 명궁에 부모궁으로 대운이 흐르는 사람은 현실에 약하고 형제궁으로 흐르는 사람은 현실적이며, 신궁 명궁의 사람이 인궁 명궁의 사람보다 굴곡이 적은 편이다. 직업은 여러 분야에 분포되어 있으나 대부분 말년에는 사회 봉사(노숙자 재활, 고아나 노인 구제 등)에 관심이 많다. 외모는 선한 얼굴이거나 부드러운 표정을 가지고 있고, 특히 록권과가 삼방에 비치지 않으면 유시무종의 삶을 살고 관록궁에 비치는 화기에 약하며, 축미궁(천량성, 천기성)의 대운이나 유년에 불길한 운세를 맞는 경우가 많다.

삼방의 별 배치만 가지고 본다면 6개의 조 중에 가장 뛰어난 듯하지만, 사실 자미성과 천부성은 모두 '비활동성'에 속해 행동력의 부족을 보여준다. 3조들이 꿈꾸는 사회적인 명예는 관록궁에서 염정성과 천상성의 밝기가 부족하여 꿈을 이루기 힘들고, 재백궁의 무곡성은 스스로 활동할 때만 수익이 들어오는 아이러니컬한 구조이기 때문이다. 이런 언밸런스한 구조가 바로 자미성, 천부성 명궁의 사람이 평생을 갈팡질팡하게 만들며, 더불어 자미성(꿈과 이상)을 따르기엔 현실적인 힘이 부족하고, 천부성(물질적인 이익)을 따르기엔 체면이 서질 않아 매 대운의 명궁 주성에 맞추어 인격이 변화하여 주변 사람들을 당혹하게 만드는 것이다.

직업으로 보아 안정적이었던 사람들은 의사, 한의사, 역학, (직장에 적응을 잘 했다면) 대기업 중역, 또는 작은 사업 등이며, 대부분 직업이 대운마다 혹은 3~4년 주기로 바뀌기에 확답하기는 힘들다.

반대로 자미성과 천부성의 역할이 너무 뜬구름을 잡게 된다면 주변으로부터 허언증, 과대망상증이 있는 사람으로 취급 받기 쉬우며 동업을 하는 경우에 결정을 번복하는 일이 잦아 사업파트너에게 지적을 받거나 갈라서기도 한다. 또, 지키지 못할 약속을 많이 하는 편이어서 돈과 연결이 된 경우 뒤에서 사기꾼이라고 손가락질 받을 수도 있다. 그래서 자미성과 천부성이 명궁인 사람은 되도록 자신에 대한 말을 타인에게 하지 않는 것이 이롭다.

이하 내용은 3조 본성 요약과 같기에 생략한다.

2. 묘유궁 태음성의 명반 해설과 요약

巨門 平 巳 [福]	天相 旺 廉貞 平 午 [田]	天梁 旺 未 [官]	七殺 廟 申 [奴]
貪狼 廟 辰 [父]	命宮在卯		天同 平 酉 [遷]
太陰 陷 卯 [命]			武曲 廟 戌 [疾]
紫微 廟 天府 廟 寅 [兄]	天機 陷 丑 [夫]	破軍 廟 子 [子]	太陽 陷 亥 [財]

太陽 旺 巳 [財]	破軍 廟 午 [子]	天機 陷 未 [夫]	紫微 廟 天府 平 申 [兄]
武曲 廟 辰 [疾]	命宮在酉		太陰 旺 酉 [命]
天同 廟 卯 [遷]			貪狼 廟 戌 [父]
七殺 廟 寅 [奴]	天梁 旺 丑 [官]	天相 廟 廉貞 平 子 [田]	巨門 旺 亥 [福]

• 묘유궁 태음성의 명반 해설

명궁의 태음성은 '달'의 속성을 가지고 있는데, 초생에서 만월까지 반복하며 변화한다. 그래서 인성(人性)에 변화가 많고 변덕이 심하며 자신의 속내를 좀처럼 드러내지 않는다. 그런 면으로 타인들에게는 무언가 꿍꿍이가 있는 사람으로도 보이고, 어떤 사람들은 말수가 적은 얌전한 사람으로 보이기도 한다. 처음 보는 타인에게 속내를 드러내는 것을 불편해하며 대체로 성격이 여성스럽고, 마음이 여리고 쉽게 상처받는다.

3조의 특성상 직업에 관해서는 '기월동량'을 만들지 못하기 때문에 꾸준한 직장생활은 힘들고 프리랜서나 계약직으로 살아가는 경우가 많다. 그래도 대체로 한 직장에 2~3년 이상 다니며, 직업으로는 어린이집을 포함한 학원강사, 간호사가 많은 편이다.

재백궁 태양성으로 인해 작은 돈을 귀하게 여기지 못하는 습성이 있어 재물이 헤프게 사용하기도 한다.

• 묘유궁 태음성 명반 요약

1. 남성의 경우 키가 작거나 목소리가 가늘다. 여성의 경우 살이 찐 편이며(유년기에는 작고 마른 편) 묘궁의 태음성은 얼굴에 잡티가 많다.
2. 관록궁의 천량성의 영향으로 연구, 관리, 부동산, 학업관련(문창곡이 있다면 출판도 가능하다)등의 직업이 이로우며, 대부분 현장기술직이 아니라면 적응할 수 있다.
3. 재백궁에 태양성의 영향으로 인해 씀씀이가 크거나 일확천금을 꿈꾸기도 한다. 이런 사람의 경우 주식이나 펀드, 주택에 관련되어 투자에 관심이 많다.
4. 부처궁의 천기성이 함하기 때문에 처음에는 현모양처, 부를 맞이하는 듯 하나 시간이 지나면서 부부간에 이기적인 가정을 꾸리는 경우가 많다.
5. 자녀는 20살 안팎에 부모와 떨어져 지내며 독립적인 성향이 강하고 남녀 두 명

이상을 갖는 사람들이 많다.

6. 복덕궁의 거문성으로 인해 마음속으로 비평이 많고 남과 자신 사이에 벽을 세우는 성향이 있으나 그것을 사회적으로 잘 드러내지는 않는다. 다만 자신이 운영자인 경우(윗사람인 경우) 겉으로 드러나지 않게 사람을 가려 만나는 성향이 강하다. 천이궁의 천동성으로 인하여 사회적으로 동호회나 그룹활동에 많이 참여한다.
7. 대운이 부모궁으로 흐르는 사람은 유년기에 예능적 소질을 보일 수 있다. 대체로 흉성만 없다면 예체능 계통에서의 활동도 적당한 편이다. 직장인이 된다면 대운명궁이 전택궁으로 이동할 때부터 가능하다.
8. 대운이 형제궁으로 흐르는 사람은 대운 명궁이 파군성에 닿을 때부터 꿈을 이루기 시작한다.

3. 진술궁 탐랑성의 명반 해설과 요약

<table>
<tr><td>巨門 平
巳 [父]</td><td>天相 旺
廉貞 平
午 [福]</td><td>天梁 旺
未 [田]</td><td>七殺 廟
申 [官]</td></tr>
<tr><td>貪狼 廟
辰 [命]</td><td colspan="2" rowspan="2">命宮在辰</td><td>天同 平
酉 [奴]</td></tr>
<tr><td>太陰 陷
卯 [兄]</td><td>武曲 廟
戌 [遷]</td></tr>
<tr><td>紫微 廟
天府 廟
寅 [夫]</td><td>天機 陷
丑 [子]</td><td>破軍 廟
子 [財]</td><td>太陽 陷
亥 [疾]</td></tr>
</table>

<table>
<tr><td>太陽 旺
巳 [疾]</td><td>破軍 廟
午 [財]</td><td>天機 陷
未 [子]</td><td>紫微 廟
天府 平
申 [夫]</td></tr>
<tr><td>武曲 廟
辰 [遷]</td><td colspan="2" rowspan="2">命宮在戌</td><td>太陰 旺
酉 [兄]</td></tr>
<tr><td>天同 廟
卯 [奴]</td><td>貪狼 廟
戌 [命]</td></tr>
<tr><td>七殺 廟
寅 [官]</td><td>天梁 旺
丑 [田]</td><td>天相 廟
廉貞 平
子 [福]</td><td>巨門 旺
亥 [父]</td></tr>
</table>

• 진술궁 탐랑성 명반 해설

진술궁 탐랑성 명궁은 다재 다능하고 예술적 감각도 뛰어나지만 3조의 특성에 따라 한가지 분야를 오래 파고들지 못하는 성향이 있다. 그 때문에 안정적인 삶을 바라지만 정작 살아가는 모습은 평탄하지 않다. 이성의 유혹에 약하고, 사이비 종교에도 약하다. 그래서 이 명을 타고난 사람들은 무엇이든 일단 빠져들기 시작하면 주변의 만류를 전혀 듣지 않아 곤란한 일들을 많이 겪는다.

흉성이나 보좌성이 어둡게 들면 잘못된 길로 쉽게 빠져들어 인생을 낭비하게 되고, 좋은 사화나 보좌성들이 밝게 들면 사회적으로 성공할 가능성이 높아진다.

직업은 직장생활보다는 소규모라도 개인사업을 좋아하고, 자신의 재능에 따라 독단적으로 일하는 경우가 오히려 많다. 탐랑성의 성향에 따라 사람들과 어울리는 것을 불편해하며 혼자 지내는 시간을 좋아한다. 일반적으로 남녀 모두 성적인 욕구가 강하여 자신의 인생에 중요한 타이밍에 이성의 유혹에 이기지 못해 실패하는 경우가 많다.

외모는 남성의 경우 귀공자 상으로 볼 수 있고, 여성의 경우 약간 통통한 사람으로 볼 수 있다. 그러나 여성의 경우 좋아하는 이성이 생기면 체중감량이나 패션의 변화 등을 쉽게 해내는 편이다. 그래서 탐랑성 명궁의 여성은 연애 중일 때에는 외모가 수려하나, 연애를 하지 않고 있는 중에는 그와 정반대이다.

• 진술궁 탐랑성 명반 요약

1. 탐랑성의 영향으로 인해 대부분의 기술 및 공부 등을 쉽게 습득하는 편이다. 때로는 역학을 하거나 종교계에서 많이 나타난다.
2. 관록궁에 칠살성은 남위에 서기는 부족하고 남밑에서 일하기에는 개성이 강해서 독자적인 형태로 일하는 것이 좋다. 현대에서는 프로젝트 팀을 구성해서 기간제 팀으로 일하거나 재택근무로 하청을 받아서 일하는 사람도 있으며, 위 두 가지 형태로 일할 수 있는 그래픽, 디자인, 창작 등의 직업을 갖는 것이 이롭다.

3. 역학인의 경우 천부적 재능으로 쉽고 빠르게 익힐 수 있으나 깊이를 더하기에는 인내심이 부족하여 빨리 포기하는 사람들이 대부분이다.
4. 청년기에 취업의 형태는 상당히 불안정하여 한 회사에 3년 이상 근무하기 어렵다. 그러므로 평생직장을 알아보기 보다는 자신의 재능에 맞고 평생 할 수 있는 기술을 익히는 것이 이롭다.
5. 재백궁의 파군성은 돈의 씀씀이가 큰 것을 이야기한다. 그러나 장기적 안목을 가지고 있기에 그다지 낭비하는 것이라 보기는 어렵다. 하지만 타인이 보기에는 엉뚱한 곳에 투자하거나 지출하는 것으로 보이기가 쉽다.
6. 그래서 어려운 상황에서도 큰 돈을 지출을 하는 사람이기에 주변의 염려와 따가운 눈총을 받게 되는 경우가 흔하다.
7. 부처궁의 자미성, 천부성은 결혼 후에 인생의 변화가 크다고 볼 수 있으며 배우자의 명궁에 자미성, 천부성이 있는 경우(각각 독좌하는 경우 포함) 탐랑성의 날카로운 부분들을 억제하기 때문에 사회적으로 잘 적응하도록 변화시킬 수 있다.
8. 복덕궁의 염정성, 천상성으로 인해 겉으로 티는 내지 않지만 자신의 외모에 대해 고민이 상당히 많다.
9. 천이궁의 무곡성은 밖에 나가서 할 일이 많다는 의미로 밖에 나가 스스로 일을 찾으면 자신에게 맞는 일을 쉽게 찾는다.

4. 사해궁 거문성의 명반 해설과 요약

巨 門 平 巳 [命]	天 廉 相 貞 旺 平 午 [父]	天 梁 旺 未 [福]	七 殺 廟 申 [田]
貪 狼 廟 辰 [兄]	命宮在巳		天 同 平 酉 [官]
太 陰 陷 卯 [夫]			武 曲 廟 戌 [奴]
紫 天 微 府 廟 廟 寅 [子]	天 機 陷 丑 [財]	破 軍 廟 子 [疾]	太 陽 陷 亥 [遷]

太 陽 旺 巳 [遷]	破 軍 廟 午 [疾]	天 機 陷 未 [財]	紫 天 微 府 廟 平 申 [子]
武 曲 廟 辰 [奴]	命宮在亥		太 陰 旺 酉 [夫]
天 同 廟 卯 [官]			貪 狼 廟 戌 [兄]
七 殺 廟 寅 [田]	天 梁 旺 丑 [福]	天 廉 相 貞 廟 平 子 [父]	巨 門 旺 亥 [命]

• 사해궁 거문성 명반 해설

거문성이 명궁인 사람은 두가지 형태를 갖는다. 하나는 대화를 업으로 삼는 이가 있고, 다른 하나는 역마를 업으로 삼는 이가 있다. 전자는 가수에서부터 강사, 상담가 등으로 나타나며, 후자는 무역, 통역, 운송업 등의 형태로 나타난다. 특이하게 스님, 목사 등 종교계에 지도자가 되는 경우도 있고, 사회사업, 자선단체 등에 활동가가 되기도 한다.

거문성의 특성에 따라 돌아다니는 것을 좋아한다. 그러나 거문성이 부정적인 형태를 가진다면(흉성과 사화) 오히려 사기, 도피 또는 비평가 등의 형태로 나타나기도 한다. 대부분 직업이 정형적이지 않으며 각 대운에 따라 직업의 형태가 쉽게 바뀐다.

거문성 명궁의 사람들은 말이 앞서는 것을 주의해야 하는데 실행력이 있는 별들이 삼방에 없기 때문에 말은 하지만 행동이 없는 실없는 사람이 되는 경우가 잦기 때문이다. 그런 것을 주의한다면 기본적으로 화술이 뛰어나 어떤 분야에서든 잘 해나갈 수 있다.

재물을 관리함에 있어 꿈은 크지만 현실이 부족하여 고민이 많고 적은 돈을 크게 부풀리는 것에 관심이 많다. 하지만 대부분 생각으로 그치며 자금을 이기적으로 벌어들이고 사용하기에 주변으로부터 돈 문제에 관련해서 질타를 받을 수 있다.

• 사해궁 거문성 명반 요약

1. 사궁 명궁은 비평적 사상이 강하고 매사 걱정거리가 많은 편이다. 이는 거문성의 밝기가 평하기 때문이다.
2. 사궁 명궁의 부처궁은 태음성이 함하기 때문에 배우자로부터 도움을 받기는 어렵고 해를 입기 쉽다.
3. 사궁 명궁의 관록궁은 천동성이 평하기 때문에 직장 등 어울리는 사람들의 수가 적으며 자신의 직업이 되는 커뮤니티의 범위가 좁다.
4. 사궁 명궁의 재백궁은 천기성이 함하기 때문에 돈으로 인한 고민이 많고 수익

제3조

과 지출은 항상 불균형하여 삶이 불안정하게 느껴진다.

5. 해궁 명궁 거문성은 관록궁의 천동성이 밝아 직업 관련한 커뮤니티의 범위가 넓으며 다양한 사람들로부터 직업, 기술, 정보를 얻어 취업이 가능하다.
6. 해궁 명궁 거문성은 부처궁의 태음성이 왕하기 때문에 남명의 경우 현모양처를 얻고, 여명의 경우 답답한 남편을 얻게 된다.
7. 해궁 명궁 거문성은 천이궁의 태양성으로 인해 밖으로부터 이름을 알리기 쉽다. 그러므로 현대사회의 방송, 인터넷 등으로 홍보할 수 있는 직업을 갖는 것이 이롭다. 그러나 사궁 명궁 거문성은 천이궁의 태양성이 함하기 때문에 노력에 대비하여 밖에서 자신의 이름을 알리기 어렵다.
8. 그리하여 가수나 강사 등 남에게 알려지는 직업에 유리한 것은 해궁 명궁이며 반대로 종교, 역학 등 비교적 남에게 덜 알려지는 직업은 사궁 명궁에게 이롭다.

5. 자오궁 염정성, 천상성의 명반 해설과 요약

巨 門 平 巳 [兄]	天 廉 相 貞 旺 平 午 [命]	天 梁 旺 未 [父]	七 殺 廟 申 [福]
貪 狼 廟 辰 [夫]	命宮在午		天 同 平 酉 [田]
太 陰 陷 卯 [子]			武 曲 廟 戌 [官]
紫 天 微 府 廟 廟 寅 [財]	天 機 陷 丑 [疾]	破 軍 廟 子 [遷]	太 陽 陷 亥 [奴]

太 陽 旺 巳 [奴]	破 軍 廟 午 [遷]	天 機 陷 未 [疾]	紫 天 微 府 廟 平 申 [財]
武 曲 廟 辰 [官]	命宮在子		太 陰 旺 酉 [子]
天 同 廟 卯 [田]			貪 狼 廟 戌 [夫]
七 殺 廟 寅 [福]	天 梁 旺 丑 [父]	天 廉 相 貞 廟 平 子 [命]	巨 門 旺 亥 [兄]

• 자오궁 염정성, 천상성 명반 해설

염정성은 관직과 화류계의 속성을 뜻하고 천상성은 인성(도장)과 문서를 뜻하여 염정성의 에너지를 천상성이 제어하는 구조를 가지고 있다. 때문에 3조 중에 연예인으로 진출하는 사람들은 일정한 수준 이상 올라가기가 힘들다. 그것은 염정성이 받아들여야 하는 비리, 뒷거래 및 음모 등을 천상성이 제어하여 거부하기 때문이다. 이처럼 대부분의 일들은 염정성과 천상성의 복합적인 기능으로 인해 일정 수준을 넘어가기가 어렵다. 단, 사화가 삼방에 든 귀격이라면 성취 가능하지만 사화가 없다면 매우 어렵다고 본다.

재물에 대해서는 체면과 관련하여 남들에게 보이는 것에는 많이 지출하고 남들에게 보이지 않는 부분은 자린고비처럼 사는 형태를 가진다.

외모는 염정성의 영향을 받아 관직에 진출하면 외모가 떨어지고 예능계로 진출하면 외모가 수려하다. 그러나 염정성의 밝기가 평하기 때문에 일반인으로서는 수려하나 연예인으로서는 부족한 면을 가진다. 단, 남녀 모두 선한 분위기를 가지게 된다.

직업적인 면에서는 대부분의 성취가 있으나 만약 관록궁이나 명궁에 화기가 든다면 염정성의 영향으로 불길 해진다. 직업으로는 개인사업자, 연예인, 예술가, 공직자, 강사, 교수 등 남에게 무언가를 가르치는 일에 능하다.

• 자오궁 염정성, 천상성 명반 요약

1. 관록궁의 무곡성으로 인해 자신이 움직인 만큼 수익을 얻으며 밑에 사람들을 많이 두는 형태를 가진다. 물론 그것은 40대부터 발현된다.
2. 예체능계 진출자들은 청소년기에 이름을 알리는 것보다 40대에 이름을 알리는 것이 훨씬 이롭다. 만약 청소년기에 이름을 알리게 되면 그 대운이 끝나고 10년의 휴식기를 가진 후에 다시 활동할 수 있다.
3. 사업을 하는 사람들은 되도록 명예에 관련되어 일을 해야 하며 만약 불명예스

러운 일을 한다면 불길한 대운을 맞이했을 때 추문 또는 각종 관재, 소송에 시달리게 된다.

4. 부처궁의 탐랑성과 명궁의 염정성이 화류계 또는 성적인 문란함을 가지고 올 수 있으므로 어렸을 때 이성에 관한 개념을 철저히 배우는 것이 좋다. 그렇지 않고 성인이 되어서 문란함에 빠지게 되면 자신의 길함을 모두 잃게 된다.
5. 재백궁의 자미성, 천부성은 타인에게 비루해 보이는 것을 극단적으로 싫어하고 재물을 씀에 있어서 고급품을 선호한다. 그러나 씀씀이에 비해 재물운(천부성)이 넉넉하여 궁핍하지 않게 살아간다.
6. 명궁의 천상성은 문서와 인허가에 관련되어 이로움을 가지고 있기 때문에 직업을 선택할 때 그것과 관련된 일을 하면 좋다. 만약 문창곡이 관록궁이나 명궁에 동궁했다면 더더욱 이롭다. 단, 명궁에 문창곡이 드는 경우 신상이 고독해진다.
7. 선한 외모에 비해 성격은 극단적으로 모 아니면 도로 분리되는 것을 좋아하고 회색과 같은 개념의 말들을 싫어한다. 그리고 싫어하는 것을 극단적으로 곁에 두지 않는다.
8. 자신이 주체하는 것보다 타인이 주체하는 것의 인허가를 맡는 것이 타고난 능력이므로 때가 되면 함께하자는 사람들이 늘어나 할 일이 많아진다. 단, 인간관계를 폭넓게 가지는 것이 이롭다.

6. 축미궁 천량성의 명반 해설과 요약

巨 門 平 巳 [夫]	天 廉 相 貞 旺 平 午 [兄]	天 梁 旺 未 [命]	七 殺 廟 申 [父]
貪 狼 廟 辰 [子]			天 同 平 酉 [福]
太 陰 陷 卯 [財]	命宮在未		武 曲 廟 戌 [田]
紫 天 微 府 廟 廟 寅 [疾]	天 機 陷 丑 [遷]	破 軍 廟 子 [奴]	太 陽 陷 亥 [官]

太 陽 旺 巳 [官]	破 軍 廟 午 [奴]	天 機 陷 未 [遷]	紫 天 微 府 廟 平 申 [疾]
武 曲 廟 辰 [田]			太 陰 旺 酉 [財]
天 同 廟 卯 [福]	命宮在丑		貪 狼 廟 戌 [子]
七 殺 廟 寅 [父]	天 梁 旺 丑 [命]	天 廉 相 貞 廟 平 子 [兄]	巨 門 旺 亥 [夫]

• 축미궁 천량성의 명반 해설

축미궁 천량성 명궁은 직장생활을 하기에는 좋은 명이지만 3조의 특성상 한 직장을 꾸준히 다니는 것은 힘들다. 관록궁의 태양성과 함께 연구, 개발, 관리 등에 탁월한 능력이 있으나 그 외에는 적응하기 힘들어하는 면을 보이기도 한다. 특히 천량성의 특징으로 음흉한 면이 있어 겉과 속이 다른 것이 문제가 된다.

재백궁은 태음성으로 금전에 대한 개념이 좁은 편이며 때로는 허례허식에 치우쳐 돈을 모으지 못하거나 빚을 많이 지는 경향이 있다.

부처궁은 거문성의 영향으로 인해 결혼생활이 순탄치 않으나 한 번 결혼하면 이혼하지 않는 모습을 보인다.

천이궁은 천기성의 영향으로 대외적으로 이기적이라는 평가를 들을 수 있지만 다른 면으로는 오히려 사람들에게 이용당하고 버림받게 될 수 있다.

명궁 천량성 수명자는 윗사람과의 인연이 특히 중요하기 때문에 명궁 좌우에 천괴, 천월이 있어야 한다.

성격은 복덕궁에 천동성의 영향으로 사람들과 어울리는 것을 좋아하나 대인관계에서 걱정이 많아 타인의 말을 곱씹어 생각하는 습관이 있다. 그래서 타인들로부터 오해를 사기 쉽다. 그래서 천량성 명궁은 연애가 상당히 힘들다.

• 축미궁 천량성 명반 요약

1. 축궁 명궁 천량성은 관록궁의 태양성이 왕하기 때문에 광고, 기자, 사진 등 매스미디어 또는 연구, 관리, 생산직 등에 어울리지만 기월동량을 성립하지 못했기에 그 직업들을 대부분 계약직 또는 프리랜서로 취업하게 된다.
2. 미궁 명궁 천량성은 관록궁의 태양성이 함하기 때문에 직업을 오래 유지하기 힘들며 한 가지 분야에 오래 머물지 못한다. 그래서 수박 겉핥기 식의 기술 습득 또는 경력 등이 생기게 된다.
3. 미궁 명궁 천량성의 경우 재백궁의 태음성이 함하기 때문에 재물에 씀씀이가

어지럽고 불분명하며 저축이 힘들고 낭비가 심한 경우가 있다.

4. 축궁 명궁 천량성의 경우 재백궁의 태음성이 왕하기 때문에 재물의 활용도가 높고 적은 돈을 꾸준하게 관리하는 능력이 있다. 그 때문에 축궁과 미궁의 생활력이 차이가 나게 된다.
5. 부처궁의 거문성은 배우자가 자신을 비평하는 별에 해당하며 남명의 경우 부처궁이 여명이 되기에 여명의 거문성은 더욱 악처가 된다.
6. 반대로 여명의 경우 부처궁이 남명이 되기에 남명 거문성은 악연의 기운이 어느정도 완화된다.
7. 복덕궁에 천동성의 발복으로 인해서 자신의 노력에 비해 우연히 얻어지는 것이 많으므로 그것이 천량성을 게으르게 만드는 악영향을 미칠 수 있다. 그것은 사회나 국가에서 진행하는 우연한 기회들을 대부분 노력없이 얻는 형태가 많기 때문이다.
8. 그런 경우 천량성은 상당히 게으르게 성장하기도 한다.

7. 인신궁 칠살성의 명반 해설과 요약

巨 門 平 巳 [子]	天 廉 相 貞 旺 平 午 [夫]	天 梁 旺 未 [兄]	七 殺 廟 申 [命]
貪 狼 廟 辰 [財]	命宮在		天 同 平 酉 [父]
太 陰 陷 卯 [疾]			武 曲 廟 戌 [福]
紫 天 微 府 廟 廟 寅 [遷]	天 機 陷 丑 [奴]	破 軍 廟 子 [官]	太 陽 陷 亥 [田]

太 陽 旺 巳 [田]	破 軍 廟 午 [官]	天 機 陷 未 [奴]	紫 天 微 府 廟 平 申 [遷]
武 曲 廟 辰 [福]	命宮在		太 陰 旺 酉 [疾]
天 同 廟 卯 [父]			貪 狼 廟 戌 [財]
七 殺 廟 寅 [命]	天 梁 旺 丑 [兄]	天 廉 相 貞 廟 平 子 [夫]	巨 門 旺 亥 [子]

• 인신궁 칠살성의 명반 해설

칠살성은 파군성의 아래에 있는 별로 파군성이 전체적인 형세를 본다면 칠살성은 세부적인 면에서 진두지휘를 하는 별이다. 그러므로 칠살성은 행동력이 강한 별이지만 판단력은 부족한 편이어서 타인이 볼 때에는 독불장군의 모습으로 보이는 편이다. 다만 3조의 다양한 면에 의해서 사람들의 비평은 많이 받지는 않지만 가까운 이들로부터 고집이 세다고 악평을 받는 경우가 많은데 특히 흉한 대운에 들어섰을 때는 절벽을 향해 달려가는 모습을 보여 주변으로부터 손가락질을 받는 경우도 있다. 3조 특성상 살파랑은 모두 밝은 별에 속하기에 흉함은 없으나 동료를 얻기 힘든 명에 속한다.

칠살성 명궁이 사업을 하는 경우에 파군성보다 작은 규모의 사업을 해야 하며 직원을 많이 두면 그 직원들로 인해 스트레스를 많이 받게 되므로 소규모 사업장을 유지하는 것이 이롭다.

3조 칠상성 명궁의 직업은 다양한데 정육점, 횟집, 미용사, 의사, 건축가 등 분야를 규정하기 어려울 정도로 다양한 곳에서 활동을 한다. 사생활면에서는 부처궁에 염정성의 영향으로 외모가 수려하거나 사회적으로 인정받는 사람을 배우자로 선호하며 결혼 후에는 남녀 모두 바람기가 있는 편이다.

복덕궁에 무곡성으로 인해 항상 쉬지 못하고 움직이며 타인에게 업무를 맡기는 것을 불안하게 생각하여 피곤할 정도로 스스로 일을 하는 무모함이 있다.

• 인신궁 칠살성 명반 요약

1. 관록궁에 파군성으로 인해 남 밑에서 오래 일하기 어려우며 직장생활을 할 때에는 대부분 실무를 담당하여 기술 습득이 빨라서 같은 분야에서 다른 사람들보다 빠르게 독립이 가능하다.
2. 좋고 싫음이 분명한 성격으로 3조임에도 불구하고 타협점을 찾기 힘들어서 동업을 권하지 않는다. 하지만 재물운이 부족하기 때문에 첫 사업을 동업으로 시

작하는 경우가 많다.

3. 칠살성 명궁이 자영업을 위해 동업하는 경우 그 관계를 2년에서 4년을 유지하기 힘들다.
4. 재백궁에 탐랑성으로 인해 자신이 관심을 가진 분야에 많은 물질적 투자와 도전에 흥미가 있다. 그래서 주식, 펀드, 부동산투기 등에 관심이 많다.
5. 부처궁에 염정성으로 인해 바람기는 많으나 천상성의 영향으로 어느정도 제어는 가능하다. 그래서 흘러가는 듯 연인은 만날 수 있다. 그리고 따로 살림을 차리거나 이혼하고 재혼을 하는 경우는 드물다. (배우자가 바람을 피는 경우를 제외하면)
6. 천이궁에 자미성, 천부성으로 인해 밖에 나가 귀인을 만나 성공하는 경우가 많다.
7. 대부분 자수성가하는 타입이며 유년기 가정이 불우한 경우가 많다.
8. 복덕궁에 무곡성은 한 순간도 가만히 있지 못하는 별로 비록 목표에 도달하였다 하더라도 그 자리가 불안하여 새로운 분야에 진출하려 한다. 그래서 쉬지 못하고 피곤한 상태로 실언이나 판단 실수 등으로 망신을 당하는 것을 주의해야 한다.

8. 묘유궁 천동성의 명반 해설과 요약

<table>
<tr><td>巨
門
平
巳 [財]</td><td>天 廉
相 貞
旺 平
午 [子]</td><td>天
梁
旺
未 [夫]</td><td>七
殺
廟
申 [兄]</td></tr>
<tr><td>貪
狼
廟
辰 [疾]</td><td colspan="2" rowspan="2">命宮在酉</td><td>天
同
平
酉 [命]</td></tr>
<tr><td>太
陰
陷
卯 [遷]</td><td>武
曲
廟
戌 [父]</td></tr>
<tr><td>紫 天
微 府
廟 廟
寅 [奴]</td><td>天
幾
陷
丑 [官]</td><td>破
軍
廟
子 [田]</td><td>太
陽
陷
亥 [福]</td></tr>
</table>

<table>
<tr><td>太
陽
旺
巳 [福]</td><td>破
軍
廟
午 [田]</td><td>天
幾
陷
未 [官]</td><td>紫 天
微 府
廟 平
申 [奴]</td></tr>
<tr><td>武
曲
廟
辰 [父]</td><td colspan="2" rowspan="2">命宮在卯</td><td>太
陰
旺
酉 [遷]</td></tr>
<tr><td>天
同
廟
卯 [命]</td><td>貪
狼
廟
戌 [疾]</td></tr>
<tr><td>七
殺
廟
寅 [兄]</td><td>天
梁
旺
丑 [夫]</td><td>天 廉
相 貞
廟 平
子 [子]</td><td>巨
門
旺
亥 [財]</td></tr>
</table>

- 묘유궁 천동성 명반 해설

천동성이 명궁인 사람들은 커뮤니케이션의 힘이 강하여 사람들과 교류를 통해서 살아간다. 유궁 명궁은 천동성이 평하기 때문에 좁은 인맥 속에 살아가게 되고, 묘궁 명궁은 천동성이 묘하기 때문에 넓고 다양한 커뮤니케이션 속에서 살아가게 된다. 성격은 부드러운 편이나 게으르고, 스스로 불안해지거나 위기의식을 느끼기 전까지는 자신의 문제점을 해결하려 들지 않는 단점이 있다. 다른 명조들과 다르게 흉한 대운에 들어서면서 발복하여 새로운 인생을 사는 경우가 많다.

관록궁에 천기성은 어두워서 매사 일을 그르치기 쉬우며 자신이 생각한 것보다 복잡한 일들을 해결하기 어려워한다. 때문에 직업은 불안정하여 한 분야의 직업을 오래 갖는 것은 힘들다. 그래서 정상적인 직업이라 인정받기 힘든 직업을 가진 경우가 많다. (인터넷방송인, 프리랜서, 직업소개인 등 사람과 사람을 소개시키는 직업, 커미션을 수입으로 삼는 직업, 역학인 등)

재백궁에 거문성의 영향으로 사람들과 대화하는 것을 업으로 삼으면 좋으며 유궁 명궁 천동성은 재백궁의 거문성이 평하기 때문에 비평적 논의가 오가는 분야에서 활동하는 것이 이롭고, 반대로 묘궁 명궁 천동성은 재백궁의 거문성이 왕하므로 긍정적 대화가 오가는 분야에서 활동하는 것이 이롭다.

부처궁의 천량성은 왕하기 때문에 배우자로부터 잔소리가 많으나 그것을 듣는 것이 이롭다. 때로는 배우자로 인한 고민과 걱정이 생길 수 있으나 크지는 않은 편이다.

천동성은 그 별의 특징으로 인해 역학 계통에 진출하는 경우 사람들의 어려움을 잘 헤아려 주는 화법으로 인기가 많다.

- 묘유궁 천동성 명반 요약

1. 묘유궁 명궁은 사람들 사이에서 분란을 화해시키는 능력이 있다. 또, 커뮤니케이션을 원활히 하는 것에 탁월한 능력이 있기 때문에 이와 관련된 직업으로 삼

는 것이 유리하다.

2. 천동성의 특성상 우유부단함이 강하기에 배우자인 천량성의 조언을 듣는 것이 판단에 이롭다.
3. 관록궁 천기성이 함하기 때문에 정규직을 갖기에는 불리하며 때로는 직장 내에서 이용만 당하거나 분란의 피해자가 되기도 한다. 그래서 단기 계약직 등으로 자신의 능력을 활용하여 프리랜서가 되어 다양한 분야에서 활동하는 것이 이롭다.
4. 결혼 전에는 외모가 유하며 체격이 좋은 편이나 결혼 후에는 남녀 모두 비만이 되는 경우가 많다.
5. 재백궁 거문성은 소통을 통해 얻는 수입으로 볼 수 있지만 다른 의미에서는 무역, 딜러, 브로커, 평가사 등의 분야로도 볼 수 있다. (유튜브, 게임평론가, 영화평론가 등)
6. 복덕궁에 태양성의 영향으로 자신만의 이익보다는 모두의 이익을 바라는 성격으로 유궁 명궁은 이상에 그치기 쉽고 묘궁 명궁 천동성은 이상을 현실화할 수 있다.
7. 묘유궁 명궁은 배우자로 연상이나 아주 어린 사람을 맞이하는 경우가 많다.
8. 전택궁의 파군성은 부동산을 두개 이상 소유할 수 있는 것을 말하지만 때로는 그 파군성의 힘으로 부동산 업을 하는 사람도 있다.

9. 진술궁 무곡성의 명반 해설과 요약

巨 門 平 巳 [疾]	天 廉 相 貞 旺 平 午 [財]	天 梁 旺 未 [子]	七 殺 廟 申 [夫]
貪 狼 廟 辰 [遷]	命宮在戌		天 同 平 酉 [兄]
太 陰 陷 卯 [奴]			武 曲 廟 戌 [命]
紫 天 微 府 廟 廟 寅 [官]	天 機 陷 丑 [田]	破 軍 廟 子 [福]	太 陽 陷 亥 [父]

太 陽 旺 巳 [父]	破 軍 廟 午 [福]	天 機 陷 未 [田]	紫 天 微 府 廟 平 申 [官]
武 曲 廟 辰 [命]	命宮在辰		太 陰 旺 酉 [奴]
天 同 廟 卯 [兄]			貪 狼 廟 戌 [遷]
七 殺 廟 寅 [夫]	天 梁 旺 丑 [子]	天 廉 相 貞 廟 平 子 [財]	巨 門 旺 亥 [疾]

- 진술궁 무곡성 명반 해설

3조에서 무곡성은 진술궁 모두 묘하다는 특징이 있다. 무곡성의 활동에너지가 워낙 강하기 때문에 매사에 일처리를 스스로 하려는 성향이 강하며 자신이 하고자 하는 일에 대해 주변과 의견이 조율되지 않는 경에는 독단적인 성향을 많이 보일 수 있다.

매사 현실적이며 겉으로 드러나지 않는 일에 대해서는 인정하지 않는 성향이 강하다. 사회사업이나 명분이 서는 일을 하려는 경향이 강해서 지나치게 상업적이거나 자신의 이익만을 추구하는 경우가 적은 편이다.

복덕궁에 파군성으로 인해 새로운 아이디어가 많으나 천동성과는 달리 주변과의 대화가 부족하여 아이디어를 인정받지 못하는 경우가 많다.

재물에 대한 욕심은 많으나 그것을 제어하려는 마음도 있어서 부정, 청탁 등의 유혹에 잘 넘어가지 않는 편이다.

3조의 무곡성의 경우 사회적으로 이름이 알려지는 경우가 많은데 그것은 관록궁의 자미성, 천부성의 영향이 크기 때문이다.

부처궁의 칠살성은 함께 살면 다툼이 많고 떨어져 살면 다툼이 적은 것을 말한다. 3조의 삼방 구성 중에 가장 안정적인 구조가 첫 번째가 무곡성이 주가 되는 것이고, 두 번째가 파군성이 주가 되는 것이며, 세 번째가 자미성, 천부성이 주가 되는 것이다. 그 중에 명궁 무곡성은 가장 안정적인 구조라고 말할 수 있다.

- 진술궁 무곡성 명반 요약

1. 무곡성은 외형적으로 나타나는 이미지가 강한데, 실제로 덩치가 크지 않더라도 타인에게 위압감을 주는 기운을 가지고 있다.
2. 다방면의 많은 활동을 통해 성취할 힘을 가지고 있기 때문에 지나치게 허황되지 않다면 두 세가지의 직업을 겸업할 수 있는 힘을 가지고 있다.
3. 부처궁에 칠살성은 배우자와 함께 사는 것보다 멀리 사는 것을 뜻하며, 함께 사

는 동안은 서로 아무리 가까이하려 해도 사소한 일에 다툼이 많게 된다고 해석할 수 있다.

4. 복덕궁에 파군성은 파군성의 개창력을 가장 강력하게 사용하는데 이로 인해 한 가지 작은 성취를 했을 때 바로 다른 분야에 다른 성취를 꿈꾸는 것을 나타낸다. 유년기에는 이랬다 저랬다 하는 것으로 보일 수 있으나 중장년기에는 여러가지를 겸업하는 사람으로 드러난다.
5. 다만, 유년기에 삶에 변화가 심했던 무곡성들은 자라서 성공할 가능성이 높고, 유년기에 편안하게 지냈던 무곡성들은 중장년기에 고통을 받을 확률이 높다.
6. 재백궁은 염정성과 천상성이 동궁했기 때문에 자금관리를 스스로 하는 것보다 타인의 관리를 받는 것이 좋다. 그렇지 않은 경우 엉뚱한 곳에 자금이 흘러 나가는 경우가 있어서 사업을 하는 사람들은 특히 신경을 써야 한다.
7. 천이궁의 탐랑성으로 인해 많은 새로운 문물과 사람들을 만나는 체험을 많이 하게 되는데 이 때문에 끊임없이 새로운 것을 추구하는 모험심이 따르게 된다.
8. 관록궁의 자미성, 천부성은 공익적, 명예적인 부분에 치중되어 있는 삶을 산다는 것을 의미한다. 삼방에 문창, 문곡이 함께하고 있다면 학자, 교수, 종교가, 사회사업가 등으로 말년에 이름을 널리 알리는 사람이 되기도 한다.

10. 사해궁 태양성의 명반 해설과 요약

巨門 平 巳 [遷]	天相 旺 廉貞 平 午 [疾]	天梁 旺 未 [財]	七殺 廟 申 [子]
貪狼 廟 辰 [奴]	命宮在亥		天同 平 酉 [夫]
太陰 陷 卯 [官]			武曲 廟 戌 [兄]
紫微 廟 天府 廟 寅 [田]	天機 陷 丑 [福]	破軍 廟 子 [父]	太陽 陷 亥 [命]

太陽 旺 巳 [命]	破軍 廟 午 [父]	天機 陷 未 [福]	紫微 廟 天府 平 申 [田]
武曲 廟 辰 [兄]	命宮在巳		太陰 旺 酉 [官]
天同 廟 卯 [夫]			貪狼 廟 戌 [奴]
七殺 廟 寅 [子]	天梁 旺 丑 [財]	天相 廟 廉貞 平 子 [疾]	巨門 旺 亥 [遷]

• 사해궁 태양성 명반 해설

3조의 태양성 명궁은 사궁에서는 왕하고 해궁에서는 함하다.

성격은 3조답지 않게 우유부단하지 않으며 자신이 옳다고 생각하는 길을 곧게 걸어가는 성향이 있다. 직업으로는 남을 보살피는 것을 업으로 삼기가 쉽고, 다른 면에서는 무역이나 방송과 같은 정보전달에 관련된 일을 많이 한다.

부처궁에 천동성의 영향으로 배우자와는 이혼 없이 무난하게 살아가는 편이며 이혼을 한다 해도 꾸준하게 그 관계가 이어져 간다.

관록궁에 태음성은 남을 보살피고 관리하거나 성장시키는 것에 관련되어 있지만 해궁 태양성 명궁은 관록궁에 태음성이 어두워 그 영향이 적다. 반대로 사궁 태양성 명궁은 관록궁에 태음성이 왕하므로 그 영역이 넓은 편이다.

재백궁에 천량성으로 인해 항상 재물을 관리하는데 힘을 쓰게 되는데 남들에게 보이는 면 보다는 실속을 더 중요시한다. 그래서 중장년에는 재물을 많이 모을 수 있으나 말년에는 재물에 관련한 근심을 겪게 된다.

천이궁에 거문성으로 인해 타인에게는 선을 긋고 대하는 것처럼 보이거나 약간은 신경질적으로 보이기도 한다. 태양성이 가진 이미지와 천이궁에 거문성의 이미지가 합쳐져 태양성 같은 면보다는 언변이 날카롭고 다가가기 힘든 사람으로 비춰질 때가 많다.

• 사해궁 태양성 명반 요약

1. 직업으로는 개인병원 의사, 유치원 선생님, 강사, 교수처럼 남을 가르치는 직업에 능하고, 만약 무역, 방송, 연예계 계통으로 간다면 어느 정도의 성취는 있지만 크게 이름을 알리기는 힘들다.
2. 관록궁 태음성은 명궁 태양성과 정반대의 속성을 지녔지만 아버지와 어머니의 성향처럼 시선은 넓게 보고 세심하게 살피는 것으로 판단하다.
3. 관록궁 태음성이 어두울 때는 좁은 영역의 관리로 보고, 태음성이 밝을 때는

넓은 영역의 관리로 판단한다.

4. 태음성을 관리하는 속성으로 판단하지 않을 때는 태음성의 다른 속성인 반복과 인내로 판단하여 연구, 수련, 수행, 공부 등으로 볼 수 있다. 또한 직장을 다니는 사람이라면 그 직장 내에서 얻는 명예가 별의 밝기에 따라 좌우된다.
5. 재백궁에 천량성이 있으므로 재물에 대한 관리 능력은 탁월하다. 단, 천량성의 속성에 의해 적은 돈을 크게 불리는 데에 관심이 많고, 부동산 등의 안정적인 자산에 특히 몰두한다.
6. 그러나 태양성 명궁에 속성에 따라 자신이 보살펴 주어야 한다고 생각하는 가까운 이들에 의해 재물에 손실을 보기 쉽다. (보증, 차용 등)
7. 부처궁에 천동성은 부부관계에 원활함을 보여주는데 천동성의 속성에 따라 밝기는 중요하지 않다. 또 부부관계는 불평은 많아도 원활하며 백년해로하는 경우가 많다.
8. 대인관계에서 천이궁에 거문성때문에 오해를 받기 쉬우며 언변이 사무적이고 직설적인 면으로 비춰진다. 그래서 어떤 커뮤니티에 어울려 활동하기에는 적절치 않으며 남을 가르치는 쪽에 있을 때에는 많은 사람들이 따르게 된다.

11. 자오궁 파군성의 명반 해설과 요약

巨 門 平 巳 [奴]	天 廉 相 貞 旺 平 午 [遷]	天 梁 旺 未 [疾]	七 殺 廟 申 [財]
貪 狼 廟 辰 [官]	命宮在子		天 同 平 酉 [子]
太 陰 陷 卯 [田]			武 曲 廟 戌 [夫]
紫 天 微 府 廟 廟 寅 [福]	天 機 陷 丑 [父]	破 軍 廟 子 [命]	太 陽 陷 亥 [兄]

太 陽 旺 巳 [兄]	破 軍 廟 午 [命]	天 機 陷 未 [父]	紫 天 微 府 廟 平 申 [福]
武 曲 廟 辰 [夫]	命宮在午		太 陰 旺 酉 [田]
天 同 廟 卯 [子]			貪 狼 廟 戌 [官]
七 殺 廟 寅 [財]	天 梁 旺 丑 [疾]	天 廉 相 貞 廟 平 子 [遷]	巨 門 旺 亥 [奴]

- 자오궁 파군성 명반 해설

3조의 파군성은 자오궁 모두 밝은 살파랑의 구조를 가지고 있다. 그래서 기존에 하던 일을 개혁하거나 새로운 일을 시작할 때 주변의 호응을 얻기 쉬우며 자신의 힘만으로도 일을 해나갈 수 있다. 그러나 좌우 협궁의 어두운 별들은 이를 시기하게 하며 방해가 되기도 한다. 선천 명궁이 파군성이라면 좌우궁에 영향을 받아 가족이 불우하고, 만약 유년에 명궁이 파군성이라면 주변의 시기를 잘 견뎌야 한다. 평생에 걸쳐 꾸준하게 한 가지 직업을 갖기는 어렵다. 이것은 환경적 문제가 아니라 파군성의 성격 때문이다. 그래서 새로운 일을 시작했다가 그 일이 안정이 되면 또 다른 분야의 일을 넘보는 식의 행동을 보인다. 때문에 자신의 역량이 뛰어나도 평생 고민을 안고 사는 경우가 많다.

관록궁의 탐랑성으로 인해 새로운 일과 호기심이 가는 일에 대해 주변의 만류도 듣지 않고 빠져드는 편이며 흉한 대운만 아니라면 대부분 성취할 수 있다. 다만, 탐랑성의 부정적 속성인 화류계 또는 주색잡기에 빠진다면 좋은 대운에 들어있다 하더라도 패망하는 경우가 많다.

재백궁의 칠살성은 3조 답지 않게 재물에 대한 감각이 날카로운 편이며 재물 관련하여 인간관계를 맺고 끊음이 분명한 태도를 보인다. 남에게 보이는 모습보다는 자신이 원하는 방향으로 재물을 많이 쓰며 그 때문에 자동차, 오디오, 카메라 등의 취미에 빠져들면 지출이 늘어나게 된다.

천이궁의 염정성, 천상성은 명궁 파군성이 어떤 것을 하고자 할 때 돕는 환경으로 드러나게 된다. 때로는 그것이 사람일 수도 있고, 시대적인 영향일 수도 있다.

부처궁의 무곡성으로 인해 부부간에 사업을 하는 경우가 많다.

- 자오궁 파군성 명반 요약

1. 인간관계에 대해 능수능란하며 상황에 맞춰 유연하게 대처하는 능력을 가지고 있다.

2. 살파랑의 영향으로 인해 같은 직업을 오래 유지하지는 못하지만 자신이 성공한 사업 분야를 유지하면서 곁다리로 새로운 일을 하는 형태를 많이 볼 수 있다.
3. 세상을 보는 시야가 넓고 주변을 대하는 역량이 커서 직장생활보다는 개인 사업이 어울린다. 단, 유년기에는 남 밑에서 일을 배워야하는 시기에 타인의 지시를 받는 것을 견디기 힘들어하여 직장을 오래 다니지 못하는 모습을 보인다.
4. 재백궁의 칠살성을 세분한다면 돈을 벌어들이는 방법으로 볼 때 칼을 쓰는 직업이나 건설, 건축, 재개발 등 무언가를 부시고 다시 짓는 것 또는 타인을 징벌하는 것 등을 통해 수입이 있다고 본다.
5. 관록궁의 탐랑성으로 인해 유년기부터 여러 분야를 섭렵하게 되는데 그 중에 자신이 적응하기 쉬운 것을 직업으로 삼는다. 때문에 청년기에 성공하는 것 보다 중장년기에 성공하는 사람들이 많으며 노년기에는 오히려 조용히 지내는 편이다.
6. 천이궁의 염정성, 천상성은 활동할 때 필요한 것들을 가지고 있는 것을 보여주는데, 천상성은 인허가, 염정성은 관료 및 도움을 주는 사람으로 볼 수 있다.
7. 부처궁의 무곡성으로 인해 배우자는 성격이 강하고 본인의 일을 함께 하는 것으로 보는데, 배우자의 명반이 활동적 이어도 가정주부가 되어 있다면 이 사람은 배우자의 운까지 사용하게 된다.
8. 또는 배우자의 명의로 사업을 하고 자신은 실제 운영자인 형태로 사업을 하기도 한다. 배우자와의 관계는 좋은 편에 속하며 대부분 이혼하지 않는다.

12. 축미궁 천기성의 명반 해설과 요약

巨 門 平 巳 [官]	天 廉 相 貞 旺 平 午 [奴]	天 梁 旺 未 [遷]	七 殺 廟 申 [疾]
貪 狼 廟 辰 [田]	命宮在丑		天 同 平 酉 [財]
太 陰 陷 卯 [福]			武 曲 廟 戌 [子]
紫 天 微 府 廟 廟 寅 [父]	天 機 陷 丑 [命]	破 軍 廟 子 [兄]	太 陽 陷 亥 [夫]

太 陽 旺 巳 [夫]	破 軍 廟 午 [兄]	天 機 陷 未 [命]	紫 天 微 府 廟 平 申 [父]
武 曲 廟 辰 [子]	命宮在未		太 陰 旺 酉 [福]
天 同 廟 卯 [財]			貪 狼 廟 戌 [田]
七 殺 廟 寅 [疾]	天 梁 旺 丑 [遷]	天 廉 相 貞 廟 平 子 [奴]	巨 門 旺 亥 [官]

• 축미궁 천기성 명반 해설

3조의 천기성은 축미궁 모두 함하다는 특징이 있다. 때문에 매사에 고민이 많고 우유부단함이 증가한다. 머리는 좋고 계략은 뛰어나지만 현실감이 부족할 때가 많고 때로는 그런 모습들이 사람들에게 이기적이거나 사기꾼으로 비춰지는 경우도 생긴다. 이는 천기성이 어두워서 생기는 일로, 타인에게 한 말을 잊고 다른 말을 하기 때문이다. 선천 명궁이라면 그 영향은 덜하지만 유년 명궁이라면 타인에게 오해나 질타를 받게 된다. 때문에 천기성 명궁인 사람은 친절과 계약에 대한 구분을 분명이 해야 한다.

특히 축궁 천기성 명궁은 관록궁 거문성이 평하기 때문에 자신의 직업과 관련되어 만나는 사람들로부터 악평을 들을 수도 있다. 그래서 항상 주의해야 하며, 미궁 천기성 명궁은 관록궁 거문성이 왕하기 때문에 그 영향이 덜하다.

관록궁 거문성의 영향에 따라 말하는 것을 직업으로 삼으면 좋다.

직업으로는 역학인 또는 종교인들이 많은 편이며 방송, 연예 계통의 사람들은 적다.

재백궁 천동성으로 인해 수입은 안정적인 편이며 큰 변화보다는 꾸준한 수입이 들어오는 것을 더 좋아한다.

천이궁 천량성으로 인해 함께하는 사람들이 자신보다 모두 연상이거나 또는 걱정 많은 사람들로 비춰지기도 한다.

• 축미궁 천기성 명반 요약

1. 천기성은 대궁의 천량성과 마주하여 역마로 발동되는 경우가 있는데, 이는 살 곳을 잃고 떠도는 수행승과 같다. 현대에서는 역학인 또는 종교인 등으로 비춰지며 그와 관련이 없다면 일시적 파재로 인해 도피생활을 하는 경우도 흔하다.
2. 명궁 천기성의 약점은 질투와 시기심이다. 이것은 천기성의 2인자 속성으로 인해 발생하는데 자신의 노력에 비해 대가가 부족하다 생각하여 반란을 일으키고자 하는 마음이 생기기 때문이다.

3. 만약 선천 명궁이면 자신의 경험에 따라 이 영향이 줄어들지만, 유년 명궁이라면 그 한 해 동안 자신이 속한 곳에서 정신적 고통이 심각할 것이다.
4. 관록궁 거문성은 다양한 직업을 갖게 하는데 대부분 말하는 것을 직업으로 삼는다. 특히 역학인, 강사, 세일즈, 텔레마케터 등의 직업을 갖는데, 천기성이 어두우면 역학인과 종교계로 빠질 가능성이 높고, 천기성이 밝으면 세일즈 및 텔레마케터 등 사회활동이 많은 직업을 가질 가능성이 높다. (말하는 것이 주된 업무라면 어느 분야에서도 잘 적응한다.)
5. 재백궁의 천동성은 적지만 꾸준하게 들어오는 수입을 뜻하는데 천동성의 속성은 경양성으로 인해 일정한 고난을 겪어야 발복한다. 이 때문에 수입이 적은 사람이라면 아직 고난을 겪지 않은 사람이고, 수입이 높은 사람이라면 흉한 대운에서 파재운을 한 번 겪은 사람이다.
6. 그러므로 흉한 일을 겪는다고 해서 그것을 불운하다고 볼 수 없다. 다만 흉한 대운 동안 귀인이 나타나 천동성의 속성인 복성의 역할을 하게 된다.
7. 부처궁의 태양성은 배우자가 여자라면 성적으로 불감증이 있을 가능성이 높고, 배우자가 남자라면 잔소리가 많은 시아버지같은 사람이 된다.
8. 이는 태양성의 속성이 음양으로 나뉘었을 때 여성은 장점이 감소되고 남성은 장점이 드러나기 때문이다. 하지만 태양성은 보살피고 교육시키는 별이기에 배우자가 잔소리를 많이 한다. 하지만 부부관계가 나쁘다고 볼 수는 없다.

제4조의
본성과 명궁 위치에 따른 논명

4조의 명반

天相平巳	天梁廟午	廉貞廟 七殺旺 未	申
巨門平辰	紫微在卯		酉
紫微旺 貪狼地 卯			天同平戌
太陰閑 天幾旺 寅	天府廟丑	太陽陷子	破軍平 武曲平 亥

破軍閑 武曲平 巳	太陽廟午	天府廟未	太陰平 天幾平 申
天同平辰	紫微在酉		紫微平 貪狼平 酉
卯			巨門旺戌
寅	廉貞旺 七殺廟 丑	天梁廟子	天相平亥

4조의 본성

4조는 자미성이 도표와 같이 인(寅)궁과 신(申)궁에 배치된 모습을 의미한다.

자미성과 탐랑성이 같이 있는 건 '백읍'이라는 선비가 '달기'라는 여자를 만났다는 것을 의미한다. 자미성의 선비 정신, 학구적인 면, 예능과 끼의 면이 탐랑성이 가진 예능, 재예, 도화, 호기심에 가려져 버린다. 그래서 자미성의 성향보다 탐랑성의 성향이 강해지는 특징이 있다.

4조들은 자신이 하는 일에 모든 것을 바치는 습성이 있다. 다른 사람들이 '틀렸다' 라고해도 자신이 좋아하는 사람을 믿고, 자기가 가장 옳다고 생각하는 것을 믿는다. 그래서 자기만의 세계에 빠져 가족이나 친구들을 당황하게 한다.

한 번 탐닉에 빠져들면 나오지 않고 자신만의 세계에 살려고 하기에 다른 조보다 4조에서 더 많은 알콜, 마약, 도박, 성(性) 중독자들의 명반이 나온다.

대부분의 4조들은 자존심이 강하지만 일부 명궁에서는 겉으로 티가 나지 않는다. 그래서 오히려 순둥 순둥해 보이거나 타인의 말을 잘 듣는 듯해도 불평과 불만이 많고 다른 조에 비해서 스트레스를 심하게 받는다.

또, 관록궁에는 염정성, 칠살성과 재백궁에 무곡성, 파군성을 가지고 있어서 정말 마음에 드는 일을 찾게 되면 집중해서 사회적으로 드러나고, 재물 쪽으로 큰 욕심을 부려 모든 것을 집중하는 것이다. 만약 대운이나 유년에 흉성과 겁공이 회조해서 크게 도박을 하게 된다면 결국 파재하게 된다.

자미성, 탐랑성이 명궁이라면 남들에게 대우받으려 하는 마음이 강하고, 자신의 생각에 화려하거나 명예를 드러내는 일이 아니면 흥미를 가지지 않는다. 이들 중에는 평생을 은행에 근무하던 사람이 40대 50대가 되어 갑자기 댄스 강사가 되는 경우처럼 갑작스러운 직업의 전환이 이루어지기도 한다. 그래서 이들의 명반을 볼 때 선천도 중요하지만 대운을 좀 더 중요하게 눈여겨볼 필요가 있다.

4조의 본성 요약

1. 외모는 각양각색이나 타인에게 관심을 많이 받고 있다면 대체로 화려하거나 깔끔한 외모를 하고 있고, 은둔하고 있다면 살이 많이 찌는 현상이 있다.
2. 자기 자신의 규칙성에 빠져 약간 고지식한 면이 있다.
3. 연애에 있어서 손해를 많이 보는 입장에 놓이는데 일단 상대방을 믿으면 배신이 눈에 보일 때까지 믿어 주기 때문이다.
4. 취미생활이 직업이 되는 경우가 많다.
5. 자신이 좋아하는 것 외에는 무관심하거나 성실하지 않아 게으름, 또는 무책임해 보이는 경우가 많다.
6. 자신이 하고자 하는 일을 찾으면 과도할 정도로 꼼꼼하며 그런 면이 성공으로 이끈다.
7. 남에게 말 못할 고민을 항상 가지고 있기에 혼자 있는 것이 불편하며 가장 친한 사람과 함께 있을 때 안정감을 느낀다.
8. 자기애가 강하며 타인에게 지적 받는 것을 상당히 싫어한다.
9. 대기만성형이라 40대 이후에 자신의 길을 찾아가는 사람들이 많다.
10. 여자는 결혼생활에 완벽주의가 있어서 배우자가 기대를 맞춰주지 못하면 주부우울증에 걸리기 쉽다.
11. 어린 1~2대운 시기에는 갈 길을 정하지 못해 이것저것 눈에 뜨이는 대로 해보겠다는 주장을 한다. 하지만 끈기가 부족해 끝까지 이루기 힘들다. 유년(幼年)의 대운에 별의 배치가 좋은 경우 일찍 자기 길을 찾아 대성하는 경우가 있지만 대부분 장년과 말년이 좋지 않아 쓸쓸한 노년을 보낸다.
12. 자신의 전공 분야에서 타인을 가르치는 직업을 임시라도 하는 경우가 많다.
13. 꼼꼼하고 세심한 면이 많아 예술성이 도드라진다. 그렇기에 디자이너 등 여러 예술 분야로 진출하는데, 타인의 것을 베끼지 않고 자신의 것을 만들어 내므로 시간이 많이 걸리고 고민이 많다.

14. 금전적인 부분에서는 약점이 많은데 일단 자신이 좋아하는 것에 대해서는 지출이 많은 편이다.
15. 그러나 자신이 원하지 않는 것에 대해서는 지나칠 정도로 지출에 인색한 면이 있다.
16. 자미성과 탐랑성이 동궁한 곳에 탐랑성이 화기가 되면 재능을 발휘하기 어렵다.
17. 명궁과 삼방 대궁에 천괴, 천월을 보면 귀인으로부터 원조를 받아 일찍부터 자신의 재능을 키울 수 있다. 이것은 멘토를 만나는 것과 같다.
18. 4조는 어두운 좌보, 우필을 주의해야 하는데 친구들에게 이용당하는 약점이 있어서 좌보, 우필이 어둡고 삼방에 회조 할 때는 특히 주의해야 한다.
19. 직장인 생활을 하는 기간이 짧고 프리랜서 활동의 시기가 길다. 그리고 중, 말년에는 작게 자기 사업을 하는 사람이 많다.
20. 4조 중에 은둔형 외톨이가 많이 나오는 이유는 자미성과 탐랑성이 동궁한 조의 특성 때문이다.

1. 묘유궁 자미성, 탐랑성의 명반 해설과 요약

자미성, 탐랑성 명궁은 4조의 본성과 기본 구조가 일치하여 생략하고 명반구조만 소개한다.

<table>
<tr><td>天
相
平
巳 [福]</td><td>天
梁
廟
午 [田]</td><td>廉 七
貞 殺
廟 旺
未 [官]</td><td>申 [奴]</td></tr>
<tr><td>巨
門
平
辰 [父]</td><td colspan="2" rowspan="2">命宮在卯</td><td>酉 [遷]</td></tr>
<tr><td>紫 貪
微 狼
旺 地
卯 [命]</td><td>天
同
平
戌 [疾]</td></tr>
<tr><td>太 天
陰 機
閑 旺
寅 [兄]</td><td>天
府
廟
丑 [夫]</td><td>太
陽
陷
子 [子]</td><td>破 武
軍 曲
平 平
亥 [財]</td></tr>
</table>

<table>
<tr><td>破 武
軍 曲
閑 平
巳 [財]</td><td>太
陽
廟
午 [子]</td><td>天
府
廟
未 [夫]</td><td>太 天
陰 機
平 平
申 [兄]</td></tr>
<tr><td>天
同
平
辰 [疾]</td><td colspan="2" rowspan="2">命宮在酉</td><td>紫 貪
微 狼
平 平
酉 [命]</td></tr>
<tr><td>卯 [遷]</td><td>巨
門
旺
戌 [父]</td></tr>
<tr><td>寅 [奴]</td><td>廉 七
貞 殺
旺 廟
丑 [官]</td><td>天
梁
廟
子 [田]</td><td>天
相
平
亥 [福]</td></tr>
</table>

2. 진술궁 거문성의 명반 해설과 요약

<table>
<tr><td>天
相
平
巳 [父]</td><td>天
梁
廟
午 [福]</td><td>廉 七
貞 殺
廟 旺
未 [田]</td><td>申 [官]</td></tr>
<tr><td>巨
門
平
辰 [命]</td><td colspan="2" rowspan="2">命宮在辰</td><td>酉 [奴]</td></tr>
<tr><td>紫 貪
微 狼
旺 地
卯 [兄]</td><td>天
同
平
戌 [遷]</td></tr>
<tr><td>太 天
陰 幾
閑 旺
寅 [夫]</td><td>天
府
廟
丑 [子]</td><td>太
陽
陷
子 [財]</td><td>破 武
軍 曲
平 平
亥 [疾]</td></tr>
</table>

<table>
<tr><td>破 武
軍 曲
閑 平
巳 [疾]</td><td>太
陽
廟
午 [財]</td><td>天
府
廟
未 [子]</td><td>太 天
陰 幾
平 平
申 [夫]</td></tr>
<tr><td>天
同
平
辰 [遷]</td><td colspan="2" rowspan="2">命宮在戌</td><td>紫 貪
微 狼
平 平
酉 [兄]</td></tr>
<tr><td>卯 [奴]</td><td>巨
門
旺
戌 [命]</td></tr>
<tr><td>寅 [官]</td><td>廉 七
貞 殺
旺 廟
丑 [田]</td><td>天
梁
廟
子 [福]</td><td>天
相
平
亥 [父]</td></tr>
</table>

• 진술궁 거문성 명반 해설

명궁 거문성인 경우이다.

관록궁은 공궁이 되고 재백궁은 태양성이 배치된다. 관록궁 공궁의 특징상 직업이 불안정하다. 프리랜서나 전문직 중에서도 일하는 날짜가 적은 직업일 수 있으며, 재택근무자가 많다. 그러나 명궁 거문성의 힘을 빌어 쓰는 경우에는 강사, 세일즈, 텔레마케터, 딜러, 브로커 등의 직업 쪽에서 인정받으며 활동하는 이들도 있다. 현대에 많이들 지원하는 연예계로 진출하고자 하는 경우에는 연기자 쪽보다는 가수나 개그, 셀럽 등이 어울린다.

대부분 불안정한 직업을 가지고 있는 반면, 일부 안정적인 직업을 가진 사람들이 나타나기도 한다. 이 경우 결혼을 하지 않았거나 짧은 결혼생활을 끝내고 이혼한 사람들이며, 이후 혼자 사는 경우가 많다. 이유는 부처궁의 천기성, 태음성을 대궁인 관록궁 공궁으로 차성안궁한 것이라 볼 수 있다. 그렇기에 직업이 안정적이면 배우자가 없고 배우자가 있다면 직업을 잃는 상황을 만난다. 그 외에 거문성 명궁인 사람이 안정적인 직업을 가지는 시기는 대운이 기월동량을 구성하는 시기에 있을 때이다.

재백궁의 태양성은 정규적이며 안정적인 월급의 형태가 아닌 계약직이나 프리랜서처럼 불규칙적이며 수익의 높낮이 차이가 많이 나는 편이다. 그렇기에 태양성이 재물을 상징하는 기능이 있음에도 불구하고 많은 돈을 모으기는 어려우며, 삶의 기복이 심한 편이어서 어두운 거문성의 특징에 따라 우울증이나 비평적인 사고방식을 갖기도 한다.

거문성이 어둡고 육살성을 만나면 자살할 가능성을 내비치는데, 4조의 거문성 명반에서 일어날 가능성이 높다. 특히 경험해본 바에 따르면 사화나 흉살성에 따라 가볍거나 심한 조울증들을 앓고 있는 경우들이 있었다. 4조의 특성인 염정성과 칠살성이 한 궁에서 만나기에 염정성이 상징하는 '피'와 칠살성의 '살기'가 증폭되며 거기에 육살성이 회조하는 경우 생명이 위험한 지경을 겪는 것이다. 물론, 염정성과 칠살성이 동궁한 궁의 명칭도 중요하다.

- 진술궁 거문성의 명반 요약

1. 진궁 수명자는 별들이 어두워 불리하고 술궁 수명자는 별이 밝아 이롭다. 하지만 이로움과 불리함을 넘어 각자 별의 쓰임새가 있으니 직업의 선택에 따라 이로움과 불리함이 바뀌기도 한다.
2. 진궁 수명자는 부처궁의 천기성이 이로워 슬기로운 배우자를 만나게 된다. 술궁 수명자는 천기성과 태음성이 어두워 젊으면 연애사에 문제가 많고 결혼 후엔 배우자로 인해 남에게 말못할 고민이 많다.
3. 진, 술궁 모두 관록궁이 공궁이 되니 한가지 직업을 오래 유지하긴 힘들지만 대운의 흐름에 따라 10년 정도라면 같은 직업을 유지 할 수 있다.
4. 간혹, 자의든 타의든 혼기가 지나간 경우 부처궁의 별을 관록궁으로 차성안궁하여 튼튼한 직업을 갖는 경우도 있다.
5. 삶이 불리해지거나 힘들 땐 천이궁 천동성의 영향으로 귀인을 만나기 쉬우니 힘든 대운에 들거나 유년에 들었을 때는 집안에 숨지 말고 밖으로 나가 사람들을 만나야 한다.
6. 이런 경우 천동성의 밝기는 영향이 없다.
7. 거문성 수명자들은 항상 주의해야하는 것이 음주와 말이 앞서는 것인데 거문성의 영향으로 말이 많아지고 그 때문에 신뢰를 잃게 된다.
8. 대운에 들어 삶의 변화가 많고 독립적으로 활동하는 시기는 살파랑을 구성하는 30~40대이며, 이때에는 수줍어하던 성격도 바뀐다.

3. 사해궁 천상성의 명반 해설과 요약

天 相 平 巳 [命]	天 梁 廟 午 [父]	廉 七 貞 殺 廟 旺 未 [福]	申 [田]
巨 門 平 辰 [兄]	命宮在巳		酉 [官]
紫 貪 微 狼 旺 地 卯 [夫]			天 同 平 戌 [奴]
太 天 陰 幾 閑 旺 寅 [子]	天 府 廟 丑 [財]	太 陽 陷 子 [疾]	破 武 軍 曲 平 平 亥 [遷]

破 武 軍 曲 閑 平 巳 [遷]	太 陽 廟 午 [疾]	天 府 廟 未 [財]	太 天 陰 幾 平 平 申 [子]
天 同 平 辰 [奴]	命宮在亥		紫 貪 微 狼 平 平 酉 [夫]
卯 [官]			巨 門 旺 戌 [兄]
寅 [田]	廉 七 貞 殺 旺 廟 丑 [福]	天 梁 廟 子 [父]	天 相 平 亥 [命]

• 사해궁 천상성 명반 해설

명궁 천상성인 사람은 관록궁이 공궁이 되고 재백궁에는 천부성이 들어가는 부상격을 이루어 직업운이 불길 해진다. 한 직장을 10년씩 다니는 것이 힘들고 1~3년 단위로 직장을 바꾸며 살아갈 가능성이 아주 높다. 단, 금융권이나 증권, 창고 관리 등의 직업은 다른 업종보다 오래 직업을 유지하기도 한다. 이런 현상은 관록궁이 공궁이 되어 나타나는 현상인데, 부처궁의 자미성, 탐랑성을 옮겨 사용하는 경우에는 오히려 사업을 하는 사람이 간혹 나타난다.

이때 사업의 길흉은 흉성과 공망성의 배치로 따져보면 된다. 위의 직업이나 경우를 벗어난 경우에는 대부분 전공 없이 이곳저곳에 취직이 되는대로 다니는 사람이 많다.

재백궁의 천부성은 재물을 관리하는 힘을 보여준다. 물론 그 외에도 자신의 노력 외에 얻어지는 재물(불로소득)도 포함되는데 천부성의 부동성 때문에 스스로 움직이는 것보다 타인 또는 배우자의 자금을 관리하는 것에 이롭다. 돈을 벌려는 욕심은 있어도 이를 행동으로 옮겨 스스로 재물을 만들어 내기는 어렵다.

기획, 운영능력이라는 명궁 천상성의 특징과 복덕궁의 염정성, 칠살성으로 인해 계획과 큰 포부는 있지만 도전하는 용기가 부족한 편이라 성취하는 경우는 드물다.

제4조

• 사해궁 천상성 명반 요약

1. 명궁 천상은 기획력이 부족하거나 관리능력이 부족하니 대기업보다는 중소기업에서 활동하는 것이 이롭고, 활동 범위를 좁히거나 한 분야에만 집중하면 부족함을 면할 수 있다.
2. 관록궁의 공궁 영향으로 복덕궁이나 부처궁으로 이동하는 대운이 되었을 때부터 명궁의 천상성이 영향을 드러낸다. 대운의 살파랑이 초년의 변화를 일으켜 외형상 천상성 같이 보이지 않게 한다.
3. 대운이 부모궁 쪽으로 흐르는 사람은 전택궁부터 20년간 공궁의 영향을 받게

되므로 개인사업보다는 직장을 다니는 것이 좋다.

4. 명궁의 천상성이 어두워도 천상성의 기능은 유지되니 기능, 기술보다는 계약관련 업무나 서류를 다루는 것이 직업으로 오래 유지할 수 있다.
5. 일부 결혼을 늦게 하는 경우 부처궁의 자미성, 탐랑성을 관록궁으로 차성안궁하여 문화예술계로 진출하는 사람이 있는데, 웹툰, 만화가, 디자이너, 예능인 등 자탐의 창작능력으로 활동한다.
6. 사궁 명궁은 부처궁의 자미성이 밝아 배우자의 긍정적인 영향을 많이 받게 되고 해궁 명궁은 부처궁의 자미성이 어두워 배우자와 다툼이 많다.
7. 천이궁의 무곡성, 탐랑성의 영향으로 살아가는 분야에 변화가 많아 상황마다 뛰어들기 난해하다.
8. 일반적인 직업으로는 회계, 금융, 세무, 우편, 부동산중개, 업무대리인 등이 있고 경우에 따라 예능인까지 가능 하다.

4. 자오궁 천량성의 명반 해설과 요약

天 相 平 巳 [兄]	天 梁 廟 午 [命]	廉 七 貞 殺 廟 旺 未 [父]	申 [福]
巨 門 平 辰 [夫]	命宮在午		酉 [田]
紫 貪 微 狼 旺 地 卯 [子]			天 同 平 戌 [官]
太 天 陰 機 閑 旺 寅 [財]	天 府 廟 丑 [疾]	太 陽 陷 子 [遷]	破 武 軍 曲 平 平 亥 [奴]

破 武 軍 曲 閑 平 巳 [奴]	太 陽 廟 午 [遷]	天 府 廟 未 [疾]	太 天 陰 機 平 平 申 [財]
天 同 平 辰 [官]	命宮在子		紫 貪 微 狼 平 平 酉 [子]
卯 [田]			巨 門 旺 戌 [夫]
寅 [福]	廉 七 貞 殺 旺 廟 丑 [父]	天 梁 廟 子 [命]	天 相 平 亥 [兄]

- 자오궁 천량성 명반 해설

4조의 기월동량은 지공, 지겁과 경양만 없으면 취업을 잘 한다. 혹여 공겁성과 경양이 있다 하더라도 취업을 하고 나서 해고를 당하지, 처음부터 못하는 것은 아니다. 명궁 천량성의 영향을 받아 주변을 관리 감독하고 작은 일에도 신경을 쓰며 살아간다. 마치 시집간 여인이 친정과 시댁을 관리하느라 등골이 휘는 상황과 같다.

부처궁에는 거문성이 있어서 배우자와의 관계가 좋지 않다. 결혼할 때에는 애정이 돈독해도 결혼 생활이 조금 오래되면 배우자의 독설이 자신을 힘들게 한다. 그것은 부처궁 거문성의 특징인데 배우자가 자신을 '비평'하는 태도로 살아가기에 마음 둘 곳이 없어지는 것이다.

관록궁의 천동성은 자신의 직업에서 커뮤니케이션을 기능으로 사용하게 되는데 관리 능력보다는 인력을 유지하거나 인맥을 활용하는 계통, 또는 직장 내에서 인간관계가 원만한 것을 말하기도 한다. 그리고 천동성의 오래가는 힘에 따라 한 직장을 오래 다니는 경우 재백궁의 천기성, 태음성은 재물의 활용에 대해 보여주는 것으로 적금, 펀드, 주식 등 자신이 모은 돈을 소소하게 굴려 이익 보기를 좋아한다. 그렇기에 재물에 관해 욕심을 부리기보다는 작은 이익 자체를 즐긴다는 표현이 어울린다.

단, 이 명조에서 좋지 않은 점은 천량성을 흉하게 사용하는 점인데 4조의 특성인 좋아하는 것에 빠지면 헤어나오지 못하는 성향과 천량성의 어두운 특성인 집착이 함께 발현하면 연애에서는 '스토커', 사회적으로는 '음모론 주의자', '은둔형 외톨이'가 되는 경우도 있다. 그렇기에 이 명궁을 타고 났다면 가족과의 관계를 돈독하게 유지하는 데에 힘써야 하며, 자신의 강점인 천동성을 활용하여 인간관계를 통해 직업적 토대를 다듬을 필요가 있다.

- 자오궁 천량성 명반 요약

1. 오궁 명궁은 부처궁의 거문성이 평하여 배우자와의 관계가 불편하다. 이는 매사에 서로 비평적이 될 수도 있고 배우자의 일방적인 비평이 될 수도 있다.

2. 자궁 명궁은 부처궁의 거문성이 밝아 배우자의 거문성이 직업(텔레마케터, 상담가, 강사 등 말을 하는 직업)이나 전문직으로 발전한다면 오히려 사이가 좋을 수 있다.
3. 오궁 명궁은 재백궁의 천기성이 밝아 재물을 사용하는데 현명하며, 매사 결단력있게 판단한다.
4. 반면 자궁 명궁은 재백궁의 천기성과 태음성이 어두운 쪽에 속하니 자금관리에 신경 쓰임이 많고 매사 재물에 대해 폐쇄적이다.
5. 관록궁의 천동성 영향으로 사람을 많이 만나거나 많은 사람들 사이에서 중재해야 하는 일들을 업으로 삼는다. 또는 그런 계통의 직업을 갖지 않은 경우 명궁 천량의 영향을 더 많이 받아 사물에서부터 자금까지 관리하는 형태의 직업을 갖는다.
6. 만약 사업을 시도한다면 50대가 되어서 안전하며 그전까지는 아주 작은 공장이나 가게 정도를 운영할 수 있다.
7. 어렸을 때 부모의 영향이 좋다고는 볼 수 없는데 이는 부모궁의 칠살성 영향으로 부모와의 관계가 냉랭하기 때문이다.
8. 대운이 부모궁으로 흐르는 사람은 직장 생활하는 것이 이롭지만 일찍부터 사업을 하고자 할 것이고, 그래서 매번 성패를 감당해야한다.
9. 대운이 형제궁으로 흐르는 사람은 직장 생활을 하고 싶어하지만 매번 자기사업을 해야 하는 상황에 놓여 작은 사업체를 꾸리게 되거나 프리랜서가 되는 경우가 많다.

5. 축미궁 염정성, 칠살성의 명반 해설과 요약

天 相 平 巳 [夫]	天 梁 廟 午 [兄]	廉 七 貞 殺 廟 旺 未 [命]	申 [父]
巨 門 平 辰 [子]	命宮在未		酉 [福]
紫 貪 微 狼 旺 地 卯 [財]			天 同 平 戌 [田]
太 天 陰 機 閑 旺 寅 [疾]	天 府 廟 丑 [遷]	太 陽 陷 子 [奴]	破 武 軍 曲 平 平 亥 [官]

破 武 軍 曲 閑 平 巳 [官]	太 陽 廟 午 [奴]	天 府 廟 未 [遷]	太 天 陰 機 平 平 申 [疾]
天 同 平 辰 [田]	命宮在丑		紫 貪 微 狼 平 平 酉 [財]
卯 [福]			巨 門 旺 戌 [子]
寅 [父]	廉 七 貞 殺 旺 廟 丑 [命]	天 梁 廟 子 [兄]	天 相 平 亥 [夫]

• 축미궁 염정성, 칠살성 명반 해설

염정성, 칠살성이 명궁인 사람은 대운이 부모궁 방향으로 흐를 때 초년운이 공궁이기에 고생을 많이 한다. 반대로 형제궁으로 흐르는 사람은 흐름이 꽉 차 있어서 나름대로 초년에는 안정적인 삶을 유지한다. 시계 방향이든 반시계 방향이든, 초년운의 흐름에 상관없이 결국 40~50대가 되면 꿈을 이뤄 성공하거나 40~50대의 살파랑에 흉성과 공망성이 많이 배치된 사람은 크게 올랐다가 몰락하게 된다.

4조의 살파랑은 특히 변화가 많은데 이들은 욕심 부리는 별, 활동하는 별, 체면 차리는 별들이 함께 뭉쳐 있는 조합으로써 한번 자신이 좋아하는 일을 찾고 조금씩 성과를 보면 일사천리로 역경을 뚫고 목표를 향해 나아간다. 별들이 활동이 왕성하기 위해서는 이와같이 행동력을 서로 제어하지 않는 별들끼리 모여 있는 것이 좋다.

초년운에서 부모의 조력이 부족했던 경우에는 유흥, 향락 산업에 종사하는 사람들이 많으며, 패션 디자인, 피아노 학원 등 산업 예술 계통이나 사교육 쪽으로 발전하는 사람도 있고, 또 이들은 대부분 40~50대가 되면 살파랑의 영향을 받아 독립하여 자영업을 하는 경우가 많다.

행동력에 결단이 있고 성격은 급한 편이며 대체적으로 고집이 세서 주변의 의견을 잘 듣지 않는다. 군인이나 경찰, 운동 쪽으로 진로를 정하는 사람들도 있는데, 이 경우는 사화가 함께 있다면 높은 지위나 유명한 선수가 될 수 있다.

가끔 여자의 경우 이런 명궁을 지니고 가정주부가 되는 사람이 있는데, 그런 사람들은 배우자의 사업이 망하거나 직장을 잃게 되었을 때 갑자기 사회에 뛰어들어 성공하기도 한다.

• 축미궁 염정성, 칠살성의 명반 요약

1. 미궁 명궁은 직업에 변화가 많고 두 세가지 일을 동시에 하는 반면, 축궁 명궁은 자신이 잘하는 일을 찾으면 그 한가지를 꾸준히 하는 성향이 있다.
2. 명궁에 경양성이 들면 특히 좋지 않은데, 칠살성의 살기가 더 커지기 때문

이다. 선량한 자라면 그 살기에 몸을 다치는 것이고 그렇지 않다면 타인을 다치게 하는 사람이 되기 때문이다.

3. 4조 특유의 조합인 칠살성이 염정성과 함께 있기에 경양이 동궁한다면 각종 재난에 의해 몸을 다칠 수도 있다.
4. 단, 이 위험을 면하는 사람이 있는데 그 조건은 염정성의 화기를 목기로 사용하는 사람들이다.
5. 대운이 부모궁으로 흐르는 사람은 공궁의 영향으로 전택궁에 이르는 대운이 되어야 자신의 뜻을 세워 움직일 수 있다.
6. 대운이 형제궁으로 흐르는 사람은 유년기부터 자신의 특색을 드러내어 이런 일 저런 일을 주변사람들과 어울려 하다가 재백궁 대운에 이르러 자신의 길을 간다.
7. 미궁 명궁은 동업없이 혼자 일해 나가야 길하고, 축궁 명궁은 남의 일을 함께 하는 것이 이롭다.
8. 만약 연예계로 진출하고자 하는 사람은 명궁이 부모궁으로 흐르는 경우에 이롭고, 형제궁으로 흐르면 성취가 고단하다. 양쪽 모두 염정성이 화기로 쓰여야 가능하다.

6. 인신궁 공궁의 명반 해설과 요약

天 相 平 巳 [子]	天 梁 廟 午 [夫]	廉 七 貞 殺 廟 旺 未 [兄]	申 [命]
巨 門 平 辰 [財]	命宮在申		酉 [父]
紫 貪 微 狼 旺 地 卯 [疾]			天 同 平 戌 [福]
太 天 陰 幾 閑 旺 寅 [遷]	天 府 廟 丑 [奴]	太 陽 陷 子 [官]	破 武 軍 曲 平 平 亥 [田]

破 武 軍 曲 閑 平 巳 [田]	太 陽 廟 午 [官]	天 府 廟 未 [奴]	太 天 陰 幾 平 平 申 [遷]
天 同 平 辰 [福]	命宮 寅		紫 貪 微 狼 平 平 酉 [疾]
卯 [父]			巨 門 旺 戌 [財]
寅 [命]	廉 七 貞 殺 旺 廟 丑 [兄]	天 梁 廟 子 [夫]	天 相 平 亥 [子]

- 인신궁 공궁 명반 해설

인신궁 공궁의 경우 관록궁과 재백궁으로 거일의 구조를 이룬다.

관록궁의 태양성과 재백궁의 거문성의 영향에 따라 재능이 결정되는데 거문성을 따르는 사람과 태양성을 따르는 사람으로 나뉜다. 이것을 나누는 것은 대운 명궁이 형제궁으로 흐르는지 부모궁으로 흐르는지에 대한 영향으로 판단한다.

이는 명궁이 공궁이어서 생기는 특징이다.

태양성의 영향을 받는 사람은 외부에서 보기에는 성향이 날카롭고 비평적이지만 자기 주변 사람들에 대해 관심이 많고 주변의 사물을 꼼꼼하게 살피고 선하다. 또, 말투는 직선적이어서 주변사람들을 불편하게 만들 수 있다.

거문성의 영향을 받는 사람은 어릴 때부터 말이 많은데 이를 불편하게 여기지 말고 재능으로 받아들이면 이롭다.

직업으로는 상담사, 강사, 의사, 무역, 통역, 부동산 등이 있으며 만약 연예계로 생각한다면 개그, 가수, 모델 등이 좋고 배우로는 어렵다

선천 부모궁은 공궁이어서 부모로부터 주고받는 것이 적고 흉성이 있다면 그 영향을 고스란히 받게 된다.

부처궁이 천량성이라 성적으로 문란하지는 않지만 흉성이 있다면 일생에 이성으로 인한 심한 스트레스를 받게 된다. 만약 길성이 많다면 매니저처럼 꼼꼼하게 자신을 관리해주는 배우자를 만난다. 간혹, 자신보다 10년이상의 연상과 결혼하는 경우도 있다.

- 인신궁 공궁 명반 요약

1. 복덕궁의 영향으로 사람들과 어울리기 좋아하고 항상 타인보다 횡재가 따른다.
2. 어렸을 때는 명궁이 공궁이라 좌우궁의 모습을 닮아가는데 부모궁까지 공궁이어서 형제궁의 행동과 모습을 닮는다. 그 때문에 유년기에 사람 사귀는 것에 주의해야 한다.

3. 전택궁의 무곡성 파군성은 직업이 불리할 때 부동산 관련한 일을 일시적으로 하거나 소유한 부동산을 사고파는 것으로 이득이 있음을 암시한다. 그러나 인궁 수명자는 그 힘이 부족하다.
4. 태양성의 영향을 많이 받으면 마른 체형이 되고, 거문성의 영향을 많이 받으면 비만이 생긴다.
5. 재물은 격에 따라 많이 벌고 많이 쓰는 편이라 잘 모으지는 못한다.
6. 부동산은 사고파는 것이 아니라면 자신의 부동산을 유지하는 것은 힘들다.
7. 질액궁의 탐랑성으로 인해 생식기가 질병에 약하며 성관계로 생기는 액운을 주의해야 한다.
8. 인신사해궁 중에 명궁이 들었기에 평생에 역마가 영향을 미치는데 직업에 따라 삶의 터전을 같이 옮기게 된다.
9. 평생에 주의 해야 하는 흉성은 지겁성과 천요성이다.

7. 묘유궁 공궁의 명반 해설과 요약

天 相 平 巳 [財]	天 梁 廟 午 [子]	廉 七 貞 殺 廟 旺 未 [夫]	申 [兄]
巨 門 平 辰 [疾]	命宮在酉		酉 [命]
紫 貪 微 狼 旺 地 卯 [遷]			天 同 平 戌 [父]
太 天 陰 機 閑 旺 寅 [奴]	天 府 廟 丑 [官]	太 陽 陷 子 [田]	破 武 軍 曲 平 平 亥 [福]

破 武 軍 曲 閑 平 巳 [福]	太 陽 廟 午 [田]	天 府 廟 未 [官]	太 天 陰 機 平 平 申 [奴]
天 同 平 辰 [父]	命宮在卯		紫 貪 微 狼 平 平 酉 [遷]
卯 [命]			巨 門 旺 戌 [疾]
寅 [兄]	廉 七 貞 殺 旺 廟 丑 [夫]	天 梁 廟 子 [子]	天 相 平 亥 [財]

• 묘유궁 공궁 명반 해설

묘유궁 공궁 수명자는 관록궁의 천부성과 재백궁의 천상성이 배치되어 있다.

관록궁의 천부성 영향으로 직업은 안정적인 것이 좋은데, 창고관리, 매장관리, 은행, 증권 등 금융업계에 활동하는 것이 이롭고 재백궁의 천상성 영향으로 우체국, 세무업무, 계약관리 보험업 등의 직업이 어울린다.

복덕궁이나 천이궁의 자미성, 탐랑성 영향으로 일찍이 사업을 하고자 하는 사람들도 있으나 그런 경우 사업관리의 고단함을 못이겨 포기하게 된다.

유년기엔 부모궁의 영향을 강하게 받으므로 부모는 묘유궁 수명자 앞에서 말과 행동을 조심해야 하며 선하게 키워야 한다.

복덕궁의 무곡성, 파군성의 어두운 영향으로 평상시 얌전했다가도 사나워질 수 있다.

부처궁의 염정성 칠살성은 배우자와 관계가 좋지 않음을 암시하며 특히, 염정성이 화기로 쓰이게 되면 어릴 때부터 이성에 눈을 떠 시끄러운 일들이 많아진다. 부처궁에 천형성이 들어 있다면 각별하게 주의해야한다. 결혼 후에는 배우자의 힘을 빌어 사업하는 사람으로 바뀌기도 하는데 부처궁 살파랑 구조의 힘을 빌어 쓰기에 본인의 힘이 부족해도 사업이 가능해진다.

제4조

• 묘유궁 공궁 명반 요약

1. 묘유궁 명궁 수명자는 결혼 전과 결혼 후의 성격 변화가 많은데 이는 명궁 공궁자가 배우자 궁에 있는 염정성 칠살성의 영향을 많이 받기 때문이다.
2. 때로는 천이궁의 자미성, 탐랑성의 영향을 받아 내적이고 독단적인 고집스러운 성격이 드러난다.
3. 직업이 안정되는 때는 욕심을 버리고 안정을 찾는 때가 되어야 하는데 양쪽 모두 40대가 넘어야 직업이 안정된다.
4. 혹, 조기에 성공하는 이들이 있는데 이경우는 초기 대운 명궁이 살파랑과 겹치

면서 일어난다. 그러나 조기에 성공하면 그 업이 10년이상 가기 힘드니 주의해야한다.

5. 이 명조는 안정적인 삶을 선택해야 하지만 대부분 사업이나 투자에 관심이 많고 항상 새로운 일을 하고 싶어하는데, 이때문에 불길한 대운에 들어서 실패하는 일을 겪는다.
6. 천이궁 자미성과 탐랑성을 차성안궁하여 예능계로 진출하는 경우, 배우 보다는 광고, 모델 쪽이 이롭다.
7. 사업은 생산업이라면 작게, 도소매 계통이라면 창고 역할로, 안전한 것은 금융주식, 보험 부동산계통이다.
8. 명궁이 공궁이기에 주의해야할 흉성은 천형성인데, 천형성이 드는 이들 중에는 종교인이나 역학인으로 흘러가는 이들이 많기 때문이다.

8. 진술궁 천동성의 명반 해설과 요약

<table>
<tr><td>天
相
平
巳 [疾]</td><td>天
梁
廟
午 [財]</td><td>廉 七
貞 殺
廟 旺
未 [子]</td><td>申 [夫]</td></tr>
<tr><td>巨
門
平
辰 [遷]</td><td colspan="2" rowspan="2">命宮在戌</td><td>酉 [兄]</td></tr>
<tr><td>紫 貪
微 狼
旺 地
卯 [奴]</td><td>天
同
平
戌 [命]</td></tr>
<tr><td>太 天
陰 機
閑 旺
寅 [官]</td><td>天
府
廟
丑 [田]</td><td>太
陽
陷
子 [福]</td><td>破 武
軍 曲
平 平
亥 [父]</td></tr>
</table>

<table>
<tr><td>破 武
軍 曲
閑 平
巳 [父]</td><td>太
陽
廟
午 [福]</td><td>天
府
廟
未 [田]</td><td>太 天
陰 機
平 平
申 [官]</td></tr>
<tr><td>天
同
平
辰 [命]</td><td colspan="2" rowspan="2">命宮在辰</td><td>紫 貪
微 狼
平 平
酉 [奴]</td></tr>
<tr><td>卯 [兄]</td><td>巨
門
旺
戌 [遷]</td></tr>
<tr><td>寅 [夫]</td><td>廉 七
貞 殺
旺 廟
丑 [子]</td><td>天
梁
廟
子 [財]</td><td>天
相
平
亥 [疾]</td></tr>
</table>

- 진술궁 천동성 명반 해설

천동성이 명궁인 사람은 천동성의 커뮤니케이션 기능에 충실한다. 직장상사나 선배 등 윗사람과의 화합을 잘하며 늘 성실한 사람으로 평가된다. 그래서 자신의 마음에 드는 회사라면 상당한 지위에 오를 때까지 오랜 기간 애사심을 가지고 다닌다.

다만 부처궁과 형제궁이 공궁이 되므로 부모를 제외한 육친과의 인연이 희박하며, 복덕궁의 태양성 때문에 주변의 걱정거리에 모두 참견하는 성향을 지닌다.

관록궁의 천기성, 태음성은 타인의 것을 관리, 계산, 정산, 운영하는데 능하기에 월급을 받으며 직장 생활을 하는 것이 좋다. 예술성이나 기획력은 부족한 편이며, 사업을 하는 경우 배포가 크지 않아 작은 이익과 손실에 집착하기에 인심을 쉽게 잃어 좀처럼 발전하기 힘들다.

재백궁의 천량성은 자금의 관리 에너지로 쓰므로 쉽게 큰돈을 쓰지 않는 성격이며, 작은 돈을 꾸준히 모아 적지 않은 재물을 모은다.

이 명궁에서 주의할 점은 4조의 본성을 숨기고 있다는 점이다. 그렇기에 평생 성실하게 얌전히 살던 사람도 염정성, 칠살성 궁이나 자미성, 탐랑성 궁에 들어가면 평소에 하지 않던 일을 하게 되는데 그때를 주의해야 한다. 보통 자미성, 탐랑성 궁으로 가는 경우 쉽게 중독에 빠지는데 실제로 상담한 내용 중에 평생 가정관리 잘하고 성실하게 살던 아주머니가 자미성, 탐랑성 대운에서 도박에 빠지는 바람에 그동안 모은 돈과 집까지 잃는 경우를 본 적이 있다.

또, 염정성, 칠살성으로 흐르는 대운에는 갑자기 직장을 그만두고 사업을 시작했다가 고전을 면치 못하는 경우도 많다. 그래서 이 명조는 항상 힘들 때 스트레스를 풀 취미를 겸해야 말년까지 안정된 삶을 살 수 있다.

- 진술궁 천동성의 명반 요약

1. 천동성의 속성으로 인해 사람들과 어울리기를 좋아하지만 4조 자미성 탐랑성의 속성으로 인해 그 중심에서 관심 받고 싶어한다. 그 때문에 모이는 그룹이 작다.

2. 복덕궁의 영향이 얼굴에 미치면 눈과 입이 커서 시원시원한 얼굴이 된다. 만약 그렇지 않다면 우연한 기회에 이름을 알리거나 사회사업, 복지사업에 관심을 둔다.
3. 재백궁 천량성의 영향으로 평생에 자신이 먹고 살 것이 늘 있지만, 그것이 확정적이지 않기 때문에 재물이 많으면 많아서, 적으면 적어서 걱정하며 산다.
4. 만약 연예인을 지망한다면 자신을 관리감독해줄 매니지먼트가 필요하다.
5. 술궁 명궁은 관록궁의 태음성이 한이고 천기성이 밝아 강하기에 태음성이 없다고 해도 직업적인 안정을 찾을 수 있다.
6. 명궁 천동성 답게 진궁, 술궁 모두 위기에 빠질 때나 나쁜 운에 들었을 때 묵묵히 참아내기만 하면 귀인이 발동하여 운이 역전되는 경우가 많다.
7. 다만 여명의 경우 부처궁이 공궁이기에 멀쩡하게 사업하던 이들도 결혼하면 사업이 불황을 맞이하거나 다니던 직장을 잃는 경우가 많다.
8. 재물을 모으는 데는 투기성이 있는 방법보다 꾸준한 저축이나 주택구입 등을 통해 자산을 늘려야 잘 모인다.

9. 사해궁 파군성, 무곡성의 명반 해설과 요약

<table>
<tr><td>天
相
平
巳 [遷]</td><td>天
梁
廟
午 [疾]</td><td>廉 七
貞 殺
廟 旺
未 [財]</td><td>申 [子]</td></tr>
<tr><td>巨
門
平
辰 [奴]</td><td colspan="2" rowspan="2">命宮在亥</td><td>酉 [夫]</td></tr>
<tr><td>紫 貪
微 狼
旺 地
卯 [官]</td><td>天
同
平
戌 [兄]</td></tr>
<tr><td>太 天
陰 機
閑 旺
寅 [田]</td><td>天
府
廟
丑 [福]</td><td>太
陽
陷
子 [父]</td><td>破 武
軍 曲
平 平
亥 [命]</td></tr>
</table>

<table>
<tr><td>破 武
軍 曲
閑 平
巳 [命]</td><td>太
陽
廟
午 [父]</td><td>天
府
廟
未 [福]</td><td>太 天
陰 機
平 平
申 [田]</td></tr>
<tr><td>天
同
平
辰 [兄]</td><td colspan="2" rowspan="2">命宮在巳</td><td>紫 貪
微 狼
平 平
酉 [官]</td></tr>
<tr><td>卯 [夫]</td><td>巨
門
旺
戌 [奴]</td></tr>
<tr><td>寅 [子]</td><td>廉 七
貞 殺
旺 廟
丑 [財]</td><td>天
梁
廟
子 [疾]</td><td>天
相
平
亥 [遷]</td></tr>
</table>

• 사해궁 파군성, 무곡성 명반 해설

무곡성, 파군성이 명궁인 사람은 자기 뜻대로 사업하려는 힘이 강하다.

명예를 세우고 싶어하는 자미성에 탐랑성을 관록궁으로 두고 명궁에 활동과 개창을 암시하는 무곡성과 파군성을 가지고 있어 자신이 생각한 일을 밀고 나가는 힘이 강하다. 그러나 하나가 완성되면, 금세 새로운 다른 일을 하려고 들기에 안정되게 살기는 힘들다.

이것은 두 별의 조합이 나쁜 것이 아니라 활동성인 무곡성과 들어온 재물을 개창을 하는 파군성이 함께 있으니, 들어온 재물을 쉬게 놔두지 않고 또 투자한다는 개념으로 '자본을 채울 시간없이 회전시키는 것'으로 판단해야 한다.

만약 좌보, 우필, 천괴, 천월이 없으면 혼자서 일을 다 해야 하므로 큰 성취는 어렵다. 화성, 영성, 타라와 같은 별들이 동궁해 있으면 골치 아픈 일이 많다.

만약 무곡성, 파군성 명궁에 녹존이나 화성이 동궁 할 경우 폭발적인 재물의 모습이 보이는데, 갑자기 발복하여 부자가 되기도 한다.

지겁이 함께 들면 돈이 다 깨져 버리고 천형이나 화기가 들면 무곡성과 파군성의 발목을 묶어버린다.

비록 삶의 모습에서 현재는 초라해 보일지라도 4조는 중년이나 말년에는 반드시 역전을 하기 때문에 현재 모습만 보며 쉽게 낙심할 이유가 없다. 그만큼 강한 인내심으로 현실을 타개해 나갈 수 있는 조라고 볼 수 있다.

또, 살파랑의 삼방 안에 문창, 문곡을 같이 가지고 있는지도 중요하다. 문창, 문곡이 배치된 해에 이르러서야 일이 제대로 시작된다.

• 사해궁 파군성, 무곡성 명반 요약

1. 해궁 명궁은 관록궁의 자미성이 밝고 탐랑성이 어두운데 이 때문에 이름을 알리기 좋은 자미성이 밝아도 예술, 창작, 역학, 예능 계통에서의 능력이 부족해진다. 만약 이 관록궁 구조로 연예인을 한다면 그 힘이 부족해 일시적으로만

활동하게 된다.

2. 공장같이 일상적인 일을 반복하는 것보다 늘 새로운 일을 해야 삶이 나아지고 적응할 수 있다. 만약 그런 직업을 찾을 수 없다면, 매번 직업을 바꾸게 된다.
3. 재백궁은 염정성의 재물에 대한 욕구와 칠살성의 살기로 제물을 지킨다. 그래서 재물을 모으고 키우기에 좋은 모습이지만, 탐욕이 지나치게 커지면 타인에게 피해를 입히며 재물을 키우게 된다.
4. 이 재백궁은 재물을 모으기에 좋은 힘을 가지고 있다. 다만 재물에 대한 욕망이 깊어 불법을 저지르지 않아야 하는 것을 깊이 새겨야 한다.
5. 이 명궁 조합은 유심히 살펴보아야 하는 부분이 '경양, 천요, 천형이 삼방에 회조하는가?'이다. 이 흉살성이 삼방에 배치 되어있는 경우 일생에 파란이 크다.
6. 부처궁이 공궁이어서 배우자와 인연이 얕다. 현대에서는 정식 결혼보다는 친구처럼 동거하는 관계가 되기도 한다. 여자의 경우 관록궁을 차성안궁하여 결혼하는 사람도 있지만 그 경우 직업운이 약해져서 고단해진다.
7. 사궁 명궁은 혼자 움직이는 힘은 있으나 장애를 뚫고 나가는 힘이 부족하니 반드시 심복 같은 동료를 곁에 두어야 일을 성공할 수 있다.
8. 대운이 형제궁으로 흐르는 사람은 부처궁과 자녀궁이 대운 명궁이 될 때 불길하니 되도록 직장을 얻고 안정을 꾀하는 것이 좋다.

10. 자오궁 태양성의 명반 해설과 요약

天相 平 巳 [奴]	天梁 廟 午 [遷]	廉貞 七殺 廟 旺 未 [疾]	申 [財]
巨門 平 辰 [官]	命宮在子		酉 [子]
紫微 貪狼 旺 地 卯 [田]			天同 平 戌 [夫]
太陰 天機 閑 旺 寅 [福]	天府 廟 丑 [父]	太陽 陷 子 [命]	破軍 武曲 平 平 亥 [兄]

破軍 武曲 閑 平 巳 [兄]	太陽 廟 午 [命]	天府 廟 未 [父]	太陰 天機 平 平 申 [福]
天同 平 辰 [夫]	命宮 午		紫微 貪狼 平 平 酉 [田]
卯 [子]			巨門 旺 戌 [官]
寅 [財]	廉貞 七殺 旺 廟 丑 [疾]	天梁 廟 子 [遷]	天相 平 亥 [奴]

• 자오궁 태양성 명반 해설

명궁의 태양성은 모든 것을 밝히기를 좋아하며, 떳떳해야 하는 특성이 강하다. 그리고 관록궁의 거문성은 시시비비를 가리는 것을 즐겨하며 말하는 것을 기능으로 삼는다.

이것을 현대 사회에 맞추어 해석하면, 타인에게 강의를 하거나 신문기자, 또는 비평가, 논평가 등을 직업으로 갖게 되며, 명궁의 태양성을 통해 여러 사람을 상대한다는 것을 유추해 사화가 좋은 경우 대학교수, 거일의 역마성을 사용한 경우 무역, 거문성을 사용한 경우 연예인 중에 코미디언, 가수 등으로 유추해 볼 수 있다.

단, 거일의 조합에서 나타나듯, 일정한 직업을 갖는 것이 아닌 프리랜서 형태가 많고 불안정한 계약직의 형태를 갖는 사람이 많다.

다행히 배우자 궁에 흉성이 들지 않으면 안정적인 배우자의 보필을 받기도 하지만 만약 흉성이 있는 경우에는 천기성과 태음성이 각각의 역할을 하게 되어 배우자로 인한 우여곡절이 있다.

이 사람은 마음속에 항상 미래에 대한 불안감과 걱정이 있는데 그것은 기우(奇遇)에 해당하는 천량성이 복덕궁에서 미래에 대한 걱정을 만들기 때문이다.

• 자오궁 태양성 명반 요약

1. 대운이 부모궁으로 흐르는 사람은 직장생활이 길고, 형제궁으로 흐르는 사람은 직장생활이 짧다.
2. 자궁 명궁보다 오궁 명궁은 사람들에게 많은 영향을 주는 일을 할 가능성이 높다.
3. 재백궁은 공궁이어서 각 대운마다 재백궁의 길흉에 영향을 받는다. 그래서 대운이 부모궁으로 흐르는 사람은 중년이후부터 재물이 모이고 대운이 형제궁으로 흐르는 사람은 초년에 반짝 하다가 어려워지고 다시 좋아지는 때가 장년에 들어서이다.

4. 재물을 현금으로 모을 수 있는 운보다 금, 부동산 같은 자산으로 모을 수 있는 운을 가지고 있으니 일찍이 자금을 그렇게 모으는 것이 이롭다.
5. 남녀 모두 배우자가 특별히 도움이 되지 않는 것 같아도 자신의 대운이 위기를 맞을 때마다 배우자의 큰 도움이 있다. 배우자는 본인에게 유순하며 함께 어울리기를 좋아하는 타입이다.
6. 만약 기월동량 대운에 직원이 많은 직장을 다니는 사람이라면, 직장 내에 소문 메이커가 될 수 있으니 자신의 입을 잘 단속해야 한다.
7. 자녀궁이 공궁이어서 자녀를 두기 힘드나 배우자의 운에서 자녀운이 있다면 그 자녀의 수에 영향을 받아 낳게 된다.
8. 자오궁 모두 주의해야 하는 것은 질액궁의 염정성 칠살성으로 교통사고나 재난시에 피해를 입지 않도록 주의해야한다. 만약 수호성이 없다면 흉성이 강해지는 대운에 화를 입게 된다.

제4조

11. 축미궁 천부성의 명반 해설과 요약

天 相 平 巳 [官]	天 梁 廟 午 [奴]	廉 七 貞 殺 廟 旺 未 [遷]	申 [疾]
巨 門 平 辰 [田]	命宮在丑		酉 [財]
紫 貪 微 狼 旺 地 卯 [福]			天 同 平 戌 [子]
太 天 陰 機 閑 旺 寅 [父]	天 府 廟 丑 [命]	太 陽 陷 子 [兄]	破 武 軍 曲 平 平 亥 [夫]

破 武 軍 曲 閑 平 巳 [夫]	太 陽 廟 午 [兄]	天 府 廟 未 [命]	太 天 陰 機 平 平 申 [父]
天 同 平 辰 [子]	命宮在未		紫 貪 微 狼 平 平 酉 [福]
卯 [財]			巨 門 旺 戌 [田]
寅 [疾]	廉 七 貞 殺 旺 廟 丑 [遷]	天 梁 廟 子 [奴]	天 相 平 亥 [官]

- 축미궁 천부성 명반 해설

축미궁 명궁은 천부성 천상성이 독좌한 '부상격'의 대표적인 백수격(失業者)으로 판단한다. 현대사회에서 부상격들은 극단적인 모습을 보이는데 금융기관이나 창고를 지키는 직업, 기획자 같이 천부, 천상성의 기능적인 면과 정확하게 매치되지 않는 경우 대부분 자신의 직업을 1~2년 이상 유지하지 못한다.그래서 이 부상격은 명궁에 천부성, 관록궁에 천상성으로 궁과 별의 기능을 조합하여 정리하면, 명궁의 천부성은 재물을 관리하며 해액하는 기능을 발휘하고 관록궁의 천상성은 기획하며 관리하는 기능을 한다. 하지만 둘 다 활동 에너지가 없는 별로 계획하는 일들을 자신이 실제로 활동하여 성취하는 실행력이 부족하다. 그렇기에 현대사회에서 금융권같이 재물을 보관, 관리하는 직업을 갖거나 창고관리 쪽, 여성의 경우에는 일반회사의 경리업무를 보거나 천부성의 속성처럼 전업주부가 되는 경우가 많다. 결혼한 남자의 경우 사화가 없고 보좌성을 못 보는 상황에서 직업이 불안정하다면 부처궁의 무곡성, 파군성이 움직여 부인이 남편을 먹여 살리는 '셔터맨'이 되기도 한다.

- 축미궁 천부성 명반 요약

1. 부상격들은 부처궁의 별이 중요한데 여명의 경우 남편을 적절한 시기에 잘 만나면 현모양처가 되고, 남명의 경우 자신의 부족한 관록궁의 운을 부처궁에서 끌어 사용할 수 있기 때문이다.
2. 관록궁의 천상성이 어두워 서류 관련한 일을 해야 하지만 일에 항상 부담이 있고 또는 자신이 원하지 않는 일을 직업으로 삼는다.
3. 재백궁은 공궁이어서 각 대운의 재백궁 영향을 강하게 받는다.
4. 그래서 대운이 형제궁으로 흐르는 사람은 중년으로 갈수록 재물운이 좋지 않고 말년에 이를 때 재물운이 평안 해진다.
5. 대운이 부모궁으로 흐르는 사람은 의외로 재물운이 안정적이지만 큰 돈을 호령하기보다는 적은 돈을 모아 큰돈을 만들어 간다.

6. 만약 배우자 궁의 힘을 사업으로 사용하지 않는 경우 축궁 수명자는 부처궁이 파군성의 힘에 의해 가정이 편안치 않으며 이혼과 재혼이 겹칠 수 있다.
7. 안정적인 직업으로는 금융권, 세무 회계 주식 보험 부동산 등의 서류처리 직종이지만 차성안궁하여 부처궁의 힘을 쓸 때는 예체능계 사업, 의류사업 등 다양한 분야로 활동할 수 있다.
8. 자녀궁의 천동성 영향이 좋은 편이어서 자녀를 둔 후에 삶이 편안해지는 경우도 많다.

12. 인신궁 천기성, 태음성의 명반 해설과 요약

<table>
<tr><td>天
相
平
巳 [田]</td><td>天
梁
廟
午 [官]</td><td>廉 七
貞 殺
廟 旺
未 [奴]</td><td>申 [遷]</td></tr>
<tr><td>巨
門
平
辰 [福]</td><td colspan="2" rowspan="2">命宮在寅</td><td>酉 [疾]</td></tr>
<tr><td>紫 貪
微 狼
旺 地
卯 [父]</td><td>天
同
平
戌 [財]</td></tr>
<tr><td>太 天
陰 幾
閑 旺
寅 [命]</td><td>天
府
廟
丑 [兄]</td><td>太
陽
陷
子 [夫]</td><td>破 武
軍 曲
平 平
亥 [子]</td></tr>
</table>

<table>
<tr><td>破 武
軍 曲
閑 平
巳 [子]</td><td>太
陽
廟
午 [夫]</td><td>天
府
廟
未 [兄]</td><td>太 天
陰 幾
平 平
申 [命]</td></tr>
<tr><td>天
同
平
辰 [財]</td><td colspan="2" rowspan="2">命宮在申</td><td>紫 貪
微 狼
平 平
酉 [父]</td></tr>
<tr><td>卯 [疾]</td><td>巨
門
旺
戌 [福]</td></tr>
<tr><td>寅 [遷]</td><td>廉 七
貞 殺
旺 廟
丑 [奴]</td><td>天
梁
廟
子 [官]</td><td>天
相
平
亥 [田]</td></tr>
</table>

• 인신궁 천기성, 태음성 명반 해설

4조의 명반에서 기월동량을 완성하는 명궁 중의 하나이다.

명궁 천기성의 기능으로 두뇌가 명석하고 계산에 군더더기가 없으며, 태음성의 역할로 사소한 문제의 관리를 잘한다. 또, 천기성과 태음성의 영향으로 외형이 작은 체격과 오밀조밀하며 순한 얼굴형이 많다. 말투와 생각은 비평적이나 그런 면은 친한 이들 외에는 잘 드러내지 않는다.

직업으로 사물을 관리하고 관찰하며 정리하는 힘이 강해 각분야의 직업에서 이런 능력이 필요한 분야를 맡는다면 어떤 직종에도 잘 어울린다. 다만 복덕궁 거문성의 자기 비판적인 성격과 겉으로 말하지 않지만 타인의 잘못된 모습을 비판하며 보는 성격 때문에 쉽게 사람들과 어울리지 못한다.

관록궁에는 천량성, 재백궁에는 천동성을 두어 기월동량을 형성하게 되고, 이로 인해 크진 않아도 꾸준한 수입이 들어오는 직장인이 되는 경우가 많다. 프리랜서보다는 정직원의 형태가 많고, 직장의 이동도 잦은 편이 아니다. 하지만 4조의 성향에 따라 40대가 넘은 후에 독립해서 사업을 하는 이들이 많은데 이 경우 큰 대기업이나 국가 입찰 등의 하청을 유지하는 형태가 되며, 대운에 흉성배치가 많은 사람은 사업이 실패로 이어진다.

이들에게 적합한 직업은 각 분야의 유지관리 업무, 공무원 등 모험보다는 꾸준히 할 수 있는 일들이 좋다.

• 인신궁 천기성, 태음성 명반 요약

1. 직업은 어느 직종이든 분야에만 맞으면 되지만 어울리지 않는 일은 활동성이 많은 직종이다. 그렇기에 영업, 무역, 운송 등에는 좋지 않다.
2. 부처궁 태양성의 영향으로 배우자의 보살핌이 있어 좋지만 때로는 엄하고 잔소리가 많아 불편하다.
3. 명궁 천기성의 영향으로 일생 불평이 많고 부조리에 대해 열변하지만 그런 문

제에 대해 실제 행동에 옮기지는 않는다.

4. 이 명조는 자신을 이끌어줄 윗사람을 잘 만나야 하는데 그 때문에 보필성보다 밝은 괴월성이 더욱 중요하다.
5. 대운이 부모궁으로 흐르는 사람은 재물운이 안정적이며 꾸준하다.
6. 대운이 형제궁으로 흐르는 사람은 40~50대가 되어서야 재물운이 안정된다.
7. 불안한 대운은 거일격에 닿은 대운인데, 이 명궁은 거일의 상황에 어울리지 않기 때문이다.
8. 만약 이 명궁이 사업을 한다면 관리해야 할 직원이 3인을 넘지 않는 것이 좋고, 요식업이나 유흥업보다는 기술업, 생산업이 어울린다.

제5조의
본성과 명궁 위치에 따른 논명

5조의 명반

<table>
<tr><td>天梁陷
巳</td><td>七殺旺
午</td><td>未</td><td>廉貞廟
申</td></tr>
<tr><td>紫微陷 天相旺
辰</td><td colspan="2" rowspan="2">紫微在辰</td><td>酉</td></tr>
<tr><td>巨門廟 天機旺
卯</td><td>破軍旺
戌</td></tr>
<tr><td>貪狼平
寅</td><td>太陽廟 太陰陷
丑</td><td>天府廟 武曲旺
子</td><td>天同廟
亥</td></tr>
</table>

<table>
<tr><td>天同廟
巳</td><td>天府旺 武曲旺
午</td><td>太陽平 太陰平
未</td><td>貪狼平
申</td></tr>
<tr><td>破軍旺
辰</td><td colspan="2" rowspan="2">紫微在戌</td><td>巨門廟 天機旺
酉</td></tr>
<tr><td>卯</td><td>紫微閑 天相閑
戌</td></tr>
<tr><td>廉貞廟
寅</td><td>丑</td><td>七殺旺
子</td><td>天梁陷
亥</td></tr>
</table>

5조의 본성

진궁과 술궁 자미성의 밝기는 공통적으로 어두우며(한과 함), 천상성의 밝기에는 차이(함과 왕)가 나지만 일어나는 현상은 거의 비슷하다. 천상성의 기능이 밝기에 따라 제대로 쓰이고 있는지 여부가 실제 능력의 차이를 보인다.

먼저 자미성의 특징인 명예, 선비 정신, 체면치레, 재능 등을 상징하는 이 별이 어둡다는 의미는 체면보다는 실리주의를 뜻하고, 다른 의미로는 겉으로 드러내지 않는 명예에 대한 욕망을 말한다. 천상성은 기획, 도장(印), 문서, 지식 등의 의미로 천기성과 비슷하지만 사람을 부린다는 의미를 가진다.

그래서 명예나 체면보다는 실리를 추구하고 머리가 좋은 편이며, 인간관계에서도 손익에 대한 고심을 하는 편이다. 이런 면은 스스로는 잘 모르는 경우가 많고 주변 사람들이 5조인 사람을 볼 때 이렇게 느낀다. 또 5조들은 한 번 믿은 사람이 배신하기 전까지 천진난만하게 믿는 구석이 있어서 쉽게 재물 손실을 보는 경우가 많다.

무엇보다 안정적인 삶에 집착과 관심이 많은 5조는 자신의 것을 소중하게 생각하는 면이 다른 조보다 강해서 가족이나 자신이 좋아하는 경우가 아니라면 나누어 주는 것에 인색하며, 노력에 대한 값어치를 항상 보상받고 싶어한다.

이들은 한번 집중해서 일하면 어떤 분야든 잘 해낸다. 그 외의 공궁을 제외한 명궁에 도달한 사람은 월급쟁이로 성공한 경우도 많다. 특히 공무원, 대기업, 또는 연구원, 엔지니어들이 많은데, 대기업에서 이직하지 않고 10년 이상 다니는 사람의 명반들은 대개 명궁이 염정성이거나 관록궁이 염정성인 경우가 많다.

다만 공궁의 경우 방황기가 길고, 보좌성의 영향에 따라 그 삶의 높낮이가 커진다. 그러므로 5조에서 공궁 명궁인 사람들은 보좌성과 흉성에 대해 철저히 관찰해서 논명해야 한다.

5조의 본성 요약

1. 물질적인 욕구가 강하고 현실적인 편이어서, 이해타산을 우선시한다.
2. 인간관계에서 신중한 편이어서 마음 안에 대인관계의 선을 긋고 행동한다.
3. 5조에서 고독한 명은 명궁이 염정성인 경우이다. 협궁이 모두 비어 스스로 자신의 삶을 일궈야 하며, 배우자운(연애운과는 다름)이 약해 결혼을 해도 삶이 고독하다.
4. 대기업, 연구직 등에 종사하는 5조들은 천기성, 거문성을 삼방에 회조한 경우가 많다.
5. 자미성이 어둡다는 것은 남들의 시선에 신경을 많이 쓴다는 의미도 있다.
6. 자미성 함(陷)과 자미성 한(閑) 중에 사회성을 굳이 비교해 보자면, 한의 자미성은 남에게 의지하는 마음이라도 있는 반면, 어두운 자미성은 어두운 기운이라도 자신의 것을 꼭 쓰려고 하며, 좀처럼 남에게 의지하지 않는다.
7. 설령 가족이라 하더라도 쓸데없는 낭비를 싫어 한다.
8. 모든 사건에 있어 과정보다 결과를 중시해 행동하는 성격이다.
9. 염정이 명궁인 사람은 좌우 협궁이 공궁이 되므로, 어릴 때부터 사회성을 배우지 못하여 상하 관계는 원만하나 동료 관계는 유지하기 힘들다. 그래서 동료 없이 사회생활을 하는 경우가 많다.
10. 5조에서 염정성의 특징이 도드라지는데 관직이 좋으면 외모가 떨어지고, 외모가 좋으면 관직이 낮다. 이는 염정성의 특징인 화기와 목기의 선택에 따라 갈라지는 현상이다.
11. 공궁이 명궁인 경우엔 방황기가 길어 삶이 고단하지만 좌우 협궁에 보좌성이 좋으면 의외로 편안하고 안정적인 삶을 사는 경우도 있다.
12. 사업가가 되는 경우 너무 실리와 영리를 추구하여 주변의 시선이 곱지 못한 경우가 많다.

13. 타인의 의견보다 자신의 경험을 더 신뢰하기에 타인의 의견에 관해 앞에서는 긍정하지만 실제로는 자신의 경험을 더 우선시한다.
14. 미혼인자가 연애할 때, 연애 중에는 손익을 따지지 않으나 헤어진 후에는 손익을 따져 정리하는 경우가 많다. 그러나 명궁과 부처궁의 상황에 따라 이해가지 않을 정도로 순정적인 면도 강하다.
15. 육조 전체 중에 직장생활에서 어떤 분야(특히 전문 분야)든 적응을 잘하는 유일한 조이다.
16. 한 번 실수한 것을 마음에 깊이 담고 반복하지 않으려는 습성이 강해서 소심한 사람이 되기 쉽다.

1. 진술궁 자미성, 천상성의 명반 해설과 요약

5조의 기본 본성과 같으므로 명반의 12사항궁만 소개한다.

天梁陷 巳 [父]	七殺旺 午 [福]	未 [田]	廉貞廟 申 [官]
紫微陷 天相旺 辰 [命]	命宮在辰		酉 [奴]
巨門廟 天機旺 卯 [兄]			破軍旺 戌 [遷]
貪狼平 寅 [夫]	太陽廟 太陰陷 丑 [子]	天府廟 武曲旺 子 [財]	天同廟 亥 [疾]

天同廟 巳 [疾]	天府旺 武曲旺 午 [財]	太陽平 太陰平 未 [子]	貪狼平 申 [夫]
破軍旺 辰 [遷]	命宮在戌		巨門廟 天機旺 酉 [兄]
卯 [奴]			紫微閑 天相閑 戌 [命]
廉貞廟 寅 [官]	丑 [田]	七殺旺 子 [福]	天梁陷 亥 [父]

2. 사해궁 천량성의 명반 해설과 요약

<table>
<tr><td>天
梁
陷
巳 [命]</td><td>七
殺
旺
午 [父]</td><td>未 [福]</td><td>廉
貞
廟
申 [田]</td></tr>
<tr><td>紫 天
微 相
陷 旺
辰 [兄]</td><td colspan="2" rowspan="2">命宮在巳</td><td>酉 [官]</td></tr>
<tr><td>巨 天
門 機
廟 旺
卯 [夫]</td><td>破
軍
旺
戌 [奴]</td></tr>
<tr><td>貪
狼
平
寅 [子]</td><td>太 太
陽 陰
廟 陷
丑 [財]</td><td>天 武
府 曲
廟 旺
子 [疾]</td><td>天
同
廟
亥 [遷]</td></tr>
</table>

<table>
<tr><td>天
同
廟
巳 [遷]</td><td>天 武
府 曲
旺 旺
午 [疾]</td><td>太 太
陽 陰
平 平
未 [財]</td><td>貪
狼
平
申 [子]</td></tr>
<tr><td>破
軍
旺
辰 [奴]</td><td colspan="2" rowspan="2">命宮在亥</td><td>巨 天
門 機
廟 旺
酉 [夫]</td></tr>
<tr><td>卯 [官]</td><td>紫 天
微 相
閑 閑
戌 [兄]</td></tr>
<tr><td>廉
貞
廟
寅 [田]</td><td>丑 [福]</td><td>七
殺
旺
子 [父]</td><td>天
梁
陷
亥 [命]</td></tr>
</table>

- 사해궁 천량성 명반 해설

천량성이 명궁인 경우 관록궁이 공궁이고, 재백궁이 태양성, 태음성이다.

명궁 천량성의 영향으로 걱정이 많은데, 좌우 협궁의 상황(흉성과 공망성)에 따라 근심의 깊이에 차이가 난다. 천량성의 관리능력으로 좌우의 상황(선천 가족, 후천 동료와 상사)에 신경을 많이 쓰며 가족 간의 대소사에 자기 의도와 상관없이 많이 얽힌다.

관록궁은 공궁이기에 결혼하면 취업운이 약해지고 취업하면 결혼운이 약해진다.

만약 부처궁의 거문성, 천기성 조합을 관록궁으로 옮겨 쓰면, 연구직, 기술직, 강사직 등의 직업을 갖는데, 이런 경우라도 결혼 후에는 직업운이 줄어들어 직업이 사라지는 경우가 종종 있다.

재백궁의 태양성 태음성은 주의해서 살펴보아야 한다. 삼방에 회조하는 기운만으로도 성(性) 정체성에 혼란이 있기에 트렌스젠더나 동성애자가 될 가능성이 있다. 재백궁의 문제로만 살펴볼 때 한 가지 직업으로 만족하기 힘들며 5조의 기본 성격(소심하고 꼼꼼함)과 관록궁 공궁의 불안함 때문에 수입을 항상 안정되게 하려고 집중한다. 그 영향으로 재백궁에 든 태양성은 불규칙한 수입이며 부업이고 태음성은 달마다 들어오는 월급 같은 형태로 해석하여 정규 수입 외에 부업으로 인한 수입을 항상 생각하고 고민하는 성격이 된다.

사화나 길한 보좌성들이 삼방에 회조하면 성취가 있어 수입이 늘지만 흉성, 공망성들이 회조하면 취업 사기나 부업 사기에 휘말릴 가능성이 높다.

이 명은 배우자와의 관계가 서먹하여 정이 부족하고, 자녀는 20대에 일찍 독립하며, 복덕궁이 비어 의심이 많고 귀가 얇은 편에 속한다. 역술을 익히는 경우 정규 직업을 가진 상태에서 부수입으로 유지하려고 하며 공부는 빠르게 하지만 철학적인 탐구는 부족할 수 있다.

• 사해궁 천량성 명반 요약

1. 명궁의 어두운 천량성 탓에 마음이 어둡고 걱정이 많으며 남에게 숨기는 말과 행동이 많다.
2. 이는 결혼 후에 더 심해지는데 부처궁의 거문성과 천기성의 영향으로 항상 비평과 감시를 받는 기분으로 살기 때문이다.
3. 관록궁이 공궁이어서 매 대운이 변화할 때마다 직업이 바뀔 가능성이 높은데, 만약 길한 보좌성과 사화가 있는 경우 부처궁의 거문성과 천기성으로 공무원 연구원 등 큰 회사에서 근무하는 경우가 있다. 다만 이런 경우 혼사가 아주 늦어진다.
4. 재백궁의 쌍성 영향으로 항상 부업에 관심이 많으며, 주식이나 투기로 일확천금을 꿈꾼다. 그러나 보통 길한 사화가 없는 경우 투자금을 잃을 수 있다.
5. 전택궁 염정성의 영향으로 부동산으로 자산을 늘리는 것이 유리하다.
6. 명궁의 별이 어두우면 두가지 경우가 있는데 첫째는 사람의 마음과 낯빛이 어두운 것이고, 둘째는 밤에 일하는 것을 업으로 삼는다.
7. 대운이 부모궁으로 흐르는 사람은 어렸을 때부터 고독하며 집을 일찍 떠나 혼자 살 가능성이 높고 초기의 삶은 고단하지만 중년부터 안정을 찾는다.
8. 대운이 형제궁으로 흐르는 사람은 대체로 안정적인 삶을 살지만 결혼이 늦거나 좋은 쪽이거나 나쁜 쪽도 포함하여 큰 삶의 변화를 한번 겪게 된다.

3. 자오궁 칠살성의 명반 해설과 요약

天梁 陷 巳 [兄]	七殺 旺 午 [命]	未 [父]	廉貞 廟 申 [福]
紫微 陷 天相 旺 辰 [夫]			酉 [田]
巨門 廟 天幾 旺 卯 [子]	命宮在午		破軍 旺 戌 [官]
貪狼 平 寅 [財]	太陽 廟 太陰 陷 丑 [疾]	天府 廟 武曲 旺 子 [遷]	天同 廟 亥 [奴]

天同 廟 巳 [奴]	天府 旺 武曲 旺 午 [遷]	太陽 平 太陰 平 未 [疾]	貪狼 平 申 [財]
破軍 旺 辰 [官]			巨門 廟 天幾 旺 酉 [子]
卯 [田]	命宮在子		紫微 閑 天相 閑 戌 [夫]
廉貞 廟 寅 [福]	丑 [父]	七殺 旺 子 [命]	天梁 陷 亥 [兄]

• 자오궁 칠살성 명반 해설

칠살성이 명궁인 사람은 행동력이 뛰어나며, 자신의 일을 스스로 찾아 하는 태도를 가진다. 그러나 부모궁이 공궁이 되어 어렸을 때부터 부모의 조력을 받지 못하거나 부모궁 대궁의 태양성, 태음성의 차성안궁으로 두 부모(양부, 양모) 또는 계부, 계모 등 결손가정에서 자라 일찍 독립하는 경우가 있다.

또는 취업이 지방에서 도시로 하게 되어 어쩔 수 없이 독립하는 경우도 있다.

관록궁 파군성의 영향으로 항상 작게라도 자기 사업을 꿈꾸며, 대운의 흐름만 좋다면 일찍부터 자영업을 시작하게 된다. 그러나 대운의 흐름에 공망성, 살성, 화기가 많으면 살면서 파절이 많아 자영업은 힘들고 큰 회사의 지방영업소나 팀장 등으로 활동한다.

이 명궁은 다양한 분야에 진출할 수 있으며, 실리에 밝아 성공의 시기에 들어가면 재물을 많이 본다. 빚지는 것을 두려워하고 돈이 없으면 스스로 비용을 줄여 유지하는 지혜와 현명한 자린고비 정신을 가지고 있다.

재백궁의 탐랑성은 자신이 좋아하는 분야나 꼭 하고 싶은 일들은 남들이 낭비라고 해도 진행하며, 남들이 해야 한다고 말하는 것이 맘에 들지 않을 때에는 자린고비 같이 굴어 주변의 눈총을 받기도 한다.

배우자와의 관계는 명궁 칠살성과 부처궁 자미성, 천상성의 관계로 서로 마음을 이해못해 불편하며, 의무적인 가정을 꾸려간다.

명궁 칠살성의 장점은 행동력과 각 사안에 대응하는 능력이 뛰어난 점이고, 단점은 큰 그림을 보는 눈이 작아 어떤 중대사에 대해 '전체를 파악하는 지혜'가 부족하다.

그래서 되도록 큰 기업의 파트를 맡아서 운영하는 방식으로 살아가는 것이 자영업 활동을 하는 것보다 훨씬 낫다.

• 자오궁 칠살성 명반 요약

1. 자오궁 칠살성은 부모로부터 받는 조력이 부족하여 자수성가해야 하는 명이다.
2. 복덕궁의 염정성을 목기로 사용한다면 머리가 좋고 사리에 밝으며, 조직사회에 잘 적응하는 사람이 된다.
3. 복덕궁의 염정성을 화기로 사용한다면 자기 이익에만 밝고 주변을 불편하게 하지만 남녀 모두 얼굴은 수려하여 주변에 사람이 많다.
4. 부처궁의 자미성, 천상성은 명궁의 칠살성과 지위에 심한 차이가 난다. 그때문에 여명이라면 남편의 말을 따르는 형태가 되어 큰 문제는 없지만 남명의 경우 부인의 말을 듣고 살아야 하는 처지가 된다.
5. 사업을 하면 새로운 사람을 직원으로 뽑지 않고 기존에 아는 사람이나 형제 동기 등과 함께 일하는데 이 때문에 경영에 참견이 많아 배가 산으로 간다.
6. 대운이 부모궁으로 흐르는 사람은 어린시절부터 파절이 많고 중년이후부터 삶의 자리가 잡혀 안정을 찾는다.
7. 대운이 형제궁으로 흐르는 사람은 사업보다 직장생활에 어울리니 되도록이면 직장생활을 하는 것이 좋다.
8. 삼방에 문창곡이 회조하면 직업 수준이 높아져 몸은 편안하지만 마음이 힘들고 문창곡이 없다면 몸으로만 일해서 먹고사는 처지가 될 수 있다. 단, 이 조건은 대운명궁 기준과 유년명궁 기준도 포함된다.

4. 축미궁 공궁의 명반 해설과 요약

天梁 陷 巳 [夫]	七殺 旺 午 [兄]	未 [命]	廉貞 廟 申 [父]
紫微 陷 天相 旺 辰 [子]	命宮在未		酉 [福]
巨門 廟 天幾 旺 卯 [財]			破軍 旺 戌 [田]
貪狼 平 寅 [疾]	太陽 廟 太陰 陷 丑 [遷]	天府 廟 武曲 旺 子 [奴]	天同 廟 亥 [官]

天同 廟 巳 [官]	天府 旺 武曲 旺 午 [奴]	太陽 平 太陰 平 未 [遷]	貪狼 平 申 [疾]
破軍 旺 辰 [田]	命宮在丑		巨門 廟 天幾 旺 酉 [財]
卯 [福]			紫微 閑 天相 閑 戌 [子]
廉貞 廟 寅 [父]	丑 [命]	七殺 旺 子 [兄]	天梁 陷 亥 [夫]

- 축미궁 공궁 명반 해설

축미궁 공궁은 공궁의 성격대로 주변의 영향과 대궁도 영향도 많이 받는다.

그리고 복덕궁까지 공궁이어서 자신의 의지보다 협궁과 대운의 방향에 따라 길흉화복과 성취가 바뀐다.

관록궁의 천동성은 사람들 간의 중재, 중개업을 하거나 투자유치, 헤드헌터, 역술인을 하기도 한다. 이는 주변의 소개로 자신이 처음 가진 직장이나 업종을 유지하려는 힘이 강해 한번 인연을 맺은 직종을 끝까지 이어간다.

그래서 일부 사람은 부모의 직업을 물려받거나 부모가 운영하던 공장을 이어받는 형태가 생기는데, 천동성의 주인공 문왕이 아들 무왕에게 나라를 물려준 것과 같이 생각지도 못한 기업가가 나타나기도 한다.

재백궁의 거문성, 천기성은 재물에 관해 머리를 쓰고 고민하는 것과 거문성을 사용한 협상과 평가능력으로 '불로소득이나 일시적인 수입'이 아닌 자신의 능력에 맞춘 논리적인 수입을 원한다. 그렇기에 이 사람이 비정규 직업으로 사는 경우 항상 초조하고 불안해하여 늘 안정된 직업을 찾는다.

부처궁의 천량성으로 인해 두가지 현상이 생기는데 첫번째는 배우자의 의부, 의처증이고 두번째는 자신이 배우자를 의부, 의처하는 현상이다. 천량성의 관리, 감독의 에너지가 이성궁(異性宮)에 들어가기에 이성을 관리하고 감독하려는 습성이 나타난다. 자미성, 천상성이 자녀궁으로 들어가기에 가정사 등 삶의 고단함이 있어도 자녀에게 의지하여 살아가는 사람도 많다.

- 축미궁 공궁 명반 요약

1. 관록궁과 재백궁으로 거기동 조합을 만드는데 이는 연구원, 공무원, 감시원 등 큰 회사에 몸담는데 좋다.
2. 부처궁의 어두운 천량성이 항상 문제를 일으킨다. 남녀 모두 스토킹을 당하게 되거나 연애를 해도 헤어지는 단계에서 상대의 집착으로 고통을 받게 되는데

만약 천형이나 영성이 동궁한다면 그 화가 더 크다.

3. 천이궁의 태양성, 태음성이 차성안궁된다면 성적인 정체성이 흔들리는 사람도 있다.
4. 명궁, 복덕궁이 공궁이 되어있는 것은 사회를 살아가는데 있어서 스스로 생각하고 판단하는 힘이 부족하다는 뜻이기에 삼방에 괴월과 보필이 있는지를 살펴야 한다.
5. 보필이 삼방에 있고 밝으면 동기의 의견을 따라야 이롭고, 괴월이 밝으면 윗사람의 잔소리가 이롭다. 어두운 보필은 간언이 많아 따르면 손해이고, 어두운 괴월은 명주를 이용해 이익을 채우는데 바쁘기 때문이다.
6. 대운이 부모궁으로 흐르는 사람은 성패와 파절이 잦아 삶이 항상 안정되지 않고 힘들다. 남녀 모두 타인에게 이용당하는 것을 주의해야한다. 본인의 의지로 살아갈 수 있는 시기는 30대 후반부터 시작된다.
7. 대운이 형제궁으로 흐르는 사람은 부처궁의 시기를 주의해야 하는데 이성으로 인한 고통이 예상되기 때문이다. 그것을 면한다면 안정적인 직장생활을 하는 것이 좋은데, 만약 직장인이 되지 않아 사업을 하는 사람이 된다면 진궁이 대운명궁이 될 때 파절을 겪고 나서야 운이 풀리기 시작한다.
8. 삼방에 길한 사화가 없는 경우 큰 꿈보다는 현실적인 계획으로 한 계단씩 올라가는 삶을 사는 것이 이롭다.

5. 인신궁 염정성의 명반 해설과 요약

<table>
<tr><td>天
梁
陷
巳 [子]</td><td>七
殺
旺
午 [夫]</td><td>未 [兄]</td><td>廉
貞
廟
申 [命]</td></tr>
<tr><td>紫 天
微 相
陷 旺
辰 [財]</td><td colspan="2" rowspan="2">命宮在申</td><td>酉 [父]</td></tr>
<tr><td>巨 天
門 機
廟 旺
卯 [疾]</td><td>破
軍
旺
戌 [福]</td></tr>
<tr><td>貪
狼
平
寅 [遷]</td><td>太 太
陽 陰
廟 陷
丑 [奴]</td><td>天 武
府 曲
廟 旺
子 [官]</td><td>天
同
廟
亥 [田]</td></tr>
</table>

<table>
<tr><td>天
同
廟
巳 [田]</td><td>天 武
府 曲
旺 旺
午 [官]</td><td>太 太
陽 陰
平 平
未 [奴]</td><td>貪
狼
平
申 [遷]</td></tr>
<tr><td>破
軍
旺
辰 [福]</td><td colspan="2" rowspan="2">命宮在寅</td><td>巨 天
門 機
廟 旺
酉 [疾]</td></tr>
<tr><td>卯 [父]</td><td>紫 天
微 相
閑 閑
戌 [財]</td></tr>
<tr><td>廉
貞
廟
寅 [命]</td><td>丑 [兄]</td><td>七
殺
旺
子 [夫]</td><td>天
梁
陷
亥 [子]</td></tr>
</table>

• 인신궁 염정성 명반 해설

염정이 명궁일 때는 관직과 외모를 비교하는데, 외모가 출중하면 관직이 낮고, 관직이 높으면 외모가 낮아진다. 염정성의 에너지가 목기로 사용되어 관운으로 되는 경우와 화기인 차도화(次桃花)의 에너지로 변형되어 사용되는 경우에 현격한 차이가 있기 때문이다.

또 성격은 5조의 기본성격에 염정성의 특징이 더해져 특히 더 이기적이고 책임을 회피하며 동료를 능수능란하게 이용한다. 이것은 염정성이 가진 관운(官運)을 유지하기 위한 본능으로 5조의 실리주의가 더해져 평상시엔 선해 보이다가도 위기가 닥치면 주변에서 눈살을 찌푸릴 정도로 이기적인 행동을 하는 것이다. 그러나 정작 자신은 그것을 당연한 것으로 생각하기에 스스로 잘못을 가리기 힘들며 반성하는 법은 없다.

5조의 염정성은 좌우협궁이 모두 비어 부모와 형제의 조력없이 자라고 사회에 나와서는 상사와 동료 간에 조력이 없기 때문에 모든 문제를 스스로 해결해야 하는 삶을 살았기 때문이다. 여명 중에서 부모궁이 공궁인데다 흉성이 들어 있고, 염정이 명궁이 되는 경우에 매춘업이나 접대부로 살아가는 사람이 나타난다. 이는 어릴 때부터 부모의 가정교육을 받지 못하고 가출해서 살아가는 경우가 많아 삶이 불리해지면, 정절보다 현실적인 이익을 찾기에 가능한 현상이다.

관록궁의 무곡성, 천부성은 명궁과 이어져 벼슬길을 상징하기에 대기업 직원이나 공무원으로 고위 관직에 오르는 사람이 많고, 중소기업이라면 대기업의 하청을 받는 사업의 형태로 안정적으로 오래 다니기도 한다.

재백궁의 자미성, 천상성은 재물에 드러나지 않는 큰 욕심과 항상 새로운 수입원을 기획하는 형태이다. 따라서 정규직으로 일하고 있어도 배우자를 통해 작은 사업을 하려는 생각을 멈추지 않는다.

부처궁은 칠살성으로 배우자와 인연이 박해 정겨운 가정을 꾸리지 못하고 작은 말로도 논쟁을 벌여야 하는 경쟁자 같은 배우자를 얻거나 늦게까지 독신으로 살아가는 사람이 많다.

자녀궁의 천량성은 늦둥이를 낳을 가능성이 많아 항상 머릿속에 자식을 걱정하며 사는 것을 말한다.

- 인신궁 염정성 명반 요약

1. 외모가 수려하여 연예인이 되는 경우에는 스폰서를 두고 활동하는 사람이 된다.
2. 직업으로는 공무원, 정치인, 금융업, 예술인, 연예인 등 여러 분야에 걸쳐 적응한다.
3. 이 명에서 중요한 것은 '문창 문곡성이 선천, 대운의 삼방에서 회조하고 있는지가?' 인데 이는 이 명조가 목기로 살아갈지 화기로 살아갈지를 선택하는 가름이기 때문이다.
4. 자미두수 전설처럼 칠살성과 염정성은 원수지간이라 부부간에 정이 없고, 미워하며 거리를 두게 된다. 물론 연애하는 기간 동안은 잘 모르고 지낸다.
5. 신궁 명궁은 재물을 사용하고 모으는데 있어서 눈치를 보며 거슬리지 않게 행동하지만 인궁 명궁은 재물에 대해서는 체면치례가 없는 것이 두 명궁의 차이다.
6. 대운이 부모궁으로 흐르는 사람은 사회적으로 동료가 생기고 대체로 큰 흐름을 따라갈 줄 알며 40~50대에 성취가 있다.
7. 대운이 형제궁으로 흐르는 사람은 자수성가해야 하며, 스스로 장애를 헤치고 살아가야하는 고단함이 있다. 20대에 반짝 활동이 많고 나름의 성취는 생기지만 30대 중후반에 파절을 겪고 나서 50대에 이르러야 안정을 되찾는다.
8. 이 명은 왕없이 좋은 신하가 없으므로 자신의 입지가 아무리 넓어지고 유명해졌다 하더라도 자신을 이끌어주는 왕의 권한을 침범하거나 희롱하면 안 된다. 삶의 문제는 바로 그 문제에서 비롯된다.

6. 묘유궁 공궁의 명반 해설과 요약

天 梁 陷 巳 [財]	七 殺 旺 午 [子]	未 [夫]	廉 貞 廟 申 [兄]
紫 天 微 相 陷 旺 辰 [疾]	命宮在酉		酉 [命]
巨 天 門 機 廟 旺 卯 [遷]			破 軍 旺 戌 [父]
貪 狼 平 寅 [奴]	太 太 陽 陰 廟 陷 丑 [官]	天 武 府 曲 廟 旺 子 [田]	天 同 廟 亥 [福]

天 同 廟 巳 [福]	天 武 府 曲 旺 旺 午 [田]	太 太 陽 陰 平 平 未 [官]	貪 狼 平 申 [奴]
破 軍 旺 辰 [父]	命宮在卯		巨 天 門 機 廟 旺 酉 [遷]
卯 [命]			紫 天 微 相 閑 閑 戌 [疾]
廉 貞 廟 寅 [兄]	丑 [夫]	七 殺 旺 子 [子]	天 梁 陷 亥 [財]

• 묘유궁 공궁 명반 해설

묘, 유궁 공궁은 부모궁의 파군성과 형제궁의 염정성이 있다.

공궁의 특성상 협궁의 상황이 명궁에 영향을 주는데, 부모궁의 파군성이 명궁을 항상 관리하고 명령하는 모습을 보인다. 또, 부모궁에 흉성이 들었을 때의 파군성은 부모를 개창하는데 의미를 두어 계부, 계모의 손에서 자라기도 한다.

관록궁의 태양성, 태음성은 겸업을 말하기도 하는데, 밝기에 따라 밝은 별을 드러난 직업으로 판단하고 어두운 별을 부업으로 가리면 판단하기 쉽다.

직업의 분야는 관록궁 별의 속성에 따라 태양성을 방송, 전파, 대중문화, 창작, 인터넷, 무역, 강의로 구분할 수 있으며, 태음성의 속성에 따라 관리, 보호가 주업무인 보육과 교육 관련업을 하거나, 부업을 숨겨 작게 운영하는 모습으로 볼 수도 있다.

재백궁의 천량성은 재물에 대한 관리 능력과 걱정을 말하는데, 그로인해 자신의 능력으로만 살아가는 시기에는 안정적인 수입을 걱정하며 소심해지는 경향이 있고, 관록궁 태음성의 에너지와 합해지면 태음성의 반복성과 천량성의 지속성, 관리성이 합쳐져 직장인이 된다. 물론, 부모궁의 파군이 긍정적인 영향을 미치면 부모의 사업을 물려받아 무사안일하게 살기도 한다.

• 묘유궁 공궁 명반 요약

1. 부처궁이 공궁이기 때문에 자녀궁이나 전택궁의 대운에 이르러서야 결혼할 가능성이 높다. 그리고 그때가 오히려 이롭다.
2. 복덕궁의 천동성으로 위기 때마다 행운이 있어 우연한 도움으로 위기를 면하거나 전화위복 할 수 있다.
3. 전택궁 천부성, 무곡성으로 주거에 대해서는 생애에 좋은 주택을 구입하고 안정을 취할 수 있다. 만약 부업으로 하는 일이 부동산 관련된 일이라면 자신이 살집이 아니라 판매되는 집들에 관한 별로 판단해야 한다.
4. 자녀궁의 칠살성은 자녀와 인연이 약해 일찍 자녀들이 독립하거나 성년이 지나

도 한집에 살면 관계가 나빠지는 것을 말한다.

5. 명궁이 공궁이기에 주의해야 할 흉성은 명궁에 드는 지겁, 천형, 천요이며, 길하다고 볼 길성은 보필과 괴월성이다.
6. 재백궁의 천량성이 어둡기에 재물에 대한 고민이 많고 다른 면으로는 자신의 재물을 숨기는데 능하다. 그러나 선천의 재물을 관리하는 별의 밝기가 어두워 많은 재물이 모이면 실수로 투자사기 등에 휩쓸려 돈을 잃을 수 있다.
7. 대운이 부모궁으로 흐르는 사람은 어릴때 부터 독립해야 할 수 있고, 그렇지 않은 경우 부모가 풍족하여 여유있게 살지만 관록궁 대운에 들어가서 삶이 순탄해지지 않을 수 있다.
8. 대운이 형제궁으로 흐르는 사람은 자수성가형이 되고 어릴 때부터 파란이 많아 위축된 삶을 산다. 그러나 경험을 통해 자립심을 키운 사람은 자녀궁 대운에 이르러 자수성가할 기회가 찾아온다.

7. 진술궁 파군성의 명반 해설과 요약

天梁陷 巳 [疾]	七殺旺 午 [財]	未 [子]	廉貞廟 申 [夫]
紫微陷 天相旺 辰 [遷]	命宮在戌		酉 [兄]
巨門廟 天機旺 卯 [奴]			破軍旺 戌 [命]
貪狼平 寅 [官]	太陽廟 太陰陷 丑 [田]	天府廟 武曲旺 子 [福]	天同廟 亥 [父]

天同廟 巳 [父]	天府旺 武曲旺 午 [福]	太陽平 太陰平 未 [田]	貪狼平 申 [官]
破軍旺 辰 [命]	命宮在辰		巨門廟 天機旺 酉 [奴]
卯 [兄]			紫微閑 天相閑 戌 [遷]
廉貞廟 寅 [夫]	丑 [子]	七殺旺 子 [財]	天梁陷 亥 [疾]

• 진술궁 파군성 명반 해설

5조에서 파군성이 명궁인 사람은 그 파군성의 힘에 휘둘려 우여곡절이 많다.

자미성이 어둡기에 대의명분이 부족하여 따르는 사람이 없고, 독선적인 면이 강해서 함께 하고자 하는 사람들이 일하는 도중에 떠나는 경우가 많다.

5조의 특성인 자미성이 어둡다는 것은 드러난 명예가 없다는 것으로, 함께하는 이들이 윗사람으로 받들지 않고,(노복궁의 거문성과 천기성은 일을 함께 하지만 조금이라도 실수하면 명궁 파군성을 비평하고 떠나버린다.) 파군성의 행동력은 함께하는 이들을 배려하지 않아서 사람들을 우왕좌왕하게 하여 지치게 만들기 때문이다.

관록궁의 탐랑성은 자신이 좋아하는 것을 따르느라 그것이 시시각각 상황에 따라 변하여 한 방향으로 몰입하기 어렵고, 재백궁의 칠살성은 자신의 재물을 지킴에 있어서 타협이 없음을 뜻하기에 타인과 함께하는 사업을 유지하기 어렵다.

특히, 파군은 흉살성과 공망성, 사화 중에 화기에 약한데 생각하고 망설이며 침착하게 문제를 해결하는 것이 아니라 무조건 자기 고집대로 움직여 모든 문제를 전투를 치르며 뚫고 가느라 다른 별보다 나쁜 기운에 더 약하다. 그래서 이 명궁을 가지고 보좌성과 길성을 만나지 못하면 각 대운을 흘러가면서 심한 파절과 육친이별, 파산 등을 수시로 당한다.

배우자와의 관계에서도 배우자가 공무원이나 기업을 다니는 등 직업이 안정되어 있지 않다면 자신이 파절을 겪는 시기에 생이별하거나, (화기나 천형성을 볼 때) 배우자의 불륜, 파산에 얽힌 소송 등으로 인연을 끊기도 한다.

• 진술궁 파군성 명반 요약

1. 부처궁의 염정성은 배우자의 관계와 상황도 암시하지만 혼전에는 이성을 대하는 태도도 표현이 된다. 그렇기에 부처궁의 염정성은 이성의 외모 또는 학력 등을 중시하는 태도로 극단적으로 외모만 본다거나 학력이나 직장만 보는 태도를 보여준다. 만약 천형성이 있다면 배우자와의 문제가 심각하고 천요성이 있

다면 성적으로 문란함을 예상한다.

2. 복덕궁의 천부성, 무곡성으로 인해 얼굴이 평범하면 복록이 있고, 만약 얼굴이 수려하면 복록은 부족하다.
3. 관록궁 탐랑성으로 직업은 다양해진다. 방송연예는 불리하지만 시대의 변화에 따라 어느정도는 가능하고 예술관련 사업이나 의류 패션업 등이 유리하고 명궁 파군성의 영향으로 대부분은 독립적인 일이라면 무난하게 해낸다.
4. 부모궁의 천동성은 부모의 조력이 한 번에 크게 오는 것이 아니라 꾸준히 길게 조력이 있다는 뜻이다.
5. 재백궁의 칠살성으로 재물관리에 있어서 실리적인 면을 추구한다. 이런 면은 어릴 때 나타나는 것이 아니라 성장하면서 주변을 통해 배우게 되는 것으로 성장 후의 재물관리와 유년기의 재물관리는 다르다.
6. 자녀궁이 공궁으로 자녀와 인연이 희박하여 배우자의 명반을 통해서만 자녀운을 볼 수 있다. 단지 자녀궁 대궁의 전택궁을 통해서 판단한다면 쌍둥이 또는 남아 여아 한 쌍을 둘 가능성이 높다.
7. 대운이 부모궁으로 흐르는 사람은 현실적으로 살아가는 의지보다는 자신의 꿈을 찾는 삶이 더 길다. 그렇기에 어릴 때 파란이 많으며 20~30대에 발복하지 않으면 40~50대가 되어야 발복한다.
8. 대운이 형제궁 쪽으로 흐르는 사람은 현실적인 의지가 강하고 안정적인 삶에 대한 집착이 있다. 그렇기에 일찍부터 안정적인 직장에 대한 생각이 많고 준비한다. 하지만 중년이후에는 대부분 직장생활 보다는 독립하여 개인사업자로 전향하게 된다.

8. 사해궁 천동성의 명반 해설과 요약

<table>
<tr><td>天
梁
陷
巳 [遷]</td><td>七
殺
旺
午 [疾]</td><td>未 [財]</td><td>廉
貞
廟
申 [子]</td></tr>
<tr><td>紫 天
微 相
陷 旺
辰 [奴]</td><td colspan="2" rowspan="2">命宮在亥</td><td>酉 [夫]</td></tr>
<tr><td>巨 天
門 機
廟 旺
卯 [官]</td><td>破
軍
旺
戌 [兄]</td></tr>
<tr><td>貪
狼
平
寅 [田]</td><td>太 太
陽 陰
廟 陷
丑 [福]</td><td>天 武
府 曲
廟 旺
子 [父]</td><td>天
同
廟
亥 [命]</td></tr>
</table>

<table>
<tr><td>天
同
廟
巳 [命]</td><td>天 武
府 曲
旺 旺
午 [父]</td><td>太 太
陽 陰
平 平
未 [福]</td><td>貪
狼
平
申 [田]</td></tr>
<tr><td>破
軍
旺
辰 [兄]</td><td colspan="2" rowspan="2">命宮在巳</td><td>巨 天
門 機
廟 旺
酉 [官]</td></tr>
<tr><td>卯 [夫]</td><td>紫 天
微 相
閑 閑
戌 [奴]</td></tr>
<tr><td>廉
貞
廟
寅 [子]</td><td>丑 [財]</td><td>七
殺
旺
子 [疾]</td><td>天
梁
陷
亥 [遷]</td></tr>
</table>

• 사해궁 천동성 명반 해설

천동성이 명궁인 사람은 친화력이 좋아서 사회성이 유독 발달한다.

천동성의 기능으로 어릴 때도 성장한 후에도 주변에 사람두기를 좋아하며 대인 관계가 원만하다.

하지만 정신적인 면에서 복덕궁의 태양성, 태음성의 영향을 받아 이중적인 성격을 띠는데, 타인에게 보여주는 모습과 혼자 있을 때 모습이 전혀 상반된 성격이다. 그런 이유로 드러나지 않는 정신적인 '양성애자'가 가끔 나타나는데, 복덕궁에 음양이 동궁하여 정신세계가 혼란하기 때문이다.

관록궁의 거문성, 천기성은 대화 능력과 논리적인 면을 대표하여 커뮤니케이션 능력과 합쳐져 많은 분야에서 활동한다. 가수, 앵커, 홈쇼핑MC, 대기업 연구원, 제약회사 연구원, 프리랜서 딜러, 국가기관 연구원, 대학교수, 현장직 공무원 등 여러 분야가 있다. 이렇게 다양한 능력이 있어도 이들은 삼방의 사화와 보좌성의 여부에 따라 성취가 달라지며 유명세나 관직의 높낮이가 바뀐다.

재백궁의 공궁은 기본적으로 재물, 금전 수익성보다 자신이 하고 싶은 일을 우선시한다는 뜻이며, 수입은 안정적인 편이다.

• 사해궁 천동성 명반 요약

1. 사해궁의 천동성은 사해궁의 영향으로 궁이 가진 역마의 기운이 강렬하다. 그렇기에 움직임이 부족한 천동성이라도 방송, 연예, 무역, 관광업 등에 종사할 수 있다.
2. 관록궁의 거문성, 천기성은 직장생활에 이로운 기능을 가진 별들로 자기 마음을 잘 감추며 인내한다. 만약 공기업 등 공무원 대우를 받는 곳에 있다면 능히 중년이상 잘 다닐 수 있다.
3. 개인사업을 하기엔 성정이 부족하기에 되도록 사업보다는 직장을 다니는 것이 이로우며 만약 어쩔 수 없이 사업을 해야 한다면, 적은 이익이어도 경쟁이 적은

곳에서 조용히 버는 것이 좋다.

4. 부처궁은 공궁이어서 결혼이 늦거나 혹은 동거하듯이 사는 사람들이 많은 편이다. 혹은 일찍 결혼했어도 이혼한 후에 다시 원래의 사람과 사는 사람도 있다. 배우자와의 관계는 삭막하며 조용한 편이다.
5. 명궁 천동성의 힘으로 삶에 위기가 있을 때마다 해결을 도와주는 귀인을 만난다. 만약 이 명궁이 삶이 고단하고 힘들고 고통스럽다면 우연한 행운을 기대해야 한다. 그 행운은 자신이 가장 힘들고 슬프고 고단할 때 온다.
6. 대운이 부모궁으로 흐르는 사람은 유년기 좋은 운의 반전 영향으로 오히려 힘들고 주변으로부터 괴롭힘을 받거나 왕따 같은 일을 겪을 수 있다. 대운이 전택궁에 이르면 삶이 안정된다.
7. 대운이 형제궁으로 흐르는 사람은 어릴 때부터 부모로부터 독립해서 살아가는 사람이 많고 자수성가하는 타입이다. 자수성가라고 해서 모두 사업하는 것이 아니어서 좋은 직장을 다니며 검소하게 사는 모습을 보이기도 한다.
8. 이 명궁은 흉성이 들어도 이겨내는 힘이 있으니 두려움은 없지만 단지 게으름은 삶에 문제가 된다.

9. 자오궁 무곡성, 천부성의 명반 해설과 요약

天梁陷 巳 [奴]	七殺旺 午 [遷]	未 [疾]	廉貞廟 申 [財]
紫微陷 天相旺 辰 [官]	命宮在子		酉 [子]
巨門廟 天幾旺 卯 [田]			破軍旺 戌 [夫]
貪狼平 寅 [福]	太陽廟 太陰陷 丑 [父]	天府廟 武曲旺 子 [命]	天同廟 亥 [兄]

天同廟 巳 [兄]	天府旺 武曲旺 午 [命]	太陽平 太陰平 未 [父]	貪狼平 申 [福]
破軍旺 辰 [夫]	命宮在午		巨門廟 天幾旺 酉 [田]
卯 [子]			紫微閑 天相閑 戌 [官]
廉貞廟 寅 [財]	丑 [疾]	七殺旺 子 [遷]	天梁陷 亥 [奴]

• 자오궁 무곡성, 천부성 명반 해설

무곡성, 천부성이 명궁인 사람은 자부염무상의 영향으로 삶의 높낮이가 크다. 사화와 보좌성이 받쳐주는 경우에는 별들의 힘을 모두 사용하여 명예가 크고 재물이 많으며 사회적인 활동도 왕성하지만 보좌성이 없다면 도와줄 사람없이 꿈만 높아 허장성세를 이루거나, 꿈을 포기해 좋은 별의 배치와 반대로 은둔한 채 살아간다. 그러므로 만약 보좌성이 없다면 꿈을 줄여 현실적인 꿈을 가져야 하며 보좌성이 많다면 자신의 꿈을 너무 작게 가져선 안 된다.

그리고 5조의 특성을 고려해 너무 높은 지위를 꿈꾸는 것보다 타인은 앞세우고 자신은 그의 뒤에서 움직이는 것이 오히려 좋다. 명궁의 천부성, 무곡성은 많은 활동을 통해 재물과 자신의 지위를 상승시키는 힘이며 관록궁의 자미성, 천상성은 어두운 자미성의 영향으로 1인자가 아닌 2인자로서의 명예가 높음을 이해해야 한다. 재백궁의 염정성은 수익활동에 수단을 가리지 않는 면과 욕심을 말하고 있어서 명예와 부를 이루니, 현대에는 우월한 구조이다.

단, 아무리 좋은 상황이라도 재백궁의 염정은 항상 주의해야 한다. 비리를 저지르면 언젠가 반드시 탄로나는 것을 염두에 두어야 한다는 뜻이다. 그렇기에 재벌이 한순간에 무너지기도 하며, 명예 높던 사람이 한순간에 비리가 들통나 은퇴하고 은거해야 하는 것이다.

부처궁 파군성은 배우자가 사업가이거나 둘 이상의 배우자와의 인연을 암시하기에 결혼 생활에 우여곡절을 나타낸다.

가끔 이 명궁을 가진 사람이 어린 유년에 가정교육이 좋지 않으면 이후 대운에 흉성이 삼방에서 회조하여 불운에 빠지면 남녀 모두 일시적인 운으로 성매매를 하는 경우도 있고, 정상적이 아닌 사업(향락, 퇴폐, 암시장 거래 등)을 하다가 구속되는 등 나쁜 경험을 하기도 한다.

- 자오궁 무곡성, 천부성 명반 요약

1. 자궁 명궁은 관록궁의 자미성이 어둡기에 명예에 대한 욕망이 강한 편이어서 무엇이든 열심히 하는 편이지만 보필괴월이 없다면 고단한 삶이 된다.
2. 외모가 수려하거나 또는 외모가 부족하더라도 귀티가 나는 모습을 가지기에 처음엔 사람이 모이지만 모인 사람을 어떻게 관리하는가? 에 따라 인생이 많이 변한다.
3. 명궁의 지위가 높기에 보필괴월과 노복궁이 중요한데, 노복궁의 어두운 천량성은 자신보다 나이가 많은 직원이나 나이는 어려도 걱정거리를 만드는 사람들이 된다.
4. 부처궁의 파군성은 결혼생활의 불안정함을 뜻하며 결혼을 두 번 이상 하거나 두 집 살림하는 경우가 많다.
5. 만약 그렇지 않은 경우 개인사업하는 배우자를 만나거나 군인 경찰의 배우자를 만나는 경구도 있다. 이경우에는 이혼수가 줄어든다.
6. 자녀궁이 공궁인 것은 자녀가 없거나 혼인의 파절 때문에 자녀와 떨어져 사는 것을 말한다. 어떤 경우이든 자녀와 인연이 적다.
7. 대운이 부모궁으로 흐르는 사람은 가정불화에 시달리는 유년을 보낼 가능성이 높다. 부모궁의 태양성, 태음성은 한궁에서 서로 다투기 때문이다. 대운 명궁이 복덕궁에 이르면 그때부터 자신의 재능을 다룰 수 있게 된다.
8. 대운이 부처궁으로 흐르는 사람은 유년기에는 잠잠하지만 부처궁이 대운 명궁이 되는 때부터 자신의 삶을 결정해야한다. 결혼을 하고 평범하게 살 것인지 자신이 하고자 하는 일을 시작하고 재백궁이 대운 명궁이 될 때까지 방황하고 살면서 자신이 원하는 일을 할 것인지를 그때에 가름하게 된다.

10. 축미궁 태양성, 태음성의 명반 해설과 요약

天 梁 陷 巳 [官]	七 殺 旺 午 [奴]	未 [遷]	廉 貞 廟 申 [疾]
紫 天 微 相 陷 旺 辰 [田]	命宮在丑		酉 [財]
巨 天 門 機 廟 旺 卯 [福]			破 軍 旺 戌 [子]
貪 狼 平 寅 [父]	太 太 陽 陰 廟 陷 丑 [命]	天 武 府 曲 廟 旺 子 [兄]	天 同 廟 亥 [夫]

天 同 廟 巳 [夫]	天 武 府 曲 旺 旺 午 [兄]	太 太 陽 陰 平 平 未 [命]	貪 狼 平 申 [父]
破 軍 旺 辰 [子]	命宮在未		巨 天 門 機 廟 旺 酉 [福]
卯 [財]			紫 天 微 相 閑 閑 戌 [田]
廉 貞 廟 寅 [疾]	丑 [遷]	七 殺 旺 子 [奴]	天 梁 陷 亥 [官]

- 축미궁 태양성, 태음성 명반 해설

태양성, 태음성이 명궁이면 성격이 우유부단 해지며 두 가지 삶을 사는 것처럼 직업과 자신의 취미를 모두 잘하려는 습성도 가진다. 트렌스젠더가 가끔 발견되기도 하는 명궁인데 이것은 태양성과 태음성이 한 궁에서 서로를 밀어내는 현상으로, 음과 양이 교체되는 시기마다 각 별의 힘균형이 바뀌면서 성격에 변화가 일어 나는 것 때문이다.

관록궁 천량성과 명궁 태양성의 회조로 영화연출, 방송가, 기자 등을 하는 경우도 볼 수 있으며 낮에는 직장인, 밤에는 개인사업, 낮에는 학생, 밤에는 주식 투자가로 활동하는 사람도 있다. 이런 식으로 보통은 두 가지의 삶을 모두 영위하려는 습성이 있으므로 직업을 몇 가지로 제한하기보다 생계를 위한 직업과 정말 하고싶은 직업 두 가지를 분류해서 판단하는 것이 좋다.

재백궁은 공궁이어서 재물에 관한 개념이 부족하고, 단지 큰돈을 벌고자 하거나 남몰래 뒤로 하는 일로 명예를 얻고자 하는 성향이 있다.

부처궁 천동성은 친구처럼 오래 사귀다가 결혼하는 것을 말하며 자녀궁 파군으로 자녀가 부모의 손에서 일찍 떠나 독립하거나 고집 불통이라 관리가 안 되는 경우가 많다.

- 축미궁 태양성, 태음성 명반 요약

1. 재백궁이 공궁이어서 재물을 쓰는 모습과 버는 모습 모두 주변인을 닮아간다. 그렇기에 유년시절에 부모로부터 받은 교육이 재물에 대한 태도를 만든다.
2. 미궁 명궁은 태양과 태음의 밝기가 같아 마음의 정체성이 매우 심하게 흔들릴 때가 많다.
3. 축궁 명궁은 태양성이 밝고 태음성이 어두워 힘의 균형이 어느정도 맞는 편이기에 일정한 상황적 조건이 아니라면 겉으로는 태양성의 힘으로 살아간다.
4. 관록궁의 천량성이 어두워 일부는 밤에 일하는 일이 적성에 맞는 사람도 생긴

다. 평범한 직장인의 경우 직업으로 인한 스트레스가 많은데 이는 실제 일어난 일에 대한 스트레스보다 미리 걱정하는 기우에 가까운 걱정이다.

5. 그렇기에 천량성의 힘을 빌어 연구, 개발, 연출 등 자기개발과 무언가를 관리 파악해야 하는 직업군에 어울린다. 일부 영화감독들의 삼방에서 천량성이 보이는 것도 이와 같음이다.
6. 부모궁과 형제궁의 별들이 명궁보다 수려하기에 보필성이 없어도 주변의 사람과 관계를 돈독히 해야 자신이 활동하는 시기에 도움을 받을 수 있다.
7. 대운이 부모궁으로 흐르는 사람은 일찍 독립하거나 가정에 파란이 있어 청소년기가 불안해진다. 그러나 복덕궁이 명궁이 되는 시기가 되면 스스로 안정을 찾아 살길을 찾는다.
8. 대운이 형제궁으로 흐르는 사람은 청소년기에는 안정된 삶을 살고 일찍 두각을 나타내어 주변의 부러움을 받지만 자녀궁이 대운 명궁이 되는 시기에서부터 자신의 한계를 느끼고 고통을 받는다. 그렇기에 청소년기의 교육이 상당히 중요하다.

11. 인신궁 탐랑성의 명반 해설과 요약

天 梁 陷 巳 [田]	七 殺 旺 午 [官]	未 [奴]	廉 貞 廟 申 [遷]
紫 天 微 相 陷 旺 辰 [福]	命宮在寅		酉 [疾]
巨 天 門 機 廟 旺 卯 [父]			破 軍 旺 戌 [財]
貪 狼 平 寅 [命]	太 太 陽 陰 廟 陷 丑 [兄]	天 武 府 曲 廟 旺 子 [夫]	天 同 廟 亥 [子]

天 同 廟 巳 [子]	天 武 府 曲 旺 旺 午 [夫]	太 太 陽 陰 平 平 未 [兄]	貪 狼 平 申 [命]
破 軍 旺 辰 [財]	命宮在申		巨 天 門 機 廟 旺 酉 [父]
卯 [疾]			紫 天 微 相 閑 閑 戌 [福]
廉 貞 廟 寅 [遷]	丑 [奴]	七 殺 旺 子 [官]	天 梁 陷 亥 [田]

- 인신궁 탐랑성 명반 해설

탐랑성이 명궁이면 외모는 상당히 뚱뚱하거나 극단적으로 마른 경향이 있다. 자신이 호기심을 느낀 것에 빠지면 헤어 나오지 못하는 성격으로 다양한 분야에 진출하며, 연애면 연애, 일이면 일, 어느 한 곳에 쏠리는 모습을 보인다.

여성이면 전형적인 사업가 타입으로 활동을 많이 하고 남성이면 소극적 사업의 태도를 보인다. 특히, 감각적인 사업 활동에 이로워 창작, IT, 인터넷, 패션, 디자인 등에 특출하다. 역학인도 종종 발견되는데, 본 직업을 따로 가지고 취미처럼 활용하는 경우에 해당한다.

관록궁의 칠살성은 큰 사업보다 사무소나 작은 생산공장 규모의 사업을 하며 자신이 원하는 방향으로 언제든지 전환할 수 있어야 한다. 그래야 시대의 흐름에 맞추어 자신이 판단하는 대로 사업을 변경하여 따를 수 있기 때문이다.

5조의 특성을 살려 사업을 하기보다 큰 직장에서 팀장으로 일하는 사람도 있는데, 꿈이 높지 않아서가 아니라 시기에 맞추어 조금 더 실리적인 활동을 하는 경우다.

재백궁의 파군은 씀씀이가 크고 헤프게 만든다. 적은 돈은 생각하지 않고 큰돈을 위주로 판단하는 습성이 있어 재물을 크게 벌어도 모으지 못하고 이리저리 새는 곳이 많다. 그래서 이런 재백궁을 가진 사람은 자신의 돈을 관리해 줄 배우자를 만나는 것이 중요하다.

부처궁은 천부성이라는 창고와 무곡성이라는 활동별이 들었기에 자신보다 배우자가 자금을 관리하는 것이 이로우며, 이 방법을 통해 부를 축적할 수 있다. 다만 부처궁에 무곡이 화기가 되었거나 겁공성이 들었다면 배우자에게 재물을 맡길 수 없다.

- 인신궁 탐랑성 명반 요약

1. 각 조의 탐랑성과 다르게 모험적인 면이 안전한 상황에서만 발동되며, 상황이 좋지 않거나 자기 능력이 부족하다고 판단이 되면 오히려 직장인처럼 자신을 적응시켜 살아가는 사람도 있다.

2. 명궁이 인신궁에 해당하여 천마성이 없어도 역마가 있으니 직장이 안정적이라면 취미로라도 여행을 다녀야 우울함을 다스릴 수 있다.
3. 재백궁이 파군성이라 돈씀씀이에 대해 문제가 있지만 이를 긍정적으로 사용하려면 투자에 관련한 일을 하는 것도 좋다. 다른 조와 달리 투자도 안정적으로 하는 것을 기본으로 하기에 검증된 분야라면 약간의 주식투자 등도 좋다.
4. 관록궁 칠살성으로 직업은 여러 분야에서 발견된다. 그만큼 자신이 관심을 갖는 분야에 따라 달라지므로 이 명궁은 직업을 기반으로 시를 측정하기 어렵다. 다만 하는 일이 칠살성과 어울리는가를 판단하는 것이 더 쉽다.
5. 많이 발견되는 분야는 응급분야 의사, 취미 무술가, 정육사업가, 미용사 등 손재주를 기반으로 하는 직업군에서 많이 나타난다. 그러나 예술분야에서는 좀 드문편인데 그것은 5조의 특성 영향을 받은 것이라 판단한다.
6. 부처궁의 조합이 좋아서 배우자를 만나기 전의 운명과 배우자를 만난 후의 삶에 차이가 많다. 가능하다면 삶의 방향성은 결혼후에 잡는 것이 좋다.
7. 대운이 부모궁으로 흐르는 사람은 복덕궁이 명궁이 될 때 자신의 삶에 대한 갈등이 심하고 삶에 변화가 크다. 그러나 그 시기를 넘기면 관록궁이 대운 명궁이 될 때 자신이 하고자 하는 일을 하게 된다.
8. 대운이 형제궁으로 흐르는 사람은 유년기 가정에 대한 불화를 겪거나 성적 정체성의 혼란을 겪는 등 내적갈등이 심하다. 부처궁이 대운 명궁이 되는 시기를 지나면 자연스럽게 가라 앉으며 대운명궁이 자녀궁에 이르면 삶에 안정이 찾아온다.

12. 묘유궁 거문성 천기성의 명반 해설과 요약

天梁陷 巳 [福]	七殺旺 午 [田]	未 [官]	廉貞廟 申 [奴]
紫微陷 天相旺 辰 [父]	命宮在卯		酉 [遷]
巨門廟 天幾旺 卯 [命]			破軍旺 戌 [疾]
貪狼平 寅 [兄]	太陽廟 太陰陷 丑 [夫]	天府廟 武曲旺 子 [子]	天同廟 亥 [財]

天同廟 巳 [財]	天府旺 武曲旺 午 [子]	太陽平 太陰平 未 [夫]	貪狼平 申 [兄]
破軍旺 辰 [疾]	命宮在酉		巨門廟 天幾旺 酉 [命]
卯 [遷]			紫微閑 天相閑 戌 [父]
廉貞廟 寅 [奴]	丑 [官]	七殺旺 子 [田]	天梁陷 亥 [福]

• 묘유궁 거문성 천기성 명반 해설

거문성, 천기성이 명궁인 사람은 논리적인 말과 생각을 좋아하며, 어영부영한 것을 싫어한다. 그만큼 머리가 좋고 논리적이며 토론을 즐기고 새로운 것을 익히는 데 게으르지 않다. 단점이라면 생활태도나 대인관계에서 위의 성격을 드러내기에 사람들로부터 정이 없고 애교가 없으며 잘난 척한다는 눈총을 받을 수 있다.

그리고 5조의 실리적인 습성으로 타인에게 베푸는 것에 인색하며, 타인과의 교류에 서툴다.

관록궁은 공궁이지만 이 명궁의 사람들은 직업이 탄탄한 편인데, 거문성 천기성의 능력으로 연구직 등 전문 분야에서 특별히 인정을 받기 때문이다. 그러나 항상 자신이 다니는 직장보다 좋은 곳을 원해 직장을 쉽게 옮기는 것이 관록궁 공궁이 나타내는 단점이다.

거문성의 속성인 달변은 직업상 앵커, 기자, 개그맨 등 방송 분야에서 나타나며, 연구를 하는 쪽에서는 대학교수나 법조인으로도 해석할 수 있다. 소규모의 회사에 다닌다면 자신이 마음에 들때까지, 또는 능력을 인정받을 때까지 계속 직장을 옮긴다.

재백궁의 천동성은 꾸준하게 들어오는 재물을 상징하며 장기간의 휴직 없도록 이직을 하며, 보좌성이 함께 하는 경우 새로운 직장을 소개받아 수익을 늘어나는 도움을 많이 받는다.

부처궁의 태양성, 태음성 동궁으로 바람기가 많으며 안정된 직장을 가져도 일시적으로 바람을 피우는 경우가 많다. (육체관계를 맺지 않는 친구관계라도 이성운을 이어간다.)

• 묘유궁 거문성 천기성 명반 요약

1. 관록궁이 공궁이지만 명궁의 거문성, 천기성의 역할로 취업이 어렵지 않다.
2. 매사에 논리적이고 정확한 것을 좋아하다 보니 아무리 친한 친구라 해도 헛소

리가 많으면 거리를 두고 바라보기만 하며 인간관계가 불편할 지라도 박식하고 언행일치하는 사람 옆에 가까이 하려한다.

3. 부처궁의 태양성, 태음성으로 인해 남자의 경우 두 집 살림하는 경우가 많고, 여자의 경우 애인을 따로 두는 경향이 있다.
4. 묘궁 명궁은 부처궁의 상황에 따라 그런 불륜이 있을 때 들키지 않게 안전하게 하는 편이지만 유궁 명궁은 쉽게 들켜 분란이 생긴다.
5. 만약 불륜이 아니라면 일찍 이별, 사별후에 새로운 가정을 꾸려 행복하게 살아간다.
6. 복덕궁 어두운 천량성의 힘에 의해 걱정으로 잠 못드는 밤이 많고 항상 표정이 밝지 않다. 일부 잘 웃고 다니는 사람이 있는데 이 사람은 종교의 가르침에 의해 약간은 가식적으로 훈련된 미소를 짓는 경우가 많다.
7. 재백궁의 천동성은 관록궁 공궁의 나쁜 영향을 줄여주기에 천동성의 힘으로 쉽게 취직하며 한자리에 오래 있을 수 있다. 다만 타인과 경쟁을 싫어하는 마음이 있어 승진은 남보다 더디다.
8. 대운이 부모궁으로 흐르는 사람은 대운 명궁이 전택궁에 닿을 때부터 삶에 변화가 있어 승패가 사화에 따라 달라진다. 좋은 사화와 사선성이 있다면 그 대운에 성공할 수 있다.
9. 대운이 형제궁으로 흐르는 사람은 대운 명궁이 자녀궁에 닿을 때 이름을 알리거나 큰 회사에 입사할 기회가 생기는 등 재물적 이익보다 명예적 이익이 강하다.

제6조의
본성과 명궁 위치에 따른 논명

6조의 명반

紫微平 七殺平 巳	午	未	申
天機廟 天梁旺 辰	紫微在巳		破軍陷 廉貞平 酉
天相陷 卯			戌
巨門廟 太陽旺 寅	武曲廟 貪狼廟 丑	天同旺 太陰廟 子	天府旺 亥

天府平 巳	天同陷 太陰陷 午	武曲廟 貪狼廟 未	巨門廟 太陽閑 申
辰	紫微在亥		天相陷 酉
破軍旺 廉貞閑 卯			天機廟 天梁旺 戌
寅	丑	子	紫微旺 七殺平 亥

6조의 본성

6조에 해당하는 사람들은 다른 조보다 삶의 우여곡절이 심하다.

1~5조까지의 어느 조보다 공궁이 많은 탓에 어떤 일이든 성취하려면 다른 조에 비해 고난이 많다. 또는 반대로 쌍성이 조합된 궁도 어느 조보다 많아서 시기가 닿으면 다른 조보다 빠르게 성취하기도 한다. 그래서 6조 명반을 가진 사람들의 삶은 흐름이 변화무쌍하고 하는 일도 수시로 바뀌어 항상 주의하여 명반을 살펴야 한다.

명예와 고결함을 상징하는 선비의 별인 자미성이 무사의 별인 칠살성과 함께 있다는 것은 마치 선비가 칼을 차고 전쟁터에 나가는 것과 같다. 그때문에 사상과 행동사이에 괴리가 커서 자칫하면 거짓말쟁이가 되고, 자신의 의도와 상관없이 사기꾼이 되기도 한다. 그러나 처음부터 근성이 나쁘게 태어난 것이 아니고 6조 특유의 많은 공궁과 쌍성 조합에서 나타나는 변수가 사람을 그렇게 만들어 가는 것이다.

실제로 필자가 아는 6조들 중에 처음엔 순수하다가 명궁에 타고난 삶의 형태에 휘말려 사기꾼이 될 정도로 심각하게 변질된 이들도 보았다. 6조로서 이로운 사람들은 행동을 우선시하고 몸을 많이 쓰는 직업을 갖거나 활동력이 타인에게 드러날 정도로 강한 사람들이며, 6조로서 불리한 사람들은 말을 앞세우고 활동하지 않으며 자기 착각에 빠진 사람들이다. 자미성과 칠살성이 가진 별의 괴리를 회복하기 위해서는 행동이 받쳐주어 사상의 허구를 보완하고, 스스로 해도 되는 언행과 해서는 안 될 언행을 가려해야 한다.

6조는 고독한 성계로, 주변의 도움 없이 성취하며 살아가야 하기에 삶이 고단하다는 것을 잘 알아야 하고, 시기를 잘 맞추어 자신의 능력을 펼쳐야 남에게 이용당하지 않고 꿈을 이룰 수 있다.

6조의 본성 요약

1. 말과 행동의 편차가 심한 편이다. 적극적일 때는 경솔할 정도이고, 소극적일 때는 게을러져 아예 움직이지 않을 정도로 차이가 난다.
2. 어느 분야든 개인의 능력은 뛰어난 편이지만 타인에게 이용당하기 쉬우며 그로 인해 사람을 믿지 못하는 심리가 강하다.
3. 한번 불리한 운에 들어서면 그 운이 오래가기에(공궁 밀집현상) 자신의 꿈을 일찍 포기하는 사례도 많다.
4. 비밀을 숨기지 못하는 버릇이 있어 소문에 금세 휩싸이며, 질책을 받는데 스스로는 왜 그런 문제가 발생하는지 모른다.
5. 혼인은 늦게 하는 사람은 문란하지 않으며, 일찍하는 이들은 외도를 하거나 두 집 살림을 하거나 성적(性的)으로 문란한 경우가 많다.
6. 사업을 할 경우 흥망성쇠가 다른 조에 비해 빠르다. 그렇기에 부자로 살다가 몰락하는 경우도 많고, 가난하게 살다가 단기간에 부자로 변하기도 한다.
7. 6조는 특히 명궁의 주성이 어두우면 삶이 윤택하기 힘들며 감정적으로도 어둡다.
8. 역마궁인 사해궁의 영향을 쉽게 받아 이민을 가거나 타향살이, 또는 떠돌이 생활을 많이 한다.
9. 이민자들의 경우 다른 조에 비해 삶의 형태가 완전히 바뀌기도 한다. 그러나 조의 본성이나 명궁의 형태는 바뀌지 않는다.
10. 6조가 관직에 오르면 비리에 연관되지 않도록 특히 주의해야 한다. 연관되는 경우 자신도 모르는 사이 모두에게 알려져 관재구설의 고난을 겪는다.
11. 무역이나 출장이 많은 직업을 가지면 모든 명궁에 좋은 영향을 미친다.
12. 사무직이나 창고 관리직 같은 직업을 가지면 잘 적응하다가 어느 날 갑자기 그만두고 방황하는 경우가 많다.

13. 한 회사의 대표가 되는 것보다 팀장이 될 때 더 많은 능력을 발휘한다. 그러나 타인에게 속박되는 것을 싫어하기에 그 기간을 오래 유지하기 힘들다.
14. 방황하는 시기에는 타인에게 이용당하기 쉽고, 자신이 성취한 것을 가까운 이에게 갈취 당한다. 타인과의 약속을 지키기 어려우며, 말못할 고민이 많아 고통을 받는다. 그것을 해결하기 위해서는 먼 곳으로 떠나 새로운 일로 다시 시작해야 한다.
15. 만약 무곡성과 탐랑성이 동궁한 궁에 화기가 들고, 그 궁이 대운 또는 유년의 삼방에 들면 일순 찾아온 기회를 잃는다.
16. 염정성과 파군성이 동궁한 궁에 선천, 대운, 유년의 화기가 들어오면 숨겨진 비리와 재물이 드러나며, 불륜이 알려진다.
17. 무곡성과 탐랑성이 동궁한 궁, 염정성과 파군성이 동궁한 궁에 천형이 들면 관재 송사를 피하기 힘들며 기회가 와도 잡기 힘들다.
18. 공궁이 연결된 기간에는 미래에 하고자 하는 일을 준비할 수 있으나, 무리해서 결과를 내려 한다면 유시무종이 된다.
19. 쌍성이 조합된 대운이나 유년에는 갈등에 휩싸이기 쉬우며, 두 가지 일을 동시에 하는 경우도 많다. 그러나 그 중 한 가지 일에 매진한 사람은 성취를 한다.
20. 타인을 따라하는 습성이 있는데 타인의 영향을 받는 특성인 공궁이 이어진 기간에 특히 더 그렇다.

1. 사해궁 자미성 칠살성의 명반 해설과 요약

紫 七 微 殺 平 平 巳 [命]	午 [父]	未 [福]	申 [田]
天 天 機 梁 廟 旺 辰 [兄]	命宮在巳		破 廉 軍 貞 陷 平 酉 [官]
天 相 陷 卯 [夫]			戌 [奴]
巨 太 門 陽 廟 旺 寅 [子]	武 貪 曲 狼 廟 廟 丑 [財]	天 太 同 陰 旺 廟 子 [疾]	天 府 旺 亥 [遷]

天 府 平 巳 [遷]	天 太 同 陰 陷 陷 午 [疾]	武 貪 曲 狼 廟 廟 未 [財]	巨 太 門 陽 廟 閑 申 [子]
辰 [奴]	命宮在亥		天 相 陷 酉 [夫]
破 廉 軍 貞 旺 閑 卯 [官]			天 天 機 梁 廟 旺 戌 [兄]
寅 [田]	丑 [福]	子 [父]	紫 七 微 殺 旺 平 亥 [命]

• 사해궁 자미성 칠살성 명반 해설

자미성, 칠살성이 명궁인 사람은 자신의 사상과 행동의 차이가 크다.

말은 거창하고 고풍스럽지만 행동에 문제가 있어 타인에게 인정받기 힘든데, 멀리서 볼 때는 그 괴리감이 보이지 않지만 가까이 두고 오래 보면 말과 행동의 괴리가 드러난다.

관록궁의 염정성과 파군성은 염정이 취한 관직을 파군성이 밀고 나가는 형식이 되기도 하고, 어떤 때에는 염정성이 저지른 비리를 파군성의 강한 움직임에 의해 알려진다고 볼 수도 있다.

재백궁은 탐랑성을 기준으로 살파랑이 형성되고 활동력이 강한 무곡성의 힘으로 일생 중에 강한 변화의 기회를 얻어 강력한 행동으로 부를 성취할 때도 있다.

부모궁부터 복덕궁, 전택궁이 모두 공궁이어서 선친무덕(先親無德)하고 스스로 터전을 일궈야 하며, 떠돌이 생활을 하기 쉽다. 그리고 그 때문에 사해궁이 가진 역마의 힘만 가지고도 이민 등의 타향살이를 한다.

부처궁의 천상성은 좋은 별이지만 밝기가 어두워 천상성의 순기능을 사용하지 못해 배우자가 똑똑해도 현실적으로 도움이 되지 않거나, 이중생활을 하는 배우자를 얻어 삶이 척박해지거나, 흉성이 있는 경우 사기결혼을 당하기도 한다.

그렇기에 사해궁 명궁은 현실적인 감각이나 능력이 떨어지지 않도록 항상 유지해야 하고, 대운과 유년의 흐름에서 공궁이 다가오기 전에 지속적으로 할 수 있는 일을 점검해야 한다.

공궁이 다가오는 기간에는 하는 일에 변화를 주거나 확장하는 것은 피해야 하며, 기존에 하던 것을 지키는 것만이 이롭다.

직업으로는 독립적으로 움직이고 시세에 맞추어 빠르게 전환할 수 있는 전문직이나 영세사업이 유리하며 궁의 역마 힘으로 해외진출이나 무역, 수입 등이 좋다. 전문직으로는 특허연구, 개발, 대학교수, 학원영업, 세일즈와 마케팅 등이 좋으며, 다른 직업도 가능하지만 불길하다.

- 사해궁 자미성 칠살성의 명반 요약

1. 사궁 명궁은 관록궁의 염정성이 평하기에 일정한 공무, 관직, 단체의 장 등의 지위에 오를 수 있다. 해궁 명궁은 관록궁의 염정성이 한에 해당되어 개인사업, 프리랜서, 공방, 건설업 등 자신의 기술에 맞는 것이 직업에 이롭다.
2. 부처궁의 천상성은 어둡기에 조력이 부족하고 의논의 대상이 되기는 어렵다. 단지 배우자로서 역할은 문제없다. 남자의 가정으로는 적당하나 여자의 가정으로는 무능한 남편으로 평가된다.
3. 재백궁의 무곡성으로 탐랑성의 '생각 만하는 단점'이 가려져 쌍성이 동궁한 힘을 최대한 발휘한다. 재백궁의 밝기가 모두 좋아서 이 궁이 대운, 유년에 닿았을 때, 흉성과 화기가 없다면 웬만한 일은 성취할 수 있다.
4. 사해궁이 가진 역마의 힘이 크기에 천마성을 인신사해궁에서 만나지 않아도 각 대운이 처한 상황에 따라 이민, 유학 등으로 해외에서 살게 된다.
5. 대운이 부모궁으로 흐르는 사람은 일찍 회사에 취직하거나 기술을 배워 전문직으로 나가지 않으면 대운명궁이 관록궁에 닿을 때까지 방황기에 들어가게 된다.
6. 그리고 복덕궁이 대운명궁이 되었을 때 결혼할 가능성이 높아지며 그 다음 대운이 닿으면 이혼하거나 별거하는 상태가 된다.
7. 그러므로 일찍 결혼하는 것보다 스스로 전문직이 될 수 있도록 한 분야에 자신의 삶을 집중해야 한다.
8. 대운이 형제궁으로 흐르는 사람은 일찍 사회에 적응하는 이가 많고 결혼이 오히려 늦는 경우가 많은데 직업과 사회활동으로 인해 결혼이 늦어진다고 볼 수 있다.

2. 자오궁 공궁의 명반 해설과 요약

紫 七 微 殺 平 平 巳 [兄]	午 [命]	未 [父]	申 [福]
天 天 幾 梁 廟 旺 辰 [夫]	命宮在午		破 廉 軍 貞 陷 平 酉 [田]
天 相 陷 卯 [子]			戌 [官]
巨 太 門 陽 廟 旺 寅 [財]	武 貪 曲 狼 廟 廟 丑 [疾]	天 太 同 陰 旺 廟 子 [遷]	天 府 旺 亥 [奴]

天 府 平 巳 [奴]	天 太 同 陰 陷 陷 午 [遷]	武 貪 曲 狼 廟 廟 未 [疾]	巨 太 門 陽 廟 閑 申 [財]
辰 [官]	命宮在子		天 相 陷 酉 [子]
破 廉 軍 貞 旺 閑 卯 [田]			天 天 幾 梁 廟 旺 戌 [夫]
寅 [福]	丑 [父]	子 [命]	紫 七 微 殺 旺 平 亥 [兄]

- 자오궁 공궁 명반 해설

자오궁 공궁이 명궁인 사람은 관록궁까지 공궁이 되고 재백궁에 거문성, 천기성이 배치된다.

삼방에 별이 재백궁에만 있다는 것은 삼방이 거일을 모두 나누어 쓰고 있다고 봐도 무방하다. 명궁의 협궁으로 보면 형제궁으로만 별이 있고 부모궁 쪽으로는 공궁이 되어있는데, 이는 수평적인 인간관계의 영향을 많이 받고 수직적인 인간관계에서는 도움을 받기 어렵다고 판단할 수 있다.

명궁이 공궁이어서 어릴 때 지나친 고집쟁이거나 지나치게 내성적으로 자라기도 한다. 록존이나 괴월보필성을 만나면 삶이 안정적이지만 경양, 천형을 보면 삶이 고단하고 떠돌게 된다.

관록궁은 공궁이지만 대궁의 차성안궁이나 대운의 흐름에 따라 판단할 때 안정적인 직업으로는 대부분 무역 계통이나 세일즈, 여행가 등 상대를 설득하거나 말하는 것들을 잘하며, 문창곡을 보는 경우 번역가로 활동하기도 한다.

또 연예계활동의 경우 개그맨이나 가수가 될 가능성이 높은데 외모보다는 실력을 위주로 판단해주는 분야에 진입하는 것이 이롭다.

자오궁 명궁은 부처궁의 별이 좋아서 현명한 배우자를 만나는 운을 가지고 있는데 결혼후에는 삶이 안정되고 가족을 책임지는 입장에서 성실하게 살아갈 수 있다

- 자오궁 공궁 명반 요약

1. 명궁과 관록궁이 공궁이지만 대궁의 천동성, 태음성을 차성안궁한다면 직장인으로 안정된 삶을 살수 있다.
2. 자궁 명궁은 재백궁의 태양성이 한이기에 이름을 널리 알리기 어려우니 연예계로 진출보다는 거문성에 맞는 직업을 선택하는 것이 좋다.
3. 명궁과 복덕궁이 공궁이기에 주변의 가까운 사람이 가진 말투와 행동을 따라가는 성향이 있다. 그래서 이 명궁의 사람은 어릴 때부터 주변의 좋은 사람과

어울려야 한다.

4. 오궁 명궁은 천이궁의 천동성과 태음성이 밝아 사회에 섞이기 쉽고 자신과 잘 맞는 사람들을 만나기 쉽다.
5. 자궁 명궁은 천이궁의 천동성과 태음성이 모두 어두워 오궁 명궁과는 달리 속하는 사회가 불편하거나 어울리기 힘들다.
6. 대운이 부모궁으로 흐르는 사람은 부모의 영향력이 약해 유년기에 방황이 크고 삶이 안정되기 어려워 전택궁에 대운명궁이 닿을 때까지 힘들지만 그 시기가 되면 자신이 할 일을 찾아 변화하기 시작한다.
7. 그리고 공궁의 삶이 고독하기에 대운명궁이 복덕궁에 닿을 때 이성과 동거하거나 이른 결혼을 하게 되는 경우가 있는데 오히려 결혼 후가 배우자에게 마음을 의지해 잘 살아갈 수도 있다.
8. 대운이 형제궁으로 흐르는 사람은 일찍부터 사회생활에 적응하기 쉽고 안정된 직장을 얻을 수 있다. 물론 부처궁에 대운 명궁이 닿으면 현명한 배우자를 얻는다.

제6조

3. 축미궁 공궁의 명반 해설과 요약

<table>
<tr><td>紫 七
微 殺
平 平
巳 [夫]</td><td>午 [兄]</td><td>未 [命]</td><td>申 [父]</td></tr>
<tr><td>天 天
機 梁
廟 旺
辰 [子]</td><td rowspan="2" colspan="2">命宮在未</td><td>破 廉
軍 貞
陷 平
酉 [福]</td></tr>
<tr><td>天
相
陷
卯 [財]</td><td>戌 [田]</td></tr>
<tr><td>巨 太
門 陽
廟 旺
寅 [疾]</td><td>武 貪
曲 狼
廟 廟
丑 [遷]</td><td>天 太
同 陰
旺 廟
子 [奴]</td><td>天
府
旺
亥 [官]</td></tr>
</table>

<table>
<tr><td>天
府
平
巳 [官]</td><td>天 太
同 陰
陷 陷
午 [奴]</td><td>武 貪
曲 狼
廟 廟
未 [遷]</td><td>巨 太
門 陽
廟 閑
申 [疾]</td></tr>
<tr><td>辰 [田]</td><td rowspan="2" colspan="2">命宮在丑</td><td>天
相
陷
酉 [財]</td></tr>
<tr><td>破 廉
軍 貞
旺 閑
卯 [福]</td><td>天 天
機 梁
廟 旺
戌 [子]</td></tr>
<tr><td>寅 [父]</td><td>丑 [命]</td><td>子 [兄]</td><td>紫 七
微 殺
旺 平
亥 [夫]</td></tr>
</table>

• 축미궁 공궁 명반 해설

축미궁 공궁이 명궁인 사람은 관록궁에 천부성, 재백궁에는 천상성이 회조 한다. 명궁이 공궁이고 좌우협궁까지 공궁이 되어 육친무덕의 상황을 말해 준다.

복덕궁의 염정성, 파군성이 마치 명궁에 있는 것처럼 활동하게 되는데 동궁한 염정성과 파군성의 속성이 유난히 공궁 명궁에 영향을 미치기 때문이다. 다만 복덕궁은 좀처럼 현실화되기 어려운 궁이어서 계획을 많이 세우지만 결과맺기는 어렵기에 잘못하면 말만 앞세우는 사람이 될 수 있다.

관록궁의 천부성은 금융업, 창고관리, 일반사무 관리직, 경리 등 가만히 자리를 지키는 직업에 이롭고 그 외의 직업군은 오래 유지하기 힘들다.

재백궁의 천상성은 밝기가 어둡기에 새로운 수익에 대한 생각과 계획은 많으나 실천력이 부족하여 큰 돈을 만들기 어렵다. 그렇기에 명궁 공궁의 단점인 사기 투자나 투기에 휘말릴 수 있으니 겁공이 회조하는 대운에는 특히 조심해야한다.

이 명은 결혼 전보다 결혼 후의 삶이 더 나은데, 부처궁의 자미성, 칠살성이 영향을 주기 때문이다. 가령 배우자가 사업하면 그 수익을 관리하거나 현장에서 함께 운영하는 정도이다.

• 축미궁 공궁 명반 요약

1. 미궁 명궁은 관록궁의 천부성이 밝아 금융회사 중에도 큰 편에 속하고 축궁 명궁은 천부성의 밝기가 어두워 제2금융권에 속한다. 물론 다른 직업도 종류에 따라 이렇게 비교한다.
2. 재백궁 천상성의 힘으로 직업이 불안정한 기간동안 부동산업이나 서류대행 같은 문서를 다루는 일이 임시 직종이 될 수 있다.
3. 부처궁의 자미성, 칠살성으로 배우자의 영향을 받아 결혼 후부터 삶이 안정될 수 있으나 남자의 경우 남편을 무시하는 부인이 될 것이고 여자의 경우 가부장적인 남편을 얻게 된다.

4. 만약 결혼이 부처궁이나 복덕궁을 대운명궁이 지나치도록 늦는 경우 천이궁의 무곡성, 탐랑성의 영향으로 먼 타지로 이동하여 살게 된다.
5. 멀리 타지로 나가 살게 되는 경우 겁공성만 없다면 성공할 수 있으니 흉성을 두려워하지 말아야 한다. 또, 직업의 분야도 완전히 달라지므로 부상격의 직업론에 갇히지 않는다.
6. 대운이 부모궁으로 흐르는 사람은 유년기 가정상황으로 불행한 시절을 보낼 수 있으며, 대운명궁이 복덕궁에 닿았을 때 갖게 되는 직업을 잘 유지해야 다음에 오는 공궁 대운을 안전하게 지낼 수 있다.
7. 다만 축궁 명궁은 취업보다 사업을 하는 운이 강해서 작고 안전한 사업을 경영하는 것이 이롭다.
8. 대운이 형제궁으로 흐르는 사람은 대운명궁이 부처궁에 닿은 후부터 삶에 변화가 많고 결혼 또는 사업, 취업, 군경시험 등으로 진로를 변화시킨다. 다만 대체로 직장이 안정되는 삶을 살게 되는데 이는 대운마다 명궁에 별이 바뀌면서 고스란히 영향을 받는다.

4. 인신궁 공궁의 명반 해설과 요약

紫 七 微 殺 平 平 巳 [子]	午 [夫]	未 [兄]	申 [命]
天 天 機 梁 廟 旺 辰 [財]	命宮在申		破 廉 軍 貞 陷 平 酉 [父]
天 相 陷 卯 [疾]			戌 [福]
巨 太 門 陽 廟 旺 寅 [遷]	武 貪 曲 狼 廟 廟 丑 [奴]	天 太 同 陰 旺 廟 子 [官]	天 府 旺 亥 [田]

天 府 平 巳 [田]	天 太 同 陰 陷 陷 午 [官]	武 貪 曲 狼 廟 廟 未 [奴]	巨 太 門 陽 廟 閑 申 [遷]
辰 [福]	命宮在寅		天 相 陷 酉 [疾]
破 廉 軍 貞 旺 閑 卯 [父]			天 天 機 梁 廟 旺 戌 [財]
寅 [命]	丑 [兄]	子 [夫]	紫 七 微 殺 旺 平 亥 [子]

- 인신궁 공궁 명반 해설

인신궁이 명궁인 사람은 부모궁에 염정성, 파군성, 형제궁은 공궁이 되며, 관록궁에 천동성과 태음성, 재백궁에 천기성, 천량성을 둔다. 공궁 명궁의 성격은 온순하지만 화가나면 주체하지 못하는 단점이 있으며, 관록궁과 재백궁으로 기월동량을 형성했기에 직장인으로 또는 개인사업자로 살아갈 힘이 있다.

그러나 명궁이 공궁인만큼 주변의 거짓정보에 속아 공겁이 회조하는 대운에 들었을 때 파산의 위험을 피하기 힘들다. 또, 다른 조의 기월동량 과는 달리 명궁의 공궁영향으로 직장 생활에 이리저리 휩쓸리기 쉽고 명궁의 위치가 역마궁에 해당하여 잦은 출장과 지사근무 등 직장내에서 변화가 많다.

사무 관리직보다 기술 영업직 등이 많으며, 무엇이든 얌전하게 꾸준히 하는 성격이다. 일신상의 괴변이 없는 한, 자기 자리를 오래 지키는 타입이다.

이 명궁은 부처궁이 비어 결혼이 늦는데, 일찍 결혼을 하면 대부분 직장운이 약해져 회사를 옮겨 다니는 일이 많고 결혼을 늦게 하면 직장 일에 빠져 살아가는 형태가 된다. 길한 사화나 보좌성이 있다면 직장 내에서 높은 지위까지 오르지만 흉한 사화와 보좌성이 없고 흉성만 삼방에 회조하면 빈곤하게 살거나 단명하는 경우가 있다.

- 인신궁 공궁의 명반 요약

1. 관록궁의 천동성, 태음성의 조합은 공무원이 되기 좋은 조합이다. 그러므로 삼방에 록존성이나 화록된 주성이 회조하고 있다면 공무원 또는 준공무원, 대기업 등에 입사할 수 있다.
2. 만약 화록과 록존이 없다면 대기업보다는 안정된 중소기업을 선택하는 것이 이롭다.
3. 부처궁이 공궁이어서 결혼을 일찍 하는 경우에 관록궁의 별이 차성안궁 되기 때문에 직장내 지위가 낮아지거나 직장의 급이 낮아진다.

4. 인궁 명궁은 관록궁의 천동성과 태음성이 어두워 관직의 범위가 좁은 편이다.
5. 그러므로 큰 직장에 욕심을 내는 것보다 작은 직장에서 실리를 찾는 것이 좋고 그것이 불리할 때는 외국기업을 알아보는 것이 좋다.
6. 이 명궁은 복덕궁과 부처궁을 지나서 결혼하게 되는데 이는 계획하지 않은 자녀가 생김으로 인해 결혼하게 된다.
7. 대운 명궁이 부모궁으로 흐르는 사람은 일찍 가정으로부터 독립하거나 가정불화를 겪는다. 대운 명궁이 전택궁에 이르러서야 삶이 안정을 찾는다.
8. 대운 명궁이 형제궁으로 흐르는 사람은 대운명궁이 자녀궁에 닿았을 때부터 삶의 변화가 많은데 직장생활과 개인사업의 기로에 놓일 가능성이 높다. 또는 겁공을 만난 직장인이 투자에 속아 재물을 잃음으로서 강제로 삶이 변화된다.

5. 묘유궁 염정성, 파군성의 명반 해설과 요약

<table>
<tr><td>紫 七
微 殺
平 平
巳 [財]</td><td>午 [子]</td><td>未 [夫]</td><td>申 [兄]</td></tr>
<tr><td>天 天
幾 梁
廟 旺
辰 [疾]</td><td colspan="2" rowspan="2">命宮在酉</td><td>破 廉
軍 貞
陷 平
酉 [命]</td></tr>
<tr><td>天
相
陷
卯 [遷]</td><td>戌 [父]</td></tr>
<tr><td>巨 太
門 陽
廟 旺
寅 [奴]</td><td>武 貪
曲 狼
廟 廟
丑 [官]</td><td>天 太
同 陰
旺 廟
子 [田]</td><td>天
府
旺
亥 [福]</td></tr>
</table>

<table>
<tr><td>天
府
平
巳 [福]</td><td>天 太
同 陰
陷 陷
午 [田]</td><td>武 貪
曲 狼
廟 廟
未 [官]</td><td>巨 太
門 陽
廟 閑
申 [奴]</td></tr>
<tr><td>辰 [父]</td><td colspan="2" rowspan="2">命宮在卯</td><td>天
相
陷
酉 [遷]</td></tr>
<tr><td>破 廉
軍 貞
旺 閑
卯 [命]</td><td>天 天
幾 梁
廟 旺
戌 [疾]</td></tr>
<tr><td>寅 [兄]</td><td>丑 [夫]</td><td>子 [子]</td><td>紫 七
微 殺
旺 平
亥 [財]</td></tr>
</table>

• 묘유궁 염정성, 파군성 명반 해설

염정성, 파군성이 명궁인 사람은 인생에 변화가 많다. 염정성과 파군성이 동궁한 단점인 비밀을 유지하지 못하는 점, 그리고 매번 새로운 일이 나타나면 휩쓸리는 점 등이 항상 문제를 일으킨다. 특히 삼방을 기준으로 살파랑의 구간을 지나갈 때마다 대운, 유년 어디에 마주쳐도 변화가 일어나는데 그동안 자신이 준비한 일에 따라 길함과 흉함이 교차된다. 만약, 삼방에 천형, 경양이 회조하면 삶의 기복이 더욱 심해진다.

관록궁 무곡성 탐랑성의 영향을 받아 남밑에서 오래 일하지 못하기에 프리랜서로 일하는 경우가 많으며, 자신의 일을 성장시켜 영세사업이나 중소사업가로 자라나기도 한다. 행동력이 강하기에 만약 공무원이 된다면 군인, 경찰 쪽이 유력하고 스포츠나 무술 등의 직업에 장점이 많다. 여자의 경우 활동적인 일을 많이 하는 편이며, 의류사업을 해도 패션디자인 쪽인 아닌 도매업에 가까운 사업을 한다.

재물을 크게 모을 수 있는 때가 있지만 의외로 관리 능력이 부족해 오래 유지하지 못한다.

부모궁, 형제궁, 부처궁, 자녀궁이 모두 공궁이 되어 육친과 인연이 부족하여 고독하게 살아간다. 단, 결혼운은 남녀의 경우에 따라 차성안궁 차이가 있으며, 자녀운은 배우자의 운과 함께 가감승제를 해야 하기에 육친운을 극단적으로 단정할 수는 없다.

• 묘유궁 염정성, 파군성 명반 요약

1. 재백궁 자미성 칠살성으로 재물에 관해 이기적이고 민감하며, 때로는 씀씀이가 커서 재물을 크게 모으기 어렵다.
2. 유궁 명궁은 하는 일마다 망설임이 많고 결정된 일을 뒤바꾸는 일이 많은데 이는 파군성이 어둡게 있기 때문이다.
3. 유궁 명궁은 자신의 명예나 '끼'에 관심이 많고 예체능적으로 도전하고 실

패하는 일도 많다.

4. 묘궁 명궁은 명예보다는 자신이 하는 일의 성과에 관심이 많고 남의 참견을 받기 싫어하며 결정한 일을 밀고 나가는 힘이 강하다.
5. 유궁에 비해 묘궁 명궁이 논리적이고 계획적이며 활동력이 강하다.
6. 직업으로는 활동적인 대부분의 일을 잘 해내는데 보험회사 팀장, 공사현장 소장, 건축가, 예체능인, 무술가, 군인 등 여러 분야에서 넓게 발견된다.
7. 대운 명궁이 부모궁으로 흐르는 경우 복덕궁이 대운 명궁이 될 때 이성으로 인한 문제가 일어날 수 있으며 직업은 전택궁에 이를 때 안정을 찾는다. 결혼도 전택궁에 이를 때 하는 것이 이롭다.
8. 대운 명궁이 형제궁으로 흐르면 부처궁에 이를 때 결혼하면 이롭다. 단지 결혼한 후엔 직업이 일시적으로 불안정 해지는데 다시 안정을 찾는 시기는 대운 명궁이 재백궁에 이를 때이다.

6. 진술궁 공궁의 명반 해설과 요약

紫微 平 七殺 平 巳 [疾]	午 [財]	未 [子]	申 [夫]
天幾 廟 天梁 旺 辰 [遷]	命宮在戌		破軍 陷 廉貞 平 酉 [兄]
天相 陷 卯 [奴]			戌 [命]
巨門 廟 太陽 旺 寅 [官]	武曲 廟 貪狼 廟 丑 [田]	天同 旺 太陰 廟 子 [福]	天府 旺 亥 [父]

天府 平 巳 [父]	天同 陷 太陰 陷 午 [福]	武曲 廟 貪狼 廟 未 [田]	巨門 廟 太陽 閑 申 [官]
辰 [命]	命宮在辰		天相 陷 酉 [奴]
破軍 旺 廉貞 閑 卯 [兄]			天幾 廟 天梁 旺 戌 [遷]
寅 [夫]	丑 [子]	子 [財]	紫微 旺 七殺 平 亥 [疾]

• 진술궁 공궁 명반 해설

진술궁 공궁 명궁은 부모궁 천부성과 형제궁 염정성, 파군성의 영향을 가장 많이 받는다. 명궁 공궁의 특징으로 주변 환경에 잘 휩쓸려 닮아가며, 부처궁, 자녀궁이 공궁이기에 개인의 가정사도 외롭다.

재백궁은 비어 있어 재물관리에 소홀하여 큰돈을 모으기 어려우나 직장 생활을 하는 경우에 투자사기만 조심하면 적게 벌어 많이 모을 수 있다.

관록궁의 거문성, 태양성은 삼방 중에 유일하게 쌍성이 있는 궁이어서 생활 방식이 직업의 영향을 많이 받는다. 회사 일을 집에 가져오는 사람, 회사의 사정으로 사는 곳을 옮기는 사람, 출퇴근 시간을 지키기 않을 정도로 일에 빠져 사는 사람 등이 이에 해당한다. 성격은 온순해서 매사에 불만은 적지만, 외로움을 잘 타기에 자신의 속내를 잘 말하는 편이어서 주변 사람들에게 쉽게 이용당하기도 한다.

직업으로는 거문성과 태양성을 동시에 사용하므로 가끔 변호사도 있었고, 대부분은 무역, 장사, 주식 등 매매 관련 분야에 있었으며, 연예계통으로는 가수, MC들이 있었다. 해외로 나가는 경우에는 해외 지 사에 근무하는 등 안정된 직장인이 되기도 한다.

• 진술궁 공궁 명반 요약

1. 술궁 명궁은 관록궁의 거문성 태양성이 밝아 직업의 선택범위가 넓고 한 분야의 전문가가 되면 자리를 오래 지킨다.
2. 진궁 수명자는 관록궁의 태양성이 한이 되어 거문성의 기운만 사용하기에 직업의 분야가 좁아진다. 연예, 방송 등에서는 불리하지만 나머지 전문직종에서는 크게 문제되지 않는다.
3. 부처궁 공궁은 결혼하는 경우에 관록궁의 별을 차성안궁 한다. 그러므로 부처궁에서 결혼하는 사람은 관록궁 주성들의 힘이 약해져 직업운이 약해진다.
4. 만약 부처궁이 대운명궁에 닿을 때 결혼하지 않은 사람은 직업과 관련하고 성

장하게 된다.

5. 6조의 다른 공궁 명궁과 다른 점은 형제궁과 부모궁에 주성이 있는 것인데 이는 다른 공궁 명궁들에 비해서 유년기에 부모형제들로부터 받는 영향이 크다는 것을 뜻한다.
6. 가끔 천이궁의 천기성 천량성을 차성안궁하여 대기업에 취업하는 사람들이 있지만 대부분 중년에 독립하여 개인사업을 시도한다.
7. 대운 명궁이 부모궁으로 흐르는 사람은 안정적으로 사는 편이며 대운명궁이 전택궁에 이를 때 결혼하면 좋고 직업은 흉성만 없다면 안정적인 편이다.
8. 대운 명궁이 형제궁으로 흐르는 사람은 유년기 때부터 분란이 많아 삶에 우여곡절이 깊다. 대부분 자수성가해야 하며 심하게 고생하지만 대운명궁이 질액궁에 이를 때 즈음엔 크게 성공한다.

7. 사해궁 천부성의 명반 해설과 요약

<table>
<tr><td>紫 七
微 殺
平 平
巳 [遷]</td><td>午 [疾]</td><td>未 [財]</td><td>申 [子]</td></tr>
<tr><td>天 天
機 梁
廟 旺
辰 [奴]</td><td colspan="2" rowspan="2">命宮在亥</td><td>破 廉
軍 貞
陷 平
酉 [夫]</td></tr>
<tr><td>天
相
陷
卯 [官]</td><td>戌 [兄]</td></tr>
<tr><td>巨 太
門 陽
廟 旺
寅 [田]</td><td>武 貪
曲 狼
廟 廟
丑 [福]</td><td>天 太
同 陰
旺 廟
子 [父]</td><td>天
府
旺
亥 [命]</td></tr>
</table>

<table>
<tr><td>天
府
平
巳 [命]</td><td>天 太
同 陰
陷 陷
午 [父]</td><td>武 貪
曲 狼
廟 廟
未 [福]</td><td>巨 太
門 陽
廟 閑
申 [田]</td></tr>
<tr><td>辰 [兄]</td><td colspan="2" rowspan="2">命宮在巳</td><td>天
相
陷
酉 [官]</td></tr>
<tr><td>破 廉
軍 貞
旺 閑
卯 [夫]</td><td>天 天
機 梁
廟 旺
戌 [奴]</td></tr>
<tr><td>寅 [子]</td><td>丑 [財]</td><td>子 [疾]</td><td>紫 七
微 殺
旺 平
亥 [遷]</td></tr>
</table>

- 사해궁 천부성 명반 해설

사해궁이 명궁인 사람은 용모는 수려하지만 키가 작은 경우가 많다.

매사에 문제가 생겨도 해액 해버리는 천부성의 힘 때문에 느긋하고 위기의식이 적으며, 활동성이 부족하다.

재물은 자신이 필요한 것을 쉽게 구하는 편이라 욕구가 부족해 큰돈을 모으기 어렵고, 관록궁의 천상성이 어두워 기획, 아이디어 등이 많지만 실행하기 어렵다.

사업을 하기에는 행동력이 부족해 직장인이 많은데, 관록궁 어두운 천상성의 영향을 받아 대부분 세무 업무, 법무사 업무, 부동산 업무 등을 한다. 부처궁 염정성 파군성의 영향으로 배우자 운에 우여곡절이 많고 자신이 문란하면 망신을 당하고, 배우자가 문란하면 이혼과 재혼을 번복하는데 두 가지 중 어떤 일이 일어나도 일가친척이나 지인들한테까지 알려져 망신을 당하는 경우가 많다.

삼방에 겁공이나 천형이 회조하는 경우 직업없이 배우자의 수입으로 살아가기도 한다.

- 사해궁 천부성 명반 요약

1. 해궁 수명자는 천부성이 밝아 인상이 좋으며 온화한 편이다. 반면 사궁 수명자는 천부성이 어두워 인상은 밝지만 눈이 작거나 온화해 보이지 않는 흠을 가지고 있다.
2. 복덕궁 무곡성 탐랑성의 영향으로 도전하고 싶은 일도 많고 자신이 좀 게으른가 싶어 고민도 많다. 하지만 복덕궁에 있기에 무곡성은 생각으로 그치는 경우가 많아 주변의 도움없이 상황을 변화시키기는 힘들다.
3. 6조에서 부처궁 파군성은 배우자가 사업을 한다기보다는 배우자가 여러 번 바뀌는 것을 암시한다. 그리고 함께 있는 염정성은 화기로 발동하여 외모와 성욕을 상당히 중요하게 여기는 것으로 본다.
4. 해궁 명궁은 파군성이 어두워 상황을 바꾸기 힘드니 바람기로 인해 이혼과 재

혼을 여러 번 경험한다. 사궁 명궁은 파군성이 밝고 염정성이 한이어서 바람기보다는 경제상황으로 인해 이혼과 재혼을 경험할 수 있다.

5. 부처궁에 반드시 있어서 안될 흉성은 지겁, 천형, 천요이다. 이들은 배우자와의 문제를 반드시 일으키는 별이기 때문이다.
6. 만약 선천 명반에 들어있지 않아도 대운 부처궁에 천형, 천요, 지겁이 닿으면 작게라도 영향을 받는다.
7. 대운이 부모궁으로 흐르는 사람은 각 대운마다 명궁의 별에 맞추어 성격과 삶의 태도가 바뀐다. 대운명궁이 복덕궁에 이를 때 자신의 직업과 삶의 방향이 어느정도 드러난다. 하지만 안정된 직장은 다니지 않고 모험이 필요한 직업에 프리랜서로 활동할 가능성이 높다.
8. 대운이 형제궁으로 흐르는 사람은 대운 명궁이 부처궁에 닿을 때 삶의 변화가 큰데 결혼하고 조용히 사는 사람과 결혼을 늦추고 자신의 꿈을 따라가는 사람으로 나뉜다. 그러나 자녀궁에 대운명궁이 닿으면 직장인으로 조용히 지낼 수도 있다.

8. 자오궁 천동성, 태음성의 명반 해설과 요약

紫 七 微 殺 平 平 巳 [奴]	午 [遷]	未 [疾]	申 [財]
天 天 幾 梁 廟 旺 辰 [官]	命宮在子		破 廉 軍 貞 陷 平 酉 [子]
天 相 陷 卯 [田]			戌 [夫]
巨 太 門 陽 廟 旺 寅 [福]	武 貪 曲 狼 廟 廟 丑 [父]	天 太 同 陰 旺 廟 子 [命]	天 府 旺 亥 [兄]

天 府 平 巳 [兄]	天 太 同 陰 陷 陷 午 [命]	武 貪 曲 狼 廟 廟 未 [父]	巨 太 門 陽 廟 閑 申 [福]
辰 [夫]	命宮在午		天 相 陷 酉 [田]
破 廉 軍 貞 旺 閑 卯 [子]			天 天 幾 梁 廟 旺 戌 [官]
寅 [財]	丑 [疾]	子 [遷]	紫 七 微 殺 旺 平 亥 [奴]

• 자오궁 천동성, 태음성 명반 해설

명궁이 천동성 태음성인 사람은 겉으로는 타인과 교류가 많고 온순하며 활달한 성격으로 보이지만 사실은 모임 같이 여럿이 만나는 자리들을 귀찮아 하고 피하는 편이다. 또 자신의 말을 지나치게 돌려 하는 습성으로 사람들과 교류가 서툴다. 생각은 비평적이어서 타인이 한 말을 꼼꼼히 생각해 사실인지, 타당한지를 구분해 가며 듣는다. 그렇기에 처음 만날 때는 쉽게 친해지지만, 시간이 지나면서 점점 대화하기 부담스러운 사람이 되어간다.

관록궁의 천기성, 천량성과 함께 기월동량을 조합하여 직장생활이나 공무원 등을 할 수 있는 구조를 가지지만 6조의 성향으로 인해 돌아다니는 부서나 외근직으로 많이 활동한다. 특히 해외지사 근무가 이로우며, 운수업을 하는 사람도 있다.

재백궁은 공궁이어서 재물에 관한 관심은 많지만 실제로 재물을 불리는 실천력은 부족하고 같은 급여를 받아도 남들보다 많이 모으지 못한다.

부처궁은 공궁이어서 결혼을 늦게 하는데, 만약 일찍 했다면 직업운이 줄어들어 여자는 가정주부가 되고, 남자는 출세가 늦는다.

또, 사업을 하는 경우에는 역마의 기질이 많은 사업을 해야 한다. 예를 들면 운수업, 택배, 개인택시, 운송 배달, 버스, 수출 등의 업종은 작게 사업을 해도 좋은 명이다. 단지 사업을 하는 경우에는 보필과 괴월을 만나야 하며, 경양과 공겁이 삼방에서 회조하는 경우 파산할 수 있으니 주의해야 한다.

• 자오궁 천동성, 태음성 명반 요약

1. 자궁 명궁은 태음성과 천동성의 밝기가 밝아 성정이 온화하고 말이 부드럽지만 오궁 명궁은 태음성과 천동성 모두 어두워 성정이 비밀이 많고 말수가 적으며 사람에 대한 경계심이 많다.
2. 재백궁은 공궁이어서 큰 변화는 없지만 안정적으로 재산을 모으는 것을 생각하며 재물의 성취보다 직업에서의 성취를 더 원하는 편이다. 또 재산을 모으는

방식은 각 대운 재백궁의 주성에 따라 변한다.

3. 복덕궁의 거문성은 자신과 타인에 대한 선을 긋게 만들고 태양성은 타인의 잘못된 면을 발견하게 하는 힘을 가지고 있어서 친절하고 서글서글한 것처럼 보이지만 사람을 티나지않게 구분해서 만나는 성격이 드러난다.
4. 자녀궁의 염정성 파군성으로 인해 자녀와의 관계가 불편하며 자녀가 일찍 독립하거나 다툼 끝에 가출하는 경우가 있다. 때로는 한번의 유산 후에 얻은 자녀라면 오히려 부모를 잘 따른다.
5. 부처궁은 공궁이어서 결혼이 늦는 편인데 각 대운 명궁이 자녀궁 또는 전택궁에 닿을 때 결혼할 가능성이 높다.
6. 부처궁 공궁의 영향으로 결혼한 사람은 관록궁의 힘이 약해져 지위가 낮아지거나 직업에 변화가 생긴다. 이런 조건은 대운 명궁이 부처궁과 복덕궁에 닿을 때 결혼하면 더 심하며 전택궁과 자녀궁에서 결혼한 사람은 덜해진다.
7. 대운 명궁이 부모궁으로 흐르는 사람은 어릴 때 유학이나 이민을 가는 경우가 많고 고향을 떠나 사는 사람도 있다. 물론 직업은 청년기엔 불안정 하지만 중년에 들면서 안정을 찾는다.
8. 대운이 형제궁으로 흐르는 사람은 직업이 조금은 안정적이지만 대운명궁이 자녀궁에 닿는 대운을 지나서 안정을 찾는다.

9. 축미궁 무곡성, 탐랑성의 명반 해설과 요약

<table>
<tr><td>紫 七
微 殺
平 平
巳 [官]</td><td>午 [奴]</td><td>未 [遷]</td><td>申 [疾]</td></tr>
<tr><td>天 天
幾 梁
廟 旺
辰 [田]</td><td colspan="2" rowspan="2">命宮在丑</td><td>破 廉
軍 貞
陷 平
酉 [財]</td></tr>
<tr><td>天
相
陷
卯 [福]</td><td>戌 [子]</td></tr>
<tr><td>巨 太
門 陽
廟 旺
寅 [父]</td><td>武 貪
曲 狼
廟 廟
丑 [命]</td><td>天 太
同 陰
旺 廟
子 [兄]</td><td>天
府
旺
亥 [夫]</td></tr>
</table>

<table>
<tr><td>天
府
平
巳 [夫]</td><td>天 太
同 陰
陷 陷
午 [兄]</td><td>武 貪
曲 狼
廟 廟
未 [命]</td><td>巨 太
門 陽
廟 閑
申 [父]</td></tr>
<tr><td>辰 [子]</td><td colspan="2" rowspan="2">命宮在未</td><td>天
相
陷
酉 [福]</td></tr>
<tr><td>破 廉
軍 貞
旺 閑
卯 [財]</td><td>天 天
幾 梁
廟 旺
戌 [田]</td></tr>
<tr><td>寅 [疾]</td><td>丑 [遷]</td><td>子 [奴]</td><td>紫 七
微 殺
旺 平
亥 [官]</td></tr>
</table>

- 축미궁 무곡성, 탐랑성 명반 해설

무곡성, 탐랑성이 명궁인 사람은 행동력이 강하고 일을 계획하면 역경이 있어도 밀고 나아가는 성격을 가지고 있다. 그러나 계획성이 부족하고 즉흥적으로 움직이는 경우가 많아 성공과 실패를 번복한다. 특히 외국으로 이민한 사람들에게 많은 명궁인데, 대운에 따라 사업의 기복이 심해 한국에서 사업하다 파산하고 외국으로 삶의 터전을 옮겨 다시 사업을 시작하는 경우가 많다.

사업의 종류는 다양하며, 선택의 기준은 탐랑성의 영향으로 자신이 수익의 높낮이로 선택하는 것이 아니라 호기심이 있는 분야를 선택한다. 또, 관록궁의 자미성으로 인해 타인의 시선에서 좋아 보이거나 부러워할 만한 것이어야 하며, 어느 정도 명예가 드러나는 일이어야 한다.

그러나 이 명궁의 사람은 40대에 이르기까지 자신의 특징을 드러내지 않는 경우가 많아서 정말 이 명궁의 사람인지 구분이 가지 않을 때도 많다. 그것은 명궁을 기준하여 어느 방향으로 대운이 흘러도 활동력이 강한 별이 들어오지 않아 관록궁이나 재백궁이 대운이 되는 40대에 이르러서야 자신의 본색을 드러내고 두각을 나타내는 것이다.

재물운은 수입이 있어도 재투자하는 성격으로 안정이 힘들며, 천형이 삼방에 회조하면 금전 문제로 송사에 휘말리거나 외국에 나가지 못하는 경우도 많다.

- 축미궁 무곡성, 탐랑성 명반 요약

1. 축미궁 무곡성 탐랑성 명궁은6조내에서 가장 강한 명궁에 속한다. 기존 자신의 삶에서 무모할 정도의 변화를 일으키는데 그 때문에 머나먼 타지에서 성공할 수 있는 명궁이다.
2. 특히 축궁 명궁은 재백궁의 염정성과 파군성의 조합이 인생의 파절을 일으킬 수 있으니 주의해야 한다.
3. 부처궁의 천부성은 현모양처 이거나 배우자로부터의 조력을 받을 수 있음을

제6조

말한다. 그러나 여명의 경우 남편이 게으르거나 지시만 하는 타입으로 결혼생활에 불편함이 있다.

4. 직업의 분야는 다양하지만 만나본 사람들의 대부분은 무역계통, 패션유통, 연예계통으로는 연극 뮤지컬배우, 모델, 무용수 등이 있었다. 그리고 직장을 다니는 사람보다는 개인사업자가 대부분이다.
5. 복덕궁의 천상성이 어두워 철저한 계획과 아랫사람을 다루는 지혜가 부족한 편이어서 미리 계획하는 것보다 즉흥적이고 눈앞에 보이는 것에 반응하여 활동하는 것이 이롭다.
6. 재산을 불리기 위해서는 현금 주식 금보다 전택궁의 천기성 천량성의 힘을 이용해 부동산을 늘리는 것이 이롭다.
7. 대운 명궁이 부모궁으로 흐르는 사람은 안정적인 환경에서 이것저것 새로운 것에 도전하는 삶을 살다가 중년이후에 삶이 크게 변화를 일으킨다. 결혼은 대운 명궁이 복덕궁에 이를 때 보다 전택궁에 이를 때 하는 것이 좋지만 사실 최대한 늦춰서 하는 것이 남녀 모두에게 이롭다.
8. 대운명궁이 형제궁으로 흐르는 사람은 청년기부터 방황과 파절을 경험하게 되는데 이 경험을 통해 자신이 조심해야할 사람과 함께해야 할 사람에 대한 지혜를 갖추게 된다. 결혼은 대운 명궁이 재백궁에 닿을 때 하는 것이 이롭다.

10. 인신궁 거문성, 태양성의 명반 해설과 요약

紫微 平 七殺 平 巳 [田]	午 [官]	未 [奴]	申 [遷]
天幾 廟 天梁 旺 辰 [福]	命宮在寅		破軍 陷 廉貞 平 酉 [疾]
天相 陷 卯 [父]			戌 [財]
巨門 廟 太陽 旺 寅 [命]	武曲 廟 貪狼 廟 丑 [兄]	天同 旺 太陰 廟 子 [夫]	天府 旺 亥 [子]

天府 平 巳 [子]	天同 陷 太陰 陷 午 [夫]	武曲 廟 貪狼 廟 未 [兄]	巨門 廟 太陽 閑 申 [命]
辰 [財]	命宮在申		天相 陷 酉 [父]
破軍 旺 廉貞 閑 卯 [疾]			天幾 廟 天梁 旺 戌 [福]
寅 [遷]	丑 [奴]	子 [官]	紫微 旺 七殺 平 亥 [田]

- 인신궁 거문성, 태양성의 명반 해설

명궁이 거문성, 태양성인 사람은 거일조합의 영향인 역마의 기질을 타고난다. 거기에 6조의 기질도 역마에 해당하고, 궁의 힘도 '인신 역마궁'에 위치하고 있어서 3중의 역마에 둘러 쌓인 모습을 보여준다.

또 관록궁과 재백궁이 모두 공궁이어서 명궁의 거문성, 태양성을 나누어 사용하는데, 바꾸어 말하면 명궁의 거문성과 태양성을 관록궁과 재백궁에 나누어 사용하고 있다는 말이 된다.

이는 오로지 자신이 가진 재능으로만 살아가는 모습을 말한다. 그 사람의 자체 능력에 따라 귀천이 바뀌며 승패가 나뉘는 것이다. 지식수준과 사상을 표현하는 복덕궁에 천기성, 천량성이 들어 있어 자신의 능력을 키워 나갈 수 있는 조건을 갖추고 있으며, 6조의 특성에 따라 이곳저곳 자신이 원하는 방향으로 살아가기에 해외에서 지내기도 하지만 어떤 때에는 거문성과 태양성의 힘을 바꾸어 사용해 강사나 교수, 세일즈 등을 하며 살아가기도 한다. 하지만 신궁 명궁은 부처궁의 별이 어두워 배우자와의 감정적인 문제를 해결하지 못해 결혼 생활이 행복하지 못하고, 자녀와의 관계만 좋은 편에 속한다. 재물을 모으는 것은 길한 사화가 들었을 때 가능하고, 흉한 사화나 지공, 지겁 등이 삼방에 회조하면 재물을 많이 모으기 어렵다.

- 인신궁 거문성, 태양성의 명반 요약

1. 육조론에서 6조가 가진 가장 큰 기질은 역마의 기질이고, 거일조합은 주성의 역마조합이며 인신사해에 해당하면 궁의 역마에 해당한다. 여기에 혹시라도 선천명반에 천마성이 대궁에서 보이면 4대 역마의 기질을 모두 가지게 된다.
2. 하지만 신궁 명궁은 태양성이 한에 해당하기에 역마의 기질이 조금 줄어들며 직업에 관련하여 유명세를 얻기 어렵다
3. 부처궁에 관해서도 신궁 명궁은 불리하다. 이는 천동성과 태음성이 모두 어둡기 때문인데 남명의 경우 부인의 속이 좁고 거짓이 많거나 혹은 음란함이 있어

서 곤란 해진다. 여명의 경우에도 남편과 성생활에 문제가 있거나 남편의 외도가 문제를 일으킬 수 있다.

4. 인궁 명궁의 부처궁은 그 별들이 모두 밝아 별들이 가진 긍정적인 힘을 일으켜 결혼생활이 화목하다.
5. 즉흥적인 삶일수도 있는 거일역마의 대표적인 명궁임에도 의외로 침착하며 철저하게 계산한 후에 움직이는데 이는 복덕궁의 천기성 천량성의 철저한 계산과 상식에 의해 모든 것을 판단하는 힘 때문이다.
6. 질액궁의 명정성과 파군성은 항상 주의해야 하는데 하나는 파군성의 영향으로 인해 고혈압, 뇌졸증 등으로 급사할 수 있으며, 염정성의 힘에 의해 교통사고나 재난 사고에 영향을 받기 때문이다.
7. 대운 명궁이 부모궁으로 흐르는 사람은 처음엔 두각을 나타내지 못하고 다른 사람에 의지해 조용히 지내지만 대운이 전택궁에 이를 때 삶이 자기주도의 형태로 바뀌고 길한보좌성 흉한 보좌성의 영향력에 따라 길흉이 크게 드러난다.
8. 대운 명궁이 형제궁으로 흐르는 사람은 어릴 때부터 개성이 강하고 자신의 모습이 드러난다. 하지만 이 때문에 어릴 때부터 파란이 많고 사람들과 부딪치며 살아야 한다. 그리고 40대에 이르러 안정된 자기모습을 찾게 된다.

11. 묘유궁 천상성의 명반 해설과 요약

紫 七 微 殺 平 平 巳 [福]	午 [田]	未 [官]	申 [奴]
天 天 機 梁 廟 旺 辰 [父]	命宮在卯		破 廉 軍 貞 陷 平 酉 [遷]
天 相 陷 卯 [命]			戌 [疾]
巨 太 門 陽 廟 旺 寅 [兄]	武 貪 曲 狼 廟 廟 丑 [夫]	天 太 同 陰 旺 廟 子 [子]	天 府 旺 亥 [財]

天 府 平 巳 [財]	天 太 同 陰 陷 陷 午 [子]	武 貪 曲 狼 廟 廟 未 [夫]	巨 太 門 陽 廟 閑 申 [兄]
辰 [疾]	命宮在酉		天 相 陷 酉 [命]
破 廉 軍 貞 旺 閑 卯 [遷]			天 天 機 梁 廟 旺 戌 [父]
寅 [奴]	丑 [官]	子 [田]	紫 七 微 殺 旺 平 亥 [福]

- 묘유궁 천상성 명반 해설

명궁이 천상성인 사람의 외형은 순수해 보이고 말을 신뢰 있게 하며 선해 보이는 특징이 있다. 특히 복덕궁 자미성, 칠살성의 영향으로 선비와 같은 기질과 표현이 도드라지는데, 그 때문에 이상만 높아져 현실과 이상의 괴리현상이 있다.

그리고 묘유궁 명궁의 천상성은 어두워서 그 힘을 제대로 사용하지 못하기에 부정적인 영향이 더욱 강하게 나타난다.

첫째로 기획, 계획은 많지만 실현 가능성이 부족하고, 둘째로 6조의 특성인 현실과의 괴리성 때문에 이상과 실제 행동의 차이가 커서 타인에게 의지만 할 뿐 스스로 해내지는 못한다. 심한 경우 자신이 천상의 전체 기능을 사용하는 것 같은 착각에 빠져 굉장한 모사꾼이나 전략가로 타인을 자기의도대로 이용하려는 사기꾼으로 전락하기도 한다. 그런 착각은 복덕궁의 자미성 칠살성이 불러온 결과이며, 천상성이 어둡기 때문에 발생한다.

그런 에너지에 창곡이 더해지면 말과 글을 현란하게 하는 와중에 마무리를 짓지 못하는 특징이 있어 같은 말을 되풀이하고, 보필과 괴월이 회조하는 경우 주변의 사람을 심하게 이용하기에 가까운 인연의 사람과 3~5년이상 함께 하지 못한다. 관록궁이 비어 일정한 직업을 얻기 어렵고 재백궁의 천부성은 비활동성이라 스스로 벌어들이지 않고 주변 사람들로부터 재물을 구한다. 부처궁은 무곡성, 탐랑성으로 배우자의 힘이 강하여 배우자의 수입으로 먹고 살기에 남자가 이 명을 타고나는 경우 셔터맨이거나 집에서 쉬는 경우가 많다. 어떤 면에서는 부처궁의 탐랑성이 이성운의 문란함을 대표하는데, 대부분 30대가 넘어서야 이성문제가 도드라진다.

- 묘유궁 천상성 명반 요약

1. 명궁의 천상성은 생각이 많고 아이디어가 많으며 문서에 관한 운을 가지고 있다고 판단한다. 그러나 그 천상성의 밝기가 어두우면 문서는 사기문서가 되거나 완벽하지 않은 부족한 문서가 된다. 또 아이디어는 자신이 쓰지 못할 아이디

제6조

어가 된다.

2. 그렇기에 이 명궁은 말을 많이 하는 것보다 글을 많이 쓰는 것이 직업이 되고 살길이 된다.
3. 부처궁의 무곡성 탐랑성은 남명이라면 이성에 관한 문란함과 자신의 수입이 없이 배우자의 수입으로 먹고사는 형태가 되기도 한다. 만약 여명이라면 남편의 힘으로 먹고사는 것이니 문제가 없다.
4. 관록궁이 공궁이라 결혼이 늦은 사람이라면 부처궁의 무곡성 탐랑성을 차성안궁하여 사업을 하며 살고 있을 것이고 일찍 결혼했다면 배우자의 수입으로 먹고 살게 된다.
5. 재백궁 천부성의 영향으로 재물은 어느정도 모을 수 있다. 단, 유궁 명궁의 경우엔 재물의 양이 더 적다.
6. 남명의 경우 금융회사에 취업했거나 부동산업, 중고차매매 등의 직업을 가지고 있다면 흉함이 줄어들고 길함이 늘어난다.
7. 대운이 부모궁으로 흐르는 사람은 윗사람들이 자신을 이용하는 것에 대해 주의해야한다. 떡밥 따라 이동하는 물고기 같은 삶을 살게 될 수도 있다. 대운명궁이 전택궁에 이르러서야 자신이 사는 방법을 얻게 되며 안정을 찾기 시작한다.
8. 대운이 형제궁으로 흐르는 사람은 대운명궁이 부처궁에 닿을 때 결혼했다면 가정주부나 집에서 기획만 하는 사람이 될 수 있으며 만약 혼기를 지나치면 부처궁의 별이 차성안궁되어 자기 손발로 열심히 일하며 사는 개인 사업가가 된다.

12. 진술궁 천기성, 천량성의 명반 해설과 요약

紫 七 微 殺 平 平 巳 [父]	午 [福]	未 [田]	申 [官]
天 天 機 梁 廟 旺 辰 [命]	命宮在辰		破 廉 軍 貞 陷 平 酉 [奴]
天 相 陷 卯 [兄]			戌 [遷]
巨 太 門 陽 廟 旺 寅 [夫]	武 貪 曲 狼 廟 廟 丑 [子]	天 太 同 陰 旺 廟 子 [財]	天 府 旺 亥 [疾]

天 府 平 巳 [疾]	天 太 同 陰 陷 陷 午 [財]	武 貪 曲 狼 廟 廟 未 [子]	巨 太 門 陽 廟 閑 申 [夫]
辰 [遷]	命宮在戌		天 相 陷 酉 [兄]
破 廉 軍 貞 旺 閑 卯 [奴]			天 天 機 梁 廟 旺 戌 [命]
寅 [官]	丑 [田]	子 [福]	紫 七 微 殺 旺 平 亥 [父]

• 진술궁 천기성, 천량성 명반 해설

천기성, 천량성이 명궁인 사람은 머리가 비상하고 논리적이나 매사에 걱정이 많고 계획을 미리 세우며 계획대로 되지 않으면 상당한 스트레스를 받는다.

관록궁이 비어 있어 기월동량을 구성해서 직업운은 안정적이지만 직장을 매번 자신의 비위에 맞추어 옮기는 성향이 있다.

재백궁 천동성, 태음성의 구성으로 적은 돈을 꾸준히 모아 큰돈을 만드는 능력이 있어도 스스로는 만족을 못해 항상 재물에 관해 비관적이거나 투자정보에 대해 민감하다.

부처궁이 거문성과 태양성이어서 함께 살면 배우자로 인해 삶이 답답해지는데, 거문성의 특징인 비판의 힘과 숨겨진 것을 드러내는 태양성이 함께 있어 자신의 문제를 배우자가 들춰내고 시비를 거는 형상이 되기 때문이다. 단, 부처궁에서도 역마의 힘으로 바뀐다면 주말부부나 기러기부부 등 배우자와 떨어져 살거나 배우자가 강사, 교수, 세일즈 등 말을 많이 하는 직업을 가지면 어느정도 해액이 되기도 한다.

직업으로는 모든 분야가 가능하지만 개인사업자는 힘들며 직장인으로 지내는 것이 편안하다. 만약 사업을 하고 있다면 사업을 유지하기 힘들어 한가지 업을 10년씩 하기 힘들다.

• 진술궁 천기성, 천량성 명반 요약

1. 머리가 명석하고 기량이 좋으나 1인자가 될 수 없는 별들의 조합이라 스스로 사업하기 보다는 믿을 수 있는 사람과 함께 사업을 해야 한다. 그런 사람을 얻지 못한다면 그냥 직장생활 하는 것이 이롭다.
2. 진궁 수명자는 재백궁의 천동성과 태음성이 어두워 재물을 유지하거나 모으기가 어렵다. 그렇기에 무리한 투자는 삼가고 적금처럼 꾸준하게 돈을 모으는 것이 좋다.
3. 부처궁의 거문성 태양성은 역마의 힘을 빌어 주말부부가 되면 이롭고 그렇지

않으면 부부간에 시비가 끊이지 않는다. 하지만

4. 술궁 명궁은 부처궁의 태양이 한하여 거문성만 있기에 악처 악부를 만나기 쉽기에 배우자의 직업을 보고 결정하는 것이 좋다.
5. 혹여 결혼을 늦게 하는 사람은 직업이 더욱 탄탄해지는데 이는 부처궁의 거문성 과 태양성이 관록궁으로 차성안궁 되기 때문이다.
6. 사업을 하는 경우라면 항상 아랫사람을 주의해야 하는데 이는 노복궁의 별이 염정성과 파군성이라 주의해야한다. 실례로 작은 가게를 한다면 종업원의 손버릇을 주의해야 하고 아이디어나 기획사업을 한다면 정보를 들고 퇴사하는 직원을 감시해야 하는 것 같은 주의가 필요하다.
7. 대운이 부모궁으로 흐르는 사람은 활동이 많아질 복덕궁에서부터 공궁이기에 대운 명궁이 관록궁에 닿아야 좋은 때를 맞이한다. 만약 복덕궁에서 배우자를 들인 남자는 직업이 안정되지 못한다.
8. 대운이 형제궁으로 흐르는 사람은 대운 명궁이 부처궁에 닿을 때부터 안정을 찾기 시작하지만 이때 결혼을 한 사람은 직업의 안정을 잃게 된다. 단, 현명한 배우자를 들이게 되고 다시 안정을 찾는 것은 대운명궁이 재백궁에 닿을 때이다.

제6조

홍성파 자미두수 육조론의 조별궁합

04

홍성파 자미두수 육조론의 조별궁합

육조론의 다양한 사용법 중에 육조를 통해서 궁합을 볼 수 있다.

하지만 세세한 궁합법이기 보다는 인성(人性)을 판단해서 함께 하기 좋은 사람들과 함께 서로 맞춰 지내면 무슨 일을 하든 조금이라도 즐거운 시간이 될 것이다.

- 부부 궁합

조별궁합을 볼 때 부부 간의 궁합은 아래 순서로 좋다.

1. 남녀가 동일한 조의 음반, 양반으로 만나는 경우.
   이런 경우에는 같은 성계가 반대로 배치되면서 한쪽이 힘들 때 다른 한쪽이 그를 보완해주는 별이 배치되면서 가정의 위기를 슬기롭게 헤쳐 나가거나 한쪽이 앞서면 다른 쪽은 그 뒤를 돌보는 조합이 된다.
   그리고 같은 성계에 해당하기에 남들이 무슨 말을 해도 두사람만의 목표를 향해 마치 친구처럼 부부가 오래 살아간다.

2. 남녀가 동일한 조의 음반과 음반, 양반과 양반으로 만날 때
   동일한 조에서 음반은 음반끼리 양반은 양반끼리 만나는 부부가 있다. 이들은 친구 같은 조합으로 남녀로서 지내는 기간이 지나면 성(性)적인 관계보다 인간적인 관계에서 더 오래 지낸다. 이혼을 해도 다시 되돌아와 함께 사는 경우가 많고 서로의 마음을 다른 조보다 더 잘 이해한다.

3 남녀가 협조로 만났을 때

남녀가 서로 다른 조일 때는 협조일 때 서로 잘 지낸다.

1조는 2조와 6조,

2조는 1조와 3조,

3조는 2조와 4조,

4조는 3조와 5조,

5조는 4조와 6조

6조는 5조와 1조

이중에서 3조는 자신의 협조에서 한 칸 더 벌어져도 좋다.

그래서 3조는 1조와 5조를 포함한다.

4. 조와 주성을 통한 궁합의 연결

궁합을 판단하기 위해서 육조를 통해 어느정도 조의 궁합이 정해졌으면 다음 단계로 명궁과 부처궁의 주성을 본다. 제일 좋은 것부터 순서대로 나열한다면

① 선천명반에서 남명의 부처궁 주성과 여명의 명궁 주성이 같은 것

② 선천명반에서 여명의 부처궁 주성과 남명의 명궁 주성이 같은 것

③ 대운명반에서 남명의 부처궁 주성과 여명의 명궁 주성이 같은 것

④ 대운명반에서 여명의 부처궁 주성과 남명의 명궁 주성이 같은 것

⑤ 유년명반에서 남명의 부처궁 주성과 여명의 명궁 주성이 같은 것

⑥ 유년명반에서 남명의 부처궁 주성과 여명의 명궁 주성이 같은 것

⑦ 유년명반에서 남명에 천희가 들고 여명의 부처궁에 천희가 든 것

⑧ 유년명반에서 여명에 천희가 들고 남명의 부처궁에 천희가 든 것

⑨ 유년명반에서 남명에 홍란이 들고 여명의 부처궁에 홍란이 든 것

⑩ 유년명반에서 여명에 홍란이 들고 남명의 부처궁에 홍란이 든 것

⑪ 유년명반에서 남명에 천희가 들고 여명의 부처궁에 홍란이 든 것

⑫ 유년명반에서 여명에 천희가 들고 남명의 부처궁에 홍란이 든 것

⑬ 유년명반에서 남명에 홍란이 들고 여명의 부처궁에 천희가 든 것
⑭ 유년명반에서 여명에 홍란이 들고 남명의 부처궁에 천희가 든 것
⑮ 두 사람 모두 선천명반의 부처궁이 대운명궁에 닿은 것
⑯ 두 사람 모두 대운명반의 부처궁이 유년명궁에 닿은 것

육조론의 사용법

05

육조론의 사용법

육조론을 통해 홍성파식으로 상담하려면 다음과 같은 순서대로 해석을 스스로 훈련해야 한다. (각 별들을 기본으로 해석하는 방법은 홍성파 자미두수 써머리에 있다.)

1. 선천명반을 통해 육조를 살펴본다.
2. 육조의 본성과 각 명궁의 본성을 살펴본다.
3. 선천명반에서 명궁, 관록궁, 재백궁, 복덕궁, 부처궁에 록권과기가 어떻게 배치되어 있는지 살펴본다.
4. 선천명반에서 명궁, 관록궁, 재백궁, 복덕궁에 사선성, 창곡성, 록마성의 배치를 살펴본다.
5. 선천명반에서 명궁, 관록궁, 재백궁, 복덕궁에 육살성, 겁공성의 배치를 살펴본다.
6. 대운명반을 통해 삶의 주제가 무엇에 해당하는지 판단한다.
7. 대운명반내 12사항궁 어느 위치에 사선성, 창곡성, 록마성, 육살성, 겁공성이 있는지 우선판단하고 다음으로 대운 록권과기를 판단한다.
8. 대운명반의 선택과 흐름에 대해 육조본성을 기반으로 어떤 선택을 할지 가늠해가면서 풀어간다.
9. 그 대운내에 유년을 보면서 육조본성을 기반으로 어떤 결과를 맺게 되는지 살펴본다.

위의 순서대로 계속 논명을 연습하면 논명을 하지 못해서 고민하던 이들도 조금씩 논명을 할 수 있게 된다. 육조의 본성은 우리 마음에 내재 되어있는 하나의 본능이며 습관이다. 어떤 조건과 상황이 맞닿았을 때 사람은 그 상황을 헤쳐나갈 판단을 육조본성에 기반하여 판단하기 때문이다. 그러므로 육조론이 논명의 바탕이 된다면 선천, 대운, 유년의 명반 해석을 내담자의 육조를 기반으로 얼마든지 상대의 입장을 헤아리면서 논명 할 수 있는 것이다.

부록

14주성에 관한 자료집

홍성파 자미두수 용어사전

06

14주성에 관한 자료집

이 페이지는 혹시 이 책 한권만 가지고 있거나 공부 도중에 별들의 특성을 잊어서 실수하는 일이 없도록 하기위해 홍성파 자미두수 써머리 내용에 있는 14주성의 특성을 옮깁니다. 공부하시는 모든 분들이 조금이라도 도움이 되길 바랍니다.

1. 자미성(紫薇星)

자미성은 자미두수에서 가장 중심이 되는 별입니다. 자미두수 전설에서는 달기(貪狼星)가 씌운 누명으로 주왕(破軍星)에게 죽은 '백읍의 별'입니다. 자미성은 문왕의 아들이었던 백읍(王族)처럼 체면(體面)을 중시(重視)하고 선비와 같으며 타인의 마음을 존중(尊重)하려고 노력하나 자신을 기준으로 판단하기 때문에 타인의 눈에는 이기적으로 비추어지는 경우가 있습니다. 고상한 것을 좋아하며 존중하는 것이 아닌 '받는 것'을 좋아합니다.

남자의 경우 부모궁과 형제궁이 좋을 때는 명예(名譽)가 높아지는 명으로 형성(形成)되지만, 부모궁와 형제궁이 나쁠 때는 자존심만 높고 현실을 부정(不貞)하는 명이 됩니다. (히키코모리중에도 자미성이 많습니다.) 창작(創作)과 디자인, 명예, 정치(政治), 공직(公職)에 관련되거나 신비주의, 의술(醫術), 음악, 역학(易學) 등, 자기 자신을 조용히 드러내는 것을 좋아합니다. 그러나 자기PR하는 면이 부족하여 주변에서 스스로 알아주기를 바라는 바램이 강한별이기도 합니다. 자미성처럼 제왕의 기질을 가진 별들의 중요한 판단점은 '보좌성들의 배치상태가 어떤가?' 입니다. 심한 경우, 삼방대궁에 보좌성이 없으면 좋은 별이 흉한 별로 바뀌어 고독(孤獨)한 운명이 되기도 합니다. 현실에 자신을 보좌해줄 사람이 없으면 강제로라도 그런 운을 만드는데 그런 경우 중 하나가 장애인이 되어 타인의 보조(補助)를 받는 경우를 이야기하는 것입니다. 또한 전설에서 보이는 것처럼 '선비'적인 영향 때문에 자미성은 특히 '도화(桃花)'의 성격을 가진 별에 약합니다. 이런 경우 도화성과 마주할 때, 그 본질이 쉽게 혼탁(混濁)해지며 본래의 기능을 잃고 방황합니다.

그러므로 자미성은 삼방대궁 안에 도화성이 얼마나 배치 되어있는 지를 잘살펴야 합니다. 자미성이 도화성으로 인해 혼탁해지면 이기적으로 돌변(突變)하거나 체면치례하다 파재를 맞이하거나 상식 밖의 행동을 합니다.

자미성과 도화성이 동궁 했을때는 그 상황을 제어해주는 별들을 찾아야 하며 각 대운과 유년의 도화성들을 관심 있게 살펴야 합니다.

2. 천기성(天機星)

자미두수 전설에서 강태공(姜太公)을 상징하는 별로 기획(企劃), 정리(正理), 운영(運營), 계산(計算), 머리를 쓰는 일에 유능(有能)합니다. 또한 역학 등, 신비학(神祕學)에 취미를 갖기 쉬우며 종교계(宗教界)로 빠지는 경우도 있습니다. 천기성은 별자체의 밝기에 상당히 민감(敏感)합니다. 밝기가 밝으면 명석(明晳)한 두뇌로 좋은 일, 또는 많은 일들을 정확하게 해결하며 좋은 기운을 끌어 쓰지만 밝기가 어두우면 그 머리 쓰는 것이 이기적이 되거나 타인을 속이려 들게 됩니다. 그렇다고는 해도 정작 본인은 자신이 그것이 잘못된 줄 모르기에 타인을 비방(誹謗)하는 것이 더욱 강해집니다. 또는 이렇게도 저렇게도 못하는 방황하는 운을 맞이하게 되어 혼자만의 세계에서 강태공이 낚시하듯 숨어 버리기도 합니다. 다행히 어떤 학문(學文)이나 연구(硏究)에 심취(深醉)하면 깊이 파고드는 속성이 있어 그 경우에는 천기성의 어두움을 '해액(解厄, 나쁜 것을 풀어버리는)'하기도 합니다.

천기성이 어두울 때는 반드시 전후(前後) 3년간의 운을 살펴 길흉을 판단해야 하는데, 이전 유년궁에 파군성 등이 행동력을 부가(附加)하고 있다면 실행했던 일들이 천기성이 든 다음 해에 잘못되는 일이 생기고는 합니다. 천기성은 강태공(68세 이후에 발탁되는)처럼 기회가 늦게 찾아오는 대기만성(大器晩成) 형이 될 수도 있으며, 또한 자신을 이끌어줄 인연(因緣)을 만나기 전까지 방황을 하게 되기도 합니다.

천기성이 들어있는 성계(星界) 중에 '기월동량(천기, 태음, 천동, 천량을 삼방과 대궁에서 만나는 조합)'처럼 큰 회사의 직원이 되거나 공무원(公務員) 등 어느 곳에 속해 있으면 그 능력을 발휘하지만, 보호해주는 윗사람이 없을 때는 성공 앞에서 타인의 시기로 좌절되는 쓴 맛을 보기도 합니다.

그러므로 천기성이 명주에게 좋은 배합(配合)이 되려면 좌보, 우필, 천괴, 천월, 문창, 문곡, 화과(化科) 등 도와주는 보좌성과 윗사람의 운을 삼방대궁 안에 함께 가지고 있어야 좋은 것이라 할 수 있습니다.

또, 천기성은 영원한 2인자의 별입니다. 그래서 직업으로 따지게 되면 공장의 사장이 되어있다고 해도 결국 큰 회사의 자매회사(姉妹會社)가 되어있거나 작고 꾸준한 이익이 보장되는 조그만 가게를 하는 경우가 많습니다. 그러나 어둡거나 흉성과 함께하면 '자신의 지혜로 윗사람이 이익을 혼자 본다.'라고 불평하며 윗사람을 버리고 독립하는 경우가 많은데 이 경우에는 거의 몰락(沒落)하게 됩니다.

3. 태양성(太陽星)

태양성은 자미두수 전설에서 은나라 주왕의 충신인 '비간'입니다. 이별은 남성향의 별이면서 명예의 별, 그리고 배풀고 보살피는 별이 됩니다.

태양의 본질을 생각 해 보면, 태양은 자신의 빛으로 주변의 별들을 밝혀주는 기능을 합니다. 그처럼 태양성은 주변에 자신의 것을 베푸는 성질이 강하며, 어둠을 밝히는 힘 또한 매우 강합니다. 그래서 태양이 밝으면 12궁에 들어선 전체 흉성의 흉함을 덜하게 만들어 주며, 어두우면 그런 기능이 약해져 그 도움을 조금밖에 받지 못합니다. 태양의 그런 기능은 명주의 직업상황에 따라 좋게도 또는 나쁘게도 작용합니다. 만약 직업이 의사(醫師), 강사(講師), 교사(教師), 사회사업(社會事業), 시비를 가리는 법률(法律)관계 등이라면 그 태양의 힘처럼 어둠을 밝혀 시시비비(是是非非)를 가리고 베푸는 힘으로 타인을 가르쳐 자신의 명예를 높이지만, 직업이 기술자나 명예가 없는 쪽으로 가면 타인으로부터 명의나 금전을 빌려주고 돌려받지 못하는 피해를 입거나 쓸데없이 부탁만 많이 받게 됩니다. 만약 태양이 함(陷)지에 들어 빛이 없다면 헛된 명예를 쫒거나 자신의 명예를 스스로 포기하기도 하며 명예는 있으나 실속이 없는 경우가 생기고 일시적인 명예만 얻게 됩니다. 마치 거울이나 물에 비친 태양처럼 빛은 있으나 열기가 없는 것과 같은 말이 되는 것입니다.

여자의 경우, 명궁에 태양성이 밝게 들면 남성향(性的中性化)이 생기게 되며 여성의 질병궁에서는 불감증(不感症)이 있기도 합니다. 보통 유년 재백궁 등에 일시적으로 화록(化綠)이 되면 우연한 돈을 불러들이며 도박이나 주식 등에서 잠깐 돈을 따기도 합니다. 태양은 잡성 중에 천주성과 함께하면 요리를 잘하게 됩니다. 태양의 밝기에 따라 음식점의 형태도 바뀌게 되는데 묘에 해당하면 큰 음식점이나 주방에 해당하고 함이면 불을 많이 사용하지 않는 커피숍이나 스넥위주의 음식점이 될 가능성이 높습니다. 또는 자신의 주방(廚房)이 아닌 타인의 주방에서 음식을 만드는 것으로도 봅니다.

4. 태음성(太陰星)

태음성은 달을 뜻하며 자미두수 전설에서 황비호 장군의 부인인 가부인을 뜻합니다. 태양성과는 다르게 부인이 남편에 대하듯 관리하고 보살피는 기운이 강합니다. 그러므로 달기와 같은 아름다움이 있지만 태음성의 가부인은 아내와 젊은 어머니로서 아름다움을 더 내포하고 있는 것입니다.

작고 꾸준한 '월급'같은 재물을 뜻하고 있습니다. 또한 달같이 감성(感性)이 많아 예술적 재능이 있으며, 드러나지 않는 아름다움을 내포하고 있어서 달과 같이 조용하고, 화려하지 않고 정숙하게 아름다우며 불의를 보는 것을 불쾌해합니다. 그러나 태음성이 어두워지면 구름에 가려진 달처럼 비밀이 많아지며, 거짓말이 늘어나게 되고, 타인이 보기에 도무지 속을 알 수 없게 하며, 거짓이 밝혀지면 어둠속으로 숨어버리거나 현실을 도피하게 되는 성격이 됩니다. 아무리 선의(善意)의 거짓말이라 해도 그 양(量)이 많아지면 더 이상 선의가 될 수 없음과 마찬가지입니다.

또한 부모궁에 태음성이 들면 모계(母系)가정을 뜻하게 되며, 그 태음성이 어둡거나 흉성을 만나면 어머니 쪽의 고생과 인생의 험난함을 이야기합니다. 태음성의 사람을 상담에서 맞이했을 때 상대에 대해 조심해서 이야기하지 않으면 맞는 사실도 '아니다.' 부정하여 논명을 흐리게 만드는 경향이 있습니다. 그러므로 태음성과 상담을 할 때는 상대의 심정(心情)을 존중하여 상대가 스스로 인정할 수 있는 부분만 이야기하는 것이 좋습니다. 태음성은 흉성에 대해 쉽게 침범(侵犯)을 당합니다. 흉성의 기운을 해액하기보다는 도피(逃避)해버리는 별로 흉성에 약하니 삼방대궁에 '살기가 있는 별이 있는가?'를 살펴야 하며, 특히 공망성이 들어올 때는 다른 별보다 더 그 재물을 지킬 수 없음을 알아 두어야 합니다. 태음성은 도화성이긴 하지만 일방적인 도화성이므로 짝사랑 등 말못할 사랑에 빠지기 쉽지만 이 역시 상대에게 들키면 숨기 마련입니다.

5. 무곡성(武曲星)

무곡성은 자미두수전설에서 은나라를 멸망시킬 때의 주나라왕이었습니다. 문왕의 둘째 아들이며 백읍의 동생으로 무왕(武王)이 되어 강태공 등을 중용(重用)하여 국가의 힘을 키웠던 사람입니다.

무곡성은 대표적인 재운(財運)의 별이기도 하지만 그 재운의 운용(運用)능력 또한 탁월(卓越)해서 강직(剛直)하고 활동적이며 쉬지 않고 부지런한 별이고, 또한 활동적인 겉보기완 달리 속으로 부드럽고 인정(人情)이 많으며, 그로인해 우유부단(優柔不斷) 할 때도 생기게 됩니다. 무곡성인 무왕이 천기성인 강태공을 만나 주나라를 번영(繁榮)의 길로 이끌었듯이 무곡성은 천기성과 같은 기획(企劃), 계획(計劃)의 별이 밝아야 이 재운을 지키고 번영시킬수 있는 것입니다. 특히 활동적이기만 한 이 별은 기획이 없으면그 재물을 소비(消費)하여 보존(保存)하지 못하기 때문입니다. 그리고 무곡성의 약점은 사기(邪技)의 기운에 약한데 기획과 계획을 주도해주는 별들이 어둡고 나쁜 상태가 되어있으면 그 재운은 강탈(强奪)당해 한 순간에 재물을 모두 잃을 수도 있습니다.

특히 사화의 '기(忌)'에 약하고 동궁한 별의 사화가 '기'에 해당해도 역시 그 재물에 시비(是非)가 붙어 사라지게 됩니다. 이렇듯 길성이라 해도 그 재물의 지킴은 혼자서 할 수 없으며 재운을 지키는 것은 여러 별의 협조(協助)가 필요한 것입니다. 특히 무곡성처럼 활동성이 강한 별인 경우에는 사람을 모아 일을 하고 재운이 강해졌을 때 모인 사람들 중 변절자(變節者)가 한 명만 생겨도 그 복을 강탈당할 수 있습니다. 그러므로 재운에 길한 이런 별일수록 좌우궁에 재물을 지켜 줄 별들이 있는지 확인하는 것이 가장 중요합니다.

6. 칠살성(七殺星)

칠살성은 자미두수전설에서 은나라의 장군이었던 황비호입니다.

그만큼 진취적이고 공격적(攻擊的)이며 독단적(獨斷的)인 면이 많습니다. 그러나 늘 경계(境界)심으로 쌓여 있는 별의 성격과는 반대로 내적으로는 의외로 약한 면이 많은데 대외적으로 강하면 가정적(家庭的)으로 문제를 해결하지 못하는 면(面)이라든지 강한 사람과 싸우는 것은 마다하지 않으나 자신보다 약한 사람이나 부하에게는 냉정(冷情)하게 처신(處身)하지 못하는 단점이 있습니다.

칠살성의 다른 표현은 7개의 칼이라고 생각하면 됩니다. 7개의 칼이란 칠살성이 닿는 궁의 성격에 따라 내가 칼자루를 쥐고 있는지 상대가 나에게 칼끝으로 노리고 있는지를 구분하게 되는 것입니다. 특히, 칠살성을 해액(解厄)하지 않은 상태에서 흉한 의미를 가중(加重)시키는 별들과 조합이 된다면, 그 칼끝은 명주를 반드시 다치게 만듭니다. 칠살성의 장점은 시류(時流)에 따라 냉정하게 분석하고 밀어붙이는 힘, 판단력(判斷力) 등이지만 칠살성이 어두우면 이런 면이 고집과 독선(獨善)으로 바뀌어 주변사람과의 인연을 쉽게 끊게 만듭니다. 그러므로 칠살성이 명궁에 있는 명주라면 현재 처한 상황에 따라 그 변화를 새롭게 예측해야 합니다.

그러나 대부분 칠살성이 명궁에 든 사람은 사주(四柱)나 운명(運命)을 믿지 않아 내담(來談)하러 오는 경우는 거의 드뭅니다.

7. 파군성(破軍星)

파군성은 자미두수 전설에서 은나라의 주왕입니다.

주왕이 달기를 만나기 전까지는 막강한 은나라의 정국을 운영했던 왕처럼 지휘(指揮)와 독립(獨立), 권력(勸力), 자존심, 명예 등을 좇는 성격을 가집니다. 특히, 물질과 정신적인 측면을 모두 취하려 하는 성향이 있으며 자신이 한번 정한 방향은 주위사람의 설득으로는 바꿀 수 없을 만큼 고집도 강합니다. 그래서 파군성이 밝을 때는 자신의 신념(信念)에 따라 행동하며 출세(出世)와 성공(成功)을 하지만 파군성이 어두우면 잘못된 곳으로 고집 부리며 치닫는 성향이 있습니다.

또, 파군성은 한 가지를 성취하면 또 다른 것까지 성취하려고 일을 벌이는 성향이 있기에 한번 성공하면 여러 분야에 손을 대서 부(富)를 축적(蓄積)하지만 실패하기 시작하면 이것저것 바꿔가며 계속 실패하는 경향도 있게 됩니다. 그로인해 주변에서 볼 때 긍정적인 면은 '다재다능(多才多能)한 사람'으로 볼 수 있지만 부정적인 측면에서는 '끈기가 부족한 사람'으로 보이게 됩니다.

고대사(古代史)의 전쟁국면(戰爭局面)처럼 쉽게 동맹(同盟)을 맺고, 쉽게 적국(敵國)으로 돌변하듯이 파군성은 동업(同業)도 잘하고 동업자와 잘 깨지기도 하는 성격을 가지고 있습니다. 여기에서 상당히 주시해야 할 점은 자미두수 전설처럼 주왕이 달기에 빠져 나라를 망치 듯 파군은 탐랑성과 같은 도화성을 만나면 주색잡기(酒色雜技)에 빠져 방황하고 인생을 망치는 경우가 많습니다.

파군이 어두우면 그 새롭게 시작하려는 힘이 약하다고 판단하는데 보통 그런 상황에서는 동업을 잘 하게 됩니다. 그로인해 어두운 파군은 '동업의 별'이라고 봅니다.

8. 천동성(天同星)

천동성은 자미두수 전설에서 자신의 아들인 백읍의 고기를 먹었던 문왕(文王)입니다. 천동성은 복성(福星)으로 문왕이 '백읍사건' 이전에 은나라의 속국상태를 유지해왔듯이 '좋은 게 좋은 것'이라는 의미가 있으며, 부드럽고 온순(溫順)하지만 반대의 성향이 생길 땐 겉으로 티내지 않고 속으로 원한(怨恨)을 맺어 인연을 끊습니다. 문왕이 자신의 대에서 은나라에 복수하지 못하고 후대(後代)에서 복수를 했듯이 천동성 자체에는 활동적인 에너지가 적습니다.

그러나 문왕이 복수를 위해 인재(人才)를 등용하며 돌아다녔듯이 대인관계(對人關係)에 대한 밝은 지혜(知慧)를 가지고 있고 인연을 맺는 힘도 같이 가지고 있어서 '커뮤니케이션의 별'이라고 항상 설명을 합니다.

천동성은 복성입니다. 그러나 이 복성이 질액궁에 들어가면 명이 길었던(감옥에서도 죽지 않고 살아온)것처럼 고질적인 신경통 등 잘 치료되지 않는 병을 안게 됩니다. 천동성은 나쁜 일을 순화(馴化)시키는 힘이 있는데 웬만한 살기(殺氣)성은 천동성이 밝게 비추면 그 살기가 줄어들게 됩니다. 특히 인간관계에서 더욱 장점을 발휘하게 됩니다. 이런 부분은 바로 천동성의 독특한 커뮤니케이션의 힘으로 인해 나타나는 것입니다.

어떤 상황에서는 천동성이 명주를 밝히면 한 번의 고생이 지나가야 명주의 인생이 발전하게 되는데 이것은 문왕이 감옥에 갇히고 자식인 백읍의 고기를 먹은 후에야 복수심을 키우고 국가를 부흥시켰던 것과 같은 이치로 한번 정도 강하게 자극을 받으면 정적인 에너지의 힘이 움직이며 그 장점을 발휘하게 되는 것입니다.

특히 증험(證驗)에 의하면, 천동성이 복덕궁에서 화록(化祿)된 사람들이 복권이나 카지노 등에서 당첨 또는 돈을 따는 경우가 많이 있습니다.

9. 염정성(廉貞星)

염정성은 자미두수 전설에서 간신(奸臣)인 '비중'을 뜻 합니다.

간신이라고 판단하기 이전에 '간신이 되는 조건'을 살펴보아야 합니다. 가장 기본은 '벼슬'입니다. 권력(勸力)이 있어야 충신(忠信)이든 간신이든 되는 것입니다. 그러므로 염정성은 관직(官職)을 상징합니다.

비간이 처음부터 간신은 아니었습니다. 그럼 언제부터 간신이 되었을까요? 바로 탐랑성인 달기가 들어온 다음부터 간신이 되는 것입니다. 관직의 별에 도화성이 접근하면 도화의 탐욕(貪慾)이 관직의 별을 타락(墮落)시키는 것입니다. 그리고 관직의 별 옆에 항상 관리하고 지키는 별들이 함께 있다면 간신의 속성은 일어나지 않고 오히려 열심히 관직의 업무를 다하는 별이 되는 것입니다.

모든 별이 그렇지만 특히 염정성은 별의 밝기와 사화, 그리고 살기성들에 영향을 많이 받는 별입니다. 염정성이 화기(化忌)가 되면 반드시 관재소송(官災訴訟) 등이 발생하며 도화성까지 침범하면 구설(口舌)까지 생기게 됩니다. 염정성의 영향으로 좋은 점은 관직운 등 직업적인 안정(安定)과 명예에 있지만, 이 별은 변질(變質)되면 강한 두 번째 의미인 도화성을 드러내게 되어 공무원 사주의 여자가 술집에서 술을 따르는 결과도 낳게 하기도 합니다. 그러므로 염정성을 논명 할 때는 명주의 직업을 연결해서 판단하는 것이 가장 중요한 것입니다.

염정을 논할 때 회조나 협궁에 도화성들이 얼마나 접근해 있는지 보고 그 결과에 따라 염정의 성격을 정해야 하는데, 첫 번째 염정의 에너지는 관직, 두 번째 에너지는 예술, 도화로 분류하여 삼방회조와 부모형제궁의 길흉을 함께 판단해야 한다는 것입니다.

부모궁이 나쁜 염정은 어렸을 때 명주가 가출하여 방황하게 되거나, 좋은 관직과 예술의 기회를 놓치고 유흥업(遊興業)에 종사하게 만드는 결과도 종종 보았기 때문입니다. 염정을 논할 때 주의할 것은 염정은 그 별의 성격만큼 변화무쌍(變化無雙)하며 외모와 가장 밀접(密接)하게 연결 되어있는 부분을 알아야 합니다.

또한 자신을 위주로 무엇이든 판단하기에 논명이 마음에 안 들면 '모두 다 틀리다'고 우기는 성향도 많습니다.

10. 천부성(天府星)

천부성은 자미두수 전설에서 주왕의 부인인 강황후를 뜻합니다. 은나라가 무적(無敵)의 국가였을 때 주왕이 달기를 만나기 전을 생각해보면 은나라는 내, 외조가 완벽했으며. 내조의 중심은 강황후라고 볼 수 있습니다.

천부성의 또 다른 이름은 '창고(倉庫)와 금고(金庫)'의 별입니다. 바로 재력의 크기를 잴 수 있는 금고나 재물창고의 크기를 보여주는 별로, 천부성이 밝고 크면 그 재운을 지키는 힘이 강해져 많은 재물을 지키게 됩니다. 그러나 천부성은 창고의 별인 속성처럼 누군가 채워 줘야 하는 것이지 스스로 재물을 창고에 채우지 않습니다. 텅 빈 창고가 주인 없이 장사해서 돈을 버는 경우가 없듯이 재물(財物)을 끌어오는 것은 다른 별이 그 소임(所任)을 맡아야 하는 것입니다.

이처럼 천부성은 부동(不動)의 별로 지키는 힘만 강하므로 길성이라 하여 길하게만 판단하는 것을 경계해야 합니다.

특히 창고열쇠(인감, 印鑑)에 해당하는 천상성이 어두우면 천부성은 그 기능을 제대로 발휘하기 힘들기에 천상성과 천부성의 조화(調和)가 잘 이루어져야만 길한 명국이라고 볼 수 있는 것입니다. 천부성은 남두성(南斗星)의 우두머리 역할을 하며 그 힘이 밝을 때는 물질적인 것을 지키며 아랫사람을 관리하고 조화를 만들어내고 흉액(凶厄)을 가라앉히는 힘이 있지만, 만약 그 별이 어두우면 아무 기능을 못하거나 흉성(凶星)을 만나면 깨진 창고처럼 재물이 흘러 나가기도 하고 창고가 작아 돈을 많이 모으지 못하는 경우도 있습니다.

그래서 천부성은 그 별 자체의 힘보다 천부성을 보좌하는 별들의 강약과 천상성의 상황을 꼭 살펴야 명주의 논명에 실패하지 않습니다. 천부는 재물적인 면으로 살펴볼 때 흉성에 무한(無限)하게 약해지지만, 만약 재물의 측면이 아닌 사고나 재난의 위험에 대해서는 아주 강한 면역(免疫)을 가지고 있습니다. 천부는 재물과 관련 되어 있는 별이지만 직접적인 재물이 아니며, 공망성에 약하고, 살성에 민감하여 재물을 쉽게 깨트리기도 합니다. 단지 위험에 관해 해액하는 능력이 있다고 유념해 두면 됩니다.

11. 탐랑성(貪狼星)

탐랑성은 자미두수 전설에서 달기를 뜻하는 별로 도화성이며, 재능(才能)과 예술(藝術), 호기심, 유혹(誘惑), 창작(創作) 등의 에너지를 주관합니다.

탐랑성은 자미두수에서 대표적인 도화성(桃花星)입니다. 그럼에도 불구하고 탐랑성이 보여도 연인이 생기지 않는 것을 두고 '자미두수에서 도화성은 의미를 가늠하기 어렵다'고 하는데 사실 자미두수에서의 도화성은 여러 가지 의미를 갖기에 그런 식의 단편적인 판단을 하면 안 되는 것입니다.

자미두수에서 도화의 의미는 '성(性)적인 에너지' 입니다. 그 에너지가 '어느 궁에서 어떤 주제(主題)로 어떻게 발현(發現) 되는가?'가 도화성의 해석에 중요한 것입니다. 가령 도화의 에너지를 창작으로 변환시켜 아름다움을 만드는 예술성있는 직업으로 소모하면 길하고, 인맥을 끌어 모으는 등의 일에 도화의 에너지를 사용하게 되는 경우에도 길합니다. 이렇듯 '탐랑'의 별은 예능의 별이면서 각종 화려한 호기심의 별로 각종 예능적인 부분에서 재주가 많아집니다. 그리고 호기심이 발동하면 신비학(神祕學) 쪽에관심이 많아져 실제로 그 기간(其間)에 역학(易學)을 배운다든지 종교(宗教)에 관심을 기울인다든지 우발적인 행동을 하게 됩니다.

탐랑성은 일찍 결혼하거나 아주 늦게 결혼하게 되는데 종종 일찍결혼하고 평생 후회하는 일이 생깁니다. 탐랑성은 연애하는 상대가 오로지 자신만을 바라보기를 바라며 상대가 자신만을 바라보기 시작하면 다른 상대에게 호기심을 보이기 시작합니다. 사업적이 아닌, 애정(愛情)의 성취욕구가 강한 사람이 되는 것입니다.

도화성을 판단할 때 중요한 것은 그 도화성이 명궁에 있는가? 복덕궁에 있는가? 부처궁, 사업궁에 있는가? 에 따라 현실적으로 일어나는 일이 달라집니다. 또 도화성은 동적(動)인 궁에 있어야 연애가 일어나게 되는 것입니다. 예술 또는 창작, 역학, 선(禪) 등에 빠져들게 되면 이 도화성은 에너지가 연애 쪽으로 가지 못하고 복덕궁에서 자신의 정신세계를 탐닉하는 형태로 바뀌어 오히려 사람들에게 많은 장점을 안겨주기도 합니다. 도화성이라 해서 명궁, 복덕궁, 신궁에 있을 때 이 명주가 아름다울 것이라는 생각은 버려야 합니다.

이 미인형의 기준은 고대(古代)의 기준이지 절대로 현대의 기준이 아닙니다. 특히 탐랑의 에너지는 사람들에게 존중받지 못하면 자기폐쇄의 길을 걷게 되는데 그로인해 강한 살파랑의 회조를 가지고도 집에서 숨어사는 사람들이 많습니다. 그 경우에 살이 많이 찌거나 외모가 갑자기 흉하게 변해 도화의 기운을 못 알아보는 경우도 생깁니다.

12. 거문성(巨門星)

거문성은 자미두수 전설에서 강태공의 악처(惡妻)인 '마천금'입니다. 마천금은 강태공에 대한 불평은 집안에서만 한 것이 아니라 이웃과 시장에서 악담(惡談)을 퍼붓듯이 해댔다고 합니다. 그렇다면 거문성의 속성은 무엇일까요? 당연히 타인에 대한 시비(是非)와 평가(評價)입니다. 예전과는 현대에서는 거문성이 밝으면 대성을 이루는 사람이 많습니다. 그만큼 언변(言辯)과 논리(論理)가 필요한 직업이 많아졌다는 이야기입니다. 거문성의 특징에 따라 밝기가 밝아지면 말로서 남을 다스리거나 어떤 일이든 논리로 분석(分析)하는 쪽으로, 어두워지면 남을 비평하거나 타인의 논리 허점을 찾아내는 쪽으로 가며, 요즘은 무역(貿易)과 딜러, 브로커, 협상가처럼 기회를 잡아 크게 발재(發財) 하기도 합니다.

그러나 거문성은 마천금의 별이기에 시비와 구설도 함께 가지고 있습니다. 그러므로 거문성이 명궁에 들면 항상 주변으로부터 배신(背信)을 당하며 그 발판까지도 뺏기고는 합니다. 거문성의 문제점은 촛불의 아래, 즉 가장 어두운 쪽의 그늘에 속합니다. 이 어둠의 특징은 언제든지 위의 밝은 빛을 끌어내릴 준비가 되어있다는 것으로 거문성이 기력(氣力)을 잃어 재력이 떨어지거나 능력이 약해지는 대운(大運)에 속하면 가지고 있던 명예와 돈을 주변으로부터 약탈(掠奪)당해 빼앗기게 됩니다.

그래서 거문성의 해액(解厄)이 가장 중요한 면인데 거문성을 보완(補完)해주는 것은 태양성으로 거문성의 그늘에 빛을 내려 어둠을 밝혀주는 것입니다. 그러나 태양마저 빛을 잃은 상태(함, 陷)라면 해액하기가 어렵습니다. 거문성은 칠살성처럼 자신이 그 힘을 다루느냐 휘둘리느냐에 따라 논명의 관점이 상당히 다른 별입니다. 태양성 외에 거문성 해액하는 방법은 직업이 입으로 먹고사는 직업에 속해 있어야 한다는 것입니다.

태양이 그 밝기를 12궁에 비추어주는 것처럼, 거문성은 그 어두움을 12궁에 퍼트립니다. 그래서 거문이 함(陷)에 들면 그 삶이 척박(瘠薄)하고 인연이 길지 못하게 됩니다.

13. 천상성(天相星)

천상성은 자미두수 전설에서 주왕(파군)의 충신, 문태사입니다.

문태사는 은나라가 멸망할 때까지 그러니까 주왕이 타락하여 나라의 운명이 끝날 때까지 함께 했던 인물입니다. 다시 생각하면 성군(聖君), 폭군(暴君)을 가리지 않고 그에게 끝까지 충성(忠誠)을 다했던 인물이라는 것은 황비호 장군처럼 자신에게 위협(威脅)이 왔을 때 등을 지는 것이 아닌 끝까지 자신의 주인을 따르는 성격이라고 볼 수 있는 것입니다.

천상성은 곳간의 열쇠 기능, 인감도장(印鑑圖章)과 같은 기능이 있다고 이야기 합니다. 그러나 이것을 뒤집어서 생각한다면, 열쇠는 천부라는 창고와 금고가 있어야 그 존재의 가치가 있으며, 파군 같은 지휘자가 있어야 자신의 지위를 지키고 터전을 지키는 힘이 생기는 것이라는 결론이 나옵니다.

명주의 명궁에 천상성이 들었다면 자미, 천부, 파군 등의 지휘기능이 있는 별들이 동료(同僚) 또는 직장에 있어야 합니다.

천상성이 어두우면 천부성이 밝아도 재물을 자신의 마음대로 끌어 쓰기 어렵고, 천상이 밝고 천부가 어두우면 투자할 곳은 있는데 돈이 없는 것과 같은 이치가 되는 것입니다. 그로인해 천상성은 항상 주변에 그 곳간을 채우고 천상성이 가진 계획을 지원해주는 세력(勢力)이 필요합니다.

천상은 문태사의 성정처럼 곧고 바름도 상징하기에 염정성이 타락하지 않도록 관리하는 감시의 별이 되는 것입니다. 물론 강하진 않아도 각기 대운에 마주치는 흉성을 관리하는 힘도 가지고 있습니다. 그러나 부상조원의 규칙처럼 천상은 천부의 영향에 따라 그런 기능도 강해지고 약해지는 것을 꼭 염두 해 두어야 합니다.

중요한 것은 천상성이 어두울 때로, 어두운 천상성을 조심해야 하는데, 천상이 가진 에너지인 기획(企劃), 유지(維持), 학식(學識), 지혜(知慧) 등을 이기적으로 사용하기 시작합니다. 천상성은 밝아야 하고 문창, 곡을 함께 하고 있어야 바르고 곧고 자신이 한 말을 지키며 사는 것입니다. 천상성이 어두우면서 문창, 곡을 함께 하면 바른 척, 곧은 척으로 사람들을 현혹(眩惑)하여 자신의 이기적인 목적에 주변의 사람들을 이용하는 비도덕적(非道德的)인 사람이 되는 것입니다. 천상성이 밝든 어둡든 외모나 말투가 신용(信用)이 가게 하는 면을 날 때부터 지니고 있으며 논조(論調) 있는 말투와 자신의 지식을 활용하는 능력 때문에 밝으면 성공하는 기획자로, 어두우면 남을 이용하고 배신하는 사람으로 양면성(兩面性)을 갖게 되는 것입니다.

14. 천량성(天梁星)

천량성은 자미두수 전설에서 주나라의 장군 이천왕으로 은나라와 수백의 전투(戰鬪)를 치르고 살아남아 태백금성의 지시로 살아있는 그대로 별자리에 임명이 되었다는 별입니다. 그렇기에 장수(長壽)의 별로 보기도 하고 노인(老人)의 별로 보기도 합니다.

또, 천량성은 이천왕의 삶처럼 많은 전투(우여곡절, 迂餘曲折)를 치러야 합니다.

그것은 바로 '걱정'을 뜻합니다. 걱정이라는 에너지는 바로 치밀(緻密)한 관리와 감독의 의미를 갖게 됩니다. 자신의 군사(軍士)를 관리하고 전쟁을 치르듯이 항상 고민과 걱정을 떨쳐내지 못하는 것입니다.

바로, 아직 일어나지 않은 것에 걱정이 많고 의심도 많으며 하나하나 눈앞에서 결정이 나지 않으면 '쉽게 움직이지 않는다.'는 단점도 있습니다. 천량성은 노인성 답게 명주가 조숙(早熟)하고 해보이기도 합니다. 천량성이 밝을 때는 명확(明確)한 판단으로 계획을 이루는 별이 되지만 천량성이 빛을 잃으면 쓸데없는 걱정으로 우유부단 해지며 기회를 놓치게 만듭니다.

천량성은 술수학(術數學) 등과 인연이 있는 별로 천량성이 불길해져 인생이 파절

(破節, 명예퇴직 등도 포함해서)에 이르면 사찰(寺刹)로 가거나 역학자(易學者)가 되기도 합니다. 한 가지 재미있는 것은 이 천량성의 특징 때문에 부처궁에 들게 되면 일시적으로 의부증, 의처증처럼 배우자를 의심(疑心)하고 관리하게 되는 웃기는 일도 발생합니다. 단, 고진 과숙없이 천량성만으로 의부, 의처증이 발생하여 다투는 경우 끝이 나쁘지는 않습니다. 단지 부부가 다투고 잠시 별거하는 경우만 생깁니다.

천량성이 어두운 체로 부처궁에 든 사람들은 한 번쯤은 스토킹에 시달리며 고생하기도 합니다. 이것은 선천, 유년의 부처궁에도 발생하며 대운 부처궁에서는 그 발생율이 낮은 편입니다.

홍성파 자미두수 용어사전

직접 홍성파 자미두수의 더 레드 컴퍼니 사무실로 찾아와 강의를 들으시는 분들은 늘상 입에 달고 사는 말들이지만 이렇게 책으로만 만나서 공부할 때는 설명없이 대충 넘어가는 단어 때문에 고생하시는 초심자 분들이 있을 까봐 몇 개정도 정리해서 적습니다. 참고해주세요.

ㄱ

1. 개창력(開創力): 파군성이 가지고 있는 기운 중의 하나로 새로운 것을 만들어내고 시작하는 힘을 말한다.
2. 거기동(巨機同): 거문성, 천기성, 천동성이 삼방에서 회조할 때 이름
3. 거동(巨同): 거문성과 천동성의 조합된 이름
4. 거일(巨日): 거문성과 태양성의 조합된 이름
5. 겁공(劫空): 지겁성, 지공성의 조합된 이름
6. 격국(格局): 두개 이상의 주성이 모여서 만든 하나의 형태(격)
7. 공망성(空亡星): 지겁성, 지공성
8. 관재구설(官災口舌): 법적인 송사와 시비, 소문과 뒷담화 같은 것들이 일어나는 것을 말한다. 보통 천형성, 거문성, 천요성 등 관련된 별이 연결될 때 일어난다.
9. 괴월(魁鉞): 천괴 천월을 줄여부르는 말
10. 구류술사(九流術士): 급제 못한 선비, 의원, 풍수가, 점술가, 단청화가, 도사, 음악가를 예전에 풍류를 따라 흘러가는 아홉 가지 선비로 비꼬아 부르는 말, 홍성파에서는 '떠돌이 점술가' 라는 의미로 사용한다.
11. 기월동량(機月同梁): 천기성, 태음성, 천동성, 천량성이 삼방을 기준으로 회조하는 격을 기월동량이라 부른다. 직장인, 공무원 등 안정적인 삶의 형태를 유지하는 데에 필요한 별의 구성이다.

ㄴ

1. 남명(男命): 남자의 명반

ㄷ

1. 도화(桃花): 이성을 끌어당기는 기운을 말한다. 마치 화려한 복숭아 꽃이 피어 시선을 끌어당기는 것처럼 이성에 대한 호기심과 성욕이 왕성 해진다.
2. 동궁(同宮): 한 개의 궁에 함께 들어있는 모든 별, 대부분 주성끼리 묶어 부른다.
3. 동량(同梁): 천동성과 천량성의 조합된 이름

ㄹ

1. 록권과(祿權科): 사화 중 길한 사화 셋을 줄여 부를 때 사용한다.

ㅁ

1. 명주(命主): 명반의 주인
2. 무살(武殺): 무곡성, 칠살성의 조합된 이름
3. 문창곡(文昌曲): 문창 문곡을 줄여 부르는 말

ㅂ

1. 발복(發福): 대운이나 유년에서 복덕궁의 영향으로 일시적인 재화가 늘어나는 모습
2. 보필(輔弼): 좌보 우필을 줄여 부르는 말
3. 복록(福祿): 록이 생기는 복을 말한다. 음덕의 영향을 받아 자신의 노력에 비해 더 많은 것을 얻는다.
4. 부동성(不動星): 14주성 중에 행동력이 없는 별
5. 부상격(府相格): 천부성 천상성이 삼방에서 회조하는 격

ㅅ

1. 사화(四化): 주성이 변화하는 네가지 모습으로 록, 권, 과, 기를 이른다.
2. 사선성(四善星): 주성에게 도움을 주는 네 개의 보좌성으로 좌보, 우필, 천괴, 천월을 묶어 부르는 이름
3. 선친무덕(先親無德): 조부모, 부모, 형제로부터 물려받거나 도움받을 것이 없다는 뜻, 전택궁, 복덕궁, 부모궁, 형제궁이 조력하지 않는 경우를 말한다.
4. 성패(成敗): 성공과 실패
5. 살파랑(殺破狼): 칠살성, 파군성, 탐랑성이 삼방에서 회조할 때 부르는 이름
6. 선천 명반(先天 命盤): 생년월일시로 명반을 작성한 명반의 가장 처음 모습, 이후로 대운 명반, 유년 명반으로 변화되며 운명을 논한다.
7. 셔터맨: 부인이 미용실 또는 네일아트 등 전문직으로 돈을 벌고 남편은 가게 셔터를 열고 닫아준다고 해서 생긴 별명이다.

ㅇ

1. 악성(惡星): 단순히 상대적으로 악해지는 별을 뜻한다 대표적으로 부처궁의 거문성을 예로 들 수 있다.
2. 양량(梁陽): 태양성과 천량성의 조합된 이름
3. 여명(女命): 여자의 명반
4. 역마(驛馬): 사람을 떠돌게 하는 기운, 자미두수에서는 인신사해궁과 천마성이 역마의 기운을 대표한다.
5. 염부(廉府): 염정성과 천부성의 조합된 이름
6. 염정성 목기 화기(廉貞星 木氣, 火氣): 염정성의 기운을 두가지로 나누는데 목기와 화기로 나눈다. 목기는 학문, 벼슬, 지식 등으로 나누고 화기는 비리, 도화, 비밀 등으로 나눈다.
7. 염탐(廉貪): 염정성, 탐랑성의 조합된 이름
8. 육살성(六殺星): 경양성, 타라성, 화성성, 영성성, 천형성, 천요성

9. 육친궁(肉親宮): 가족을 뜻하는 궁, 부모궁, 형제궁, 부처궁, 자녀궁을 말한다.
10. 육친무덕(肉親無德): 부모궁, 형제궁, 부처궁, 자녀궁을 통해 받을 수 있는 도움이 없다는 뜻
11. 인성(引性): 천상성이 가진 기운, 문서와 도장을 상징한다.
12. 인신사해궁(寅申巳亥宮): 12지지 궁 가운데 충(沖)현상이 가장 강하여 궁의 힘만으로도 역마의 기운을 만들어 내는 궁

ㅈ

1. 자탐(紫貪): 자미성 탐랑성의 조합된 이름
2. 자파(紫破): 자미성 파군성의 조합된 이름
3. 중첩(重疊): 같은 기운이 겹쳐서 영향을 줄 때를 이른다.
4. 자부염무상(紫府廉武相): 자미성 천부성 염정성 무곡성 천상성이 삼방에서 회조하면 격을 이루는데 이것을 자부염무상격이라 부른다.

ㅊ

1. 차도화(次桃花): 염정성의 첫번째 속성은 목(木)의 속성이다. 하지만 염정성은 주변환경의 상태에 따라 두번째 속성인 화(火)의 속성을 사용하는데 여기서 화기는 도화의 기운을 지닌다. 그래서 이것을 차도화라고 부른다.
2. 차성안궁(次星安宮): 대궁의 별을 빌어 공궁에 안치시키는 행위 이럴 때는 대궁의 주성, 및 보좌성, 잡성 등 모든 별을 끌어온다.

ㅍ

1. 파절(破節): 깨지고 끊기는 것, 사업이나 재물, 혼인 등에 파절이 있다면 사업은 망하고 다시해야 하고 재물은 모으면 흩어지고 혼인은 여러 번 한다.

ㅎ

1. 한(閑)이 되다: 별의 밝기 중에 별이 형태만 있고 에너지는 움직이지 않는 없는 별과 같은 상태를 말한다.
2. 해액(解厄): 나쁜 액을 풀어내는 행위
3. 협궁(協宮): 본 궁의 좌우에 있는 궁, 도움이 될 때도 있고 방해가 될 때도 있다.
4. 흉성(凶星): 육살성과 함께 잡성을 포함해 나쁜 영향을 주는 별들의 전체를 부를 때 흉성이라 부른다.
5. 회조(回助): 명, 관록, 재백궁처럼 삼방을 이루었을 때 주성들의 기운이 삼방의 궁끼리 부족함을 채우거나 흉함을 덜어내는 서로 돕는 현상
6. 화기(化忌): 사화중에 불길한 사화 록권과기 중에 화기는 방해와 시비를 나타낸다.

전진우(全眞又)

RED S JOHN

1970년 6월 서울출생

경 력

2012~	(現)역학 상담과 강좌 전문회사 THE RED COMPANY 대표
2015~	(現)건축사진 전문회사 PHOTONINES 대표
2021~	(現)도서출판 홍묘 대표
2019~2020	(前)KBS 스포츠 예술 과학원 외래교수
2005	단시법 매화역수 오수법 개정인
2012	홍성파 자미두수 개창인

저 서

2010 여우신사의기묘한속삭임
2012 홍성파 자미두수 써머리
2012 라이더웨이트 타로카드 바이블
2014 홍성파 자미두수 육조론
2014 더 레드타로카드 바이블
2015 홍성파 부주술
2021 홍성파 자미두수 육조론 개정판

BLOG https://blog.naver.com/master_red
CAFE https://cafe.d aum.net/theredcompany
E-MAIL master_red@naver.com

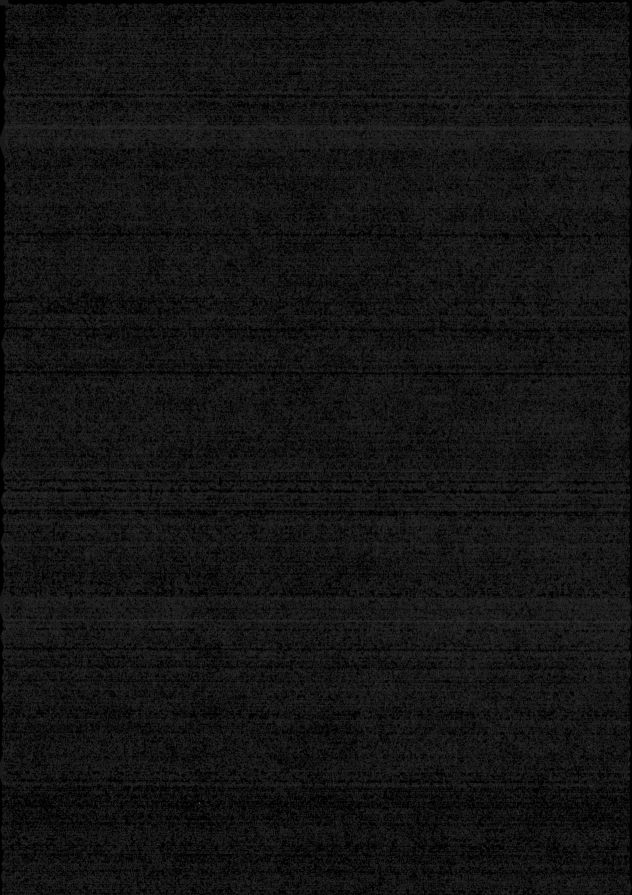